Scott Kelbys Blitz-Rezepte

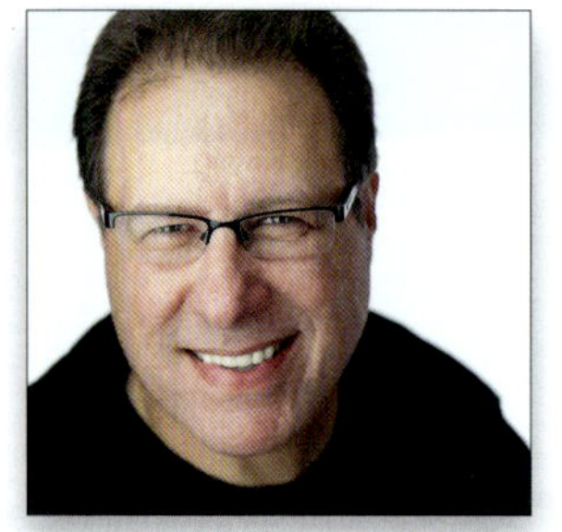

Scott Kelby ist Mitbegründer, Redakteur und Herausgeber der Magazine »Photoshop User« und »Lightroom Magazine« sowie Moderator der einflussreichen Liveshow »The Grid«, die wöchentlich im Web ausgestrahlt wird. Außerdem ist er Präsident von KelbyOne, einem Unternehmen, das sich auf Online-Training, Weiterbildung und Publishing für Fotografen spezialisiert hat, sowie Gründer des jährlich durchgeführten Worldwide Photo Walk™.

Scott Kelby arbeitet als Fotograf und Designer. Er ist preisgekrönter Autor von mehr als 60 Büchern, darunter »Scott Kelbys Foto-Rezepte 1«, »Scott Kelbys Foto-Rezepte 2«, »Scott Kelbys Foto-Sessions« und »Wie mach ich das in Photoshop?«. Der erste Band der Foto-Rezepte ist das meistverkaufte Buch in der Geschichte der Digitalfotografie.

Seit sechs Jahren wird Scott Kelby ohne Unterbrechung als weltweit meistverkaufter Autor von Fotografiebüchern geehrt. Seine Bücher wurden in zahlreiche Sprachen übersetzt, darunter Chinesisch, Russisch, Spanisch, Koreanisch, Polnisch, Taiwanesisch, Französisch, Deutsch, Italienisch, Japanisch, Hebräisch, Niederländisch, Schwedisch, Türkisch, Portugiesisch und viele andere.

Scott Kelby ist Training Director bei der Adobe Photoshop Seminar Tour und Conference Technical Chair der jährlich stattfindenden Photoshop World Conference. Er zeichnet für eine Serie von Online-Kursen auf KelbyOne.com verantwortlich und bildet seit 1993 Fotografen und Adobe-Photoshop-Nutzer aus.

Mehr über Scott Kelby erfahren Sie hier:

Blog: **scottkelby.com**

Twitter: **@scottkelby**

Instagram: **@scottkelby**

Facebook: **facebook.com/skelby**

Scott Kelby

Scott Kelbys Blitz-Rezepte

Über 150 Wege zu besseren Bildern mit Ihrem Aufsteckblitz

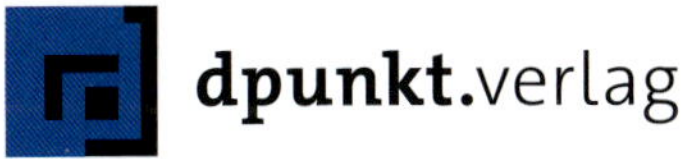

Scott Kelby

Lektorat: Boris Karnikowski
Übersetzung: Christian Alkemper, alkemper.com
Fachlektorat: Tilo Gockel
Copy-Editing: Kerstin Grebenstein
Herstellung: Nadine Thiele
Umschlaggestaltung: Helmut Kraus, www.exclam.de, unter Verwendung eines Fotos des Autors
Druck und Bindung: mediaprint solutions GmbH, 33100 Paderborn

Bibliografische Information der Deutschen Nationalbibliothek
Die Deutsche Nationalbibliothek verzeichnet diese Publikation in der Deutschen Nationalbibliografie; detaillierte bibliografische Daten sind im Internet über http://dnb.d-nb.de abrufbar.

ISBN:
Print 978-3-86490-540-7
PDF 978-3-96088-344-9
ePub 978-3-96088-345-6
mobi 978-3-96088-346-3

1. Auflage 2018

Wieblinger Weg 17
69123 Heidelberg

5 4 3 2 1

Dieses Buch widme ich meiner lieben Freundin und Kollegin Anne Cahill. Sie war es, die mir in der Lobby eines kleinen Hotels in Vermont zum ersten Mal gezeigt hat, wie man einen Blitz auch entfesselt nutzen kann. Anne, ich stehe für immer in deiner Schuld: für das viele Wissen, das du mit mir geteilt hast, für die neuen Dimensionen, die ich mir mit deiner Hilfe erschließen konnte, und für unsere langjährige Freundschaft.

Danksagung

Zwar steht auf dem Rücken dieses Buchs nur ein einziger Name, aber um ein Projekt wie dieses realisieren zu können, braucht man ein Team engagierter und hochtalentierter Menschen. Ich habe nicht nur das Vergnügen, mit solchen Menschen zusammenarbeiten zu dürfen, sondern auch die Ehre und das Privileg, ihnen an dieser Stelle dafür danken zu können.

Meiner wunderbaren Frau Kalebra: Immer wieder beweist du mir aufs Neue, was mir alle schon immer sagen: Ich bin der glücklichste Kerl auf der Welt.

Meinem Sohn Jordan: Sollte es einen Vater geben, der stolzer auf seinen Sohn ist als ich, dann habe ich ihn zumindest noch nicht kennengelernt. Du bist einfach enorm! Ich bin so stolz auf den fabelhaften jungen Mann, zu dem du herangewachsen bist. #haurein!

Meiner wunderschönen Tochter Kira: Du bist eine kleine Ausgabe deiner Mutter – und das ist das schönste Kompliment, das ich dir machen kann.

Meinem großen Bruder Jeff: Deine grenzenlose Großzügigkeit, deine Freundlichkeit, deine lebensbejahende Einstellung und deine Bescheidenheit waren mir mein ganzes Leben lang Inspiration. Es ist mir eine Ehre, dein Bruder zu sein.

Meiner Lektorin Kim Doty: Ich schätze mich unglaublich glücklich, dich als Lektorin meiner Bücher zu haben. Ich kann mir nicht vorstellen, sie ohne dich zu schreiben. Es macht wirklich Freude, mit dir zu arbeiten.

Meiner Gestalterin Jessica Maldonado: Ich liebe deine Designs mit all ihren raffinierten Details. Du bist ein Riesengewinn für unser Buchteam!

Meiner lieben Freundin und Geschäftspartnerin Jean A. Kendra: Danke, dass du es all die Jahre mit mir ausgehalten hast, und für deine Unterstützung bei allen meinen verrückten Ideen. Das ist so viel wert.

Erik Kuna: Danke, dass du mir den Rücken freigehalten hast. Ohne dich hätte das, was zu tun war, nicht getan werden können.

Joe McNally: Meinem Freund Joe McNally bin ich zu großer Dankbarkeit verpflichtet, denn er hat mir mehr über den Einsatz von Blitzen gezeigt, als ich je zu erwarten gewagt hätte. Danke, Joe, dass du mir das Licht gezeigt hast.

Jeanne Jilleba: Vielen Dank fürs Einspringen! Wärest du nicht gewesen, dann wäre ich vor täglicher Arbeit zu nichts anderem mehr gekommen. Danke für das beständige Jonglieren mit meinem Zeitplan, sodass ich tatsächlich Zeit zum Schreiben finde.

Meinem großartigen Lektor Ted Waitt bei Rocky Nook: Du hast dieses Buch Wirklichkeit werden lassen, und du warst es, der erkannt hat, warum so viele Nutzer es brauchen könnten. Mach einfach so weiter – und bestell schon mal die nächste Runde bei Tony's Pizza Napoletana. Ich nehme eine Honey Pie, eine New Yorker und eine La Regina. :)

Meinem Verleger Scott Cowlin: Ich bin so glücklich, immer noch mit dir zu arbeiten, und danke dir für deine Offenheit und deinen Weitblick. Kannst du Ted mit etwas Kleingeld für die Pizzen aushelfen?

Meinen Beratern John Graden, Jack Lee, Dave Gales, Judy Farmer und Douglas Poole: Danke, dass ihr eure Erfahrung eingebracht und die Peitsche geschwungen habt – beides hat mir unbeschreiblich geholfen.

Und vor allem möchte ich Gott und seinem Sohn Jesus Christus danken, die mich zur Frau meiner Träume geführt und uns mit wunderbaren Kindern gesegnet haben, die es mir ermöglicht haben, meinen Lebensunterhalt mit einer erfüllenden Arbeit zu bestreiten, die stets da sind, wenn ich sie brauche, die mich mit einem wundervollen und glücklichen Leben sowie einer liebevollen Familie gesegnet haben.

Inhalt

Kapitel 9 145

Blitz-Kunststücke

So gibt Ihr Blitz brav Pfötchen

Kapitel 10 165

Workflows für den Blitzeinsatz

So blitzen Sie richtig, Schritt für Schritt

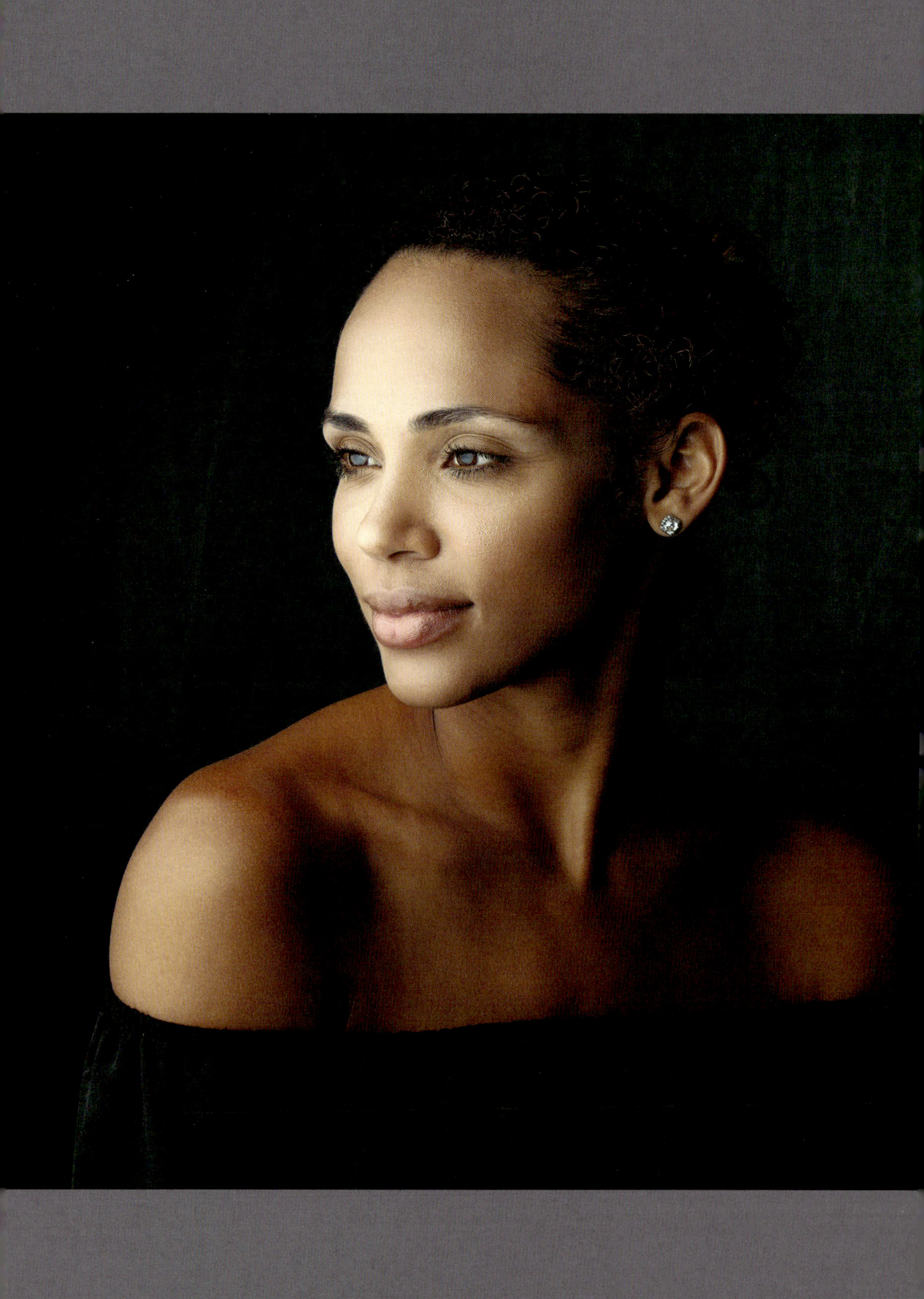

Kapitel 1

Der Blitz: Bedienelemente und Einstellungen

Irgendwo müssen wir ja anfangen, nicht wahr?

Wenn Sie dieses Buch gekauft haben, kann ich bereits dreierlei festhalten: 1. Sie haben einen erlesenen Geschmack. 2. Sie sind aufmerksam, intelligent, nett zu kleinen Kindern und fremde Menschen fühlen sich magisch von Ihnen angezogen. Wo immer Sie erscheinen, geht die Sonne auf. 3. Sie sind in Blitzdingen ein ziemlicher Anfänger. Wahrscheinlich besitzen Sie bereits einen Blitz, aber Sie haben sich dieses Buch besorgt und daraus schließe ich: Sie wollen sich endlich in Ihren Blitz verknallen. Also haben Sie bis hierher alles richtig gemacht. Aber ganz ehrlich: Was soll ich auch anderes sagen? Fragen wir also irgendjemanden auf der Straße, ob er diesen Aussagen zustimmt. Moment ... [kurze Pause] Ja, der Mann auf der Straße meint auch, dass Sie alles richtig gemacht haben. Also, ich will, dass Ihre Reise in die wunderbare Welt des Blitzlichts möglichst schmerzfrei verläuft. Und deswegen müssen Sie erst einmal verstehen, dass Blitzen eine Frage der Lebensart ist. Schon bald werden Sie mit den anderen Blitz-Boys (und -Girls) abhängen und Partys, Raves, Demonstrationen und Bewährungsanhörungen in Blitzlicht tauchen. Mein Job ist, dass Sie dabei keine schlechte Figur machen, nur weil Sie jetzt noch kein Flash-Ninja sind (Ihre schwarze Kluft und das ganze Drumherum bekommen Sie in ca. zehn Kapiteln). Aktuell besteht nur die Gefahr, dass irgendein Nerd Sie fragt, warum der Blitz »Blitz« heißt. Eine gemeine Frage! Die meisten Menschen würden wahrscheinlich antworten »Weil er blitzt?«, und unser Nerd würde die Augen verdrehen, weiß er doch: das Akronym »BLITZ« wurde von Prof. Robert Bunsen in den 1890er-Jahren geprägt und steht für »Brandhell Loderndes, Intensiv Tönendes Zirkonium«. Nein, im Ernst: Wenn Sie das jetzt auch nur eine Sekunde lang geglaubt haben, wenn Sie auch nur einen Moment gezweifelt haben, die gängige Erklärung sei falsch, dann sollten Sie sich schleunigst blitzdingsen lassen. Willkommen zur Einleitung dieses Kapitels (vor der ich in der Einleitung des Buchs gewarnt habe ;-)).

Sieben Dinge, die Sie wissen sollten. Wenn Sie diese Seite überspringen, …

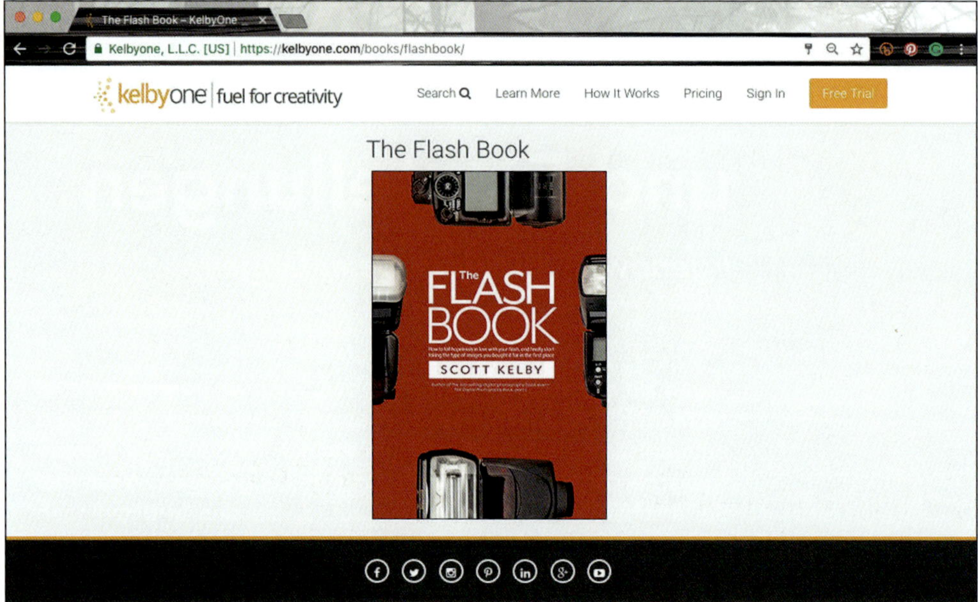

… werden schreckliche Dinge geschehen.

1. So Dinge eben. Wie etwa, nicht zu wissen, dass es eine spezielle Seite mit Videos gibt, die ich für Sie vorbereitet habe und die Sie unterwegs brauchen werden. Oder dass Sie Einleitungen zu Kapiteln lesen sollten (oder auch nicht). Oder wie Sie bei der Lektüre über Blitze das flächendeckende Auftreten roter, irrsinnig juckender Quaddeln auf Ihrer Haut vermeiden können (Ich persönlich empfehle eher die gelben Quaddeln, mit denen kommt man besser klar.). Es dauert vielleicht zwei Minuten, diese vier Seiten zu lesen (Ja, Sie sollten dann auch die drei anderen Seiten lesen.), aber Sie werden noch froh sein, sie nicht übersprungen zu haben. Übrigens: Hier ist der Link zu der Seite mit Bonusvideos und Zeugs: **kelbyone.com/books/flashbook**. Fahren wir also mit den anderen sechs mitreißenden Dingen fort (hören Sie gefälligst auf zu kichern!).

2. Damit eines klar ist: Ich nenne die Dinger »Blitze«. Einige Hersteller sprechen von externen Blitzgeräten«, andere von »Speedlites«. Manche nennen sie »Space Cowboy«. Oder »Gangster of Love«. Da wir uns nicht alle möglichen Bezeichnungen merken können (und eine Aneinanderreihung wie »Speedlight/Blitz/externes Blitzgerät« bei jeder Erwähnung die Lektüre unnötig verkomplizieren würde), finden Sie hier nur den Begriff »Blitz«. Sie wissen also jetzt Bescheid.

Auch hier: Überspringen auf eigene Gefahr!

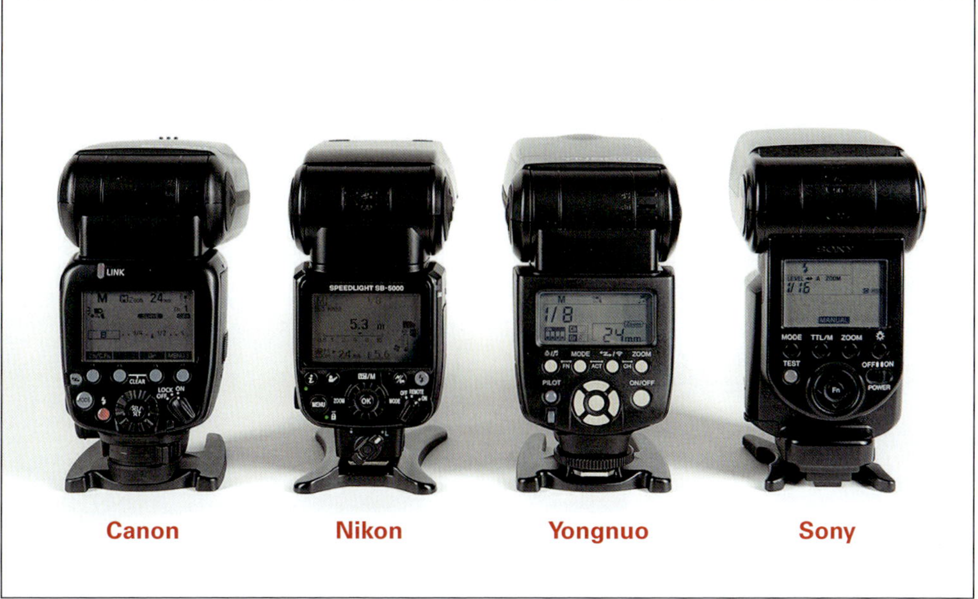

3. Blitze sind Blitze. Und im Grunde genommen machen sie alle dasselbe. Sie erzeugen einen hellen Lichtblitz. Wenn Sie einen 600-€-Blitz und dazu ein billiges Exemplar für, sagen wir, 60 € nehmen, beide in einen dunklen Raum mitnehmen und sie dann nacheinander auslösen, wird es Ihnen nicht möglich sein, zu sagen, welcher Blitz jetzt welcher war. Beide erzeugen einen weißen Lichtblitz. Unterschiede könnten die Produktmerkmale, die Bauweise des Blitzes, ein ggf. vorhandener Funkempfänger und ähnliches sein. Aber das, was sie konkret *tun*, kann jeder Blitz mehr oder minder gleich gut, und in dieser Hinsicht sind Blitze kaum zu unterscheiden.

4. Viele Firmen bauen Blitze. Ich konnte nicht jedes einzelne Blitzmodell bei diesem Buch berücksichtigen, weswegen ich mich auf die Blitze konzentriert habe, die die meisten Leute heute verwenden, etwa solche von Canon, Nikon, Phottix, Sony und Yongnuo. Zum Glück funktionieren alle Blitze mehr oder weniger gleich. Insofern: Keine Panik, wenn Sie Ihr Modell in diesem Buch nicht finden! Außerdem werden wir gar nicht so sehr auf die Blitzhardware selbst eingehen, sondern eher auf: einschalten, ein paar Grundeinstellungen vornehmen und das war's meistens schon.

Noch was

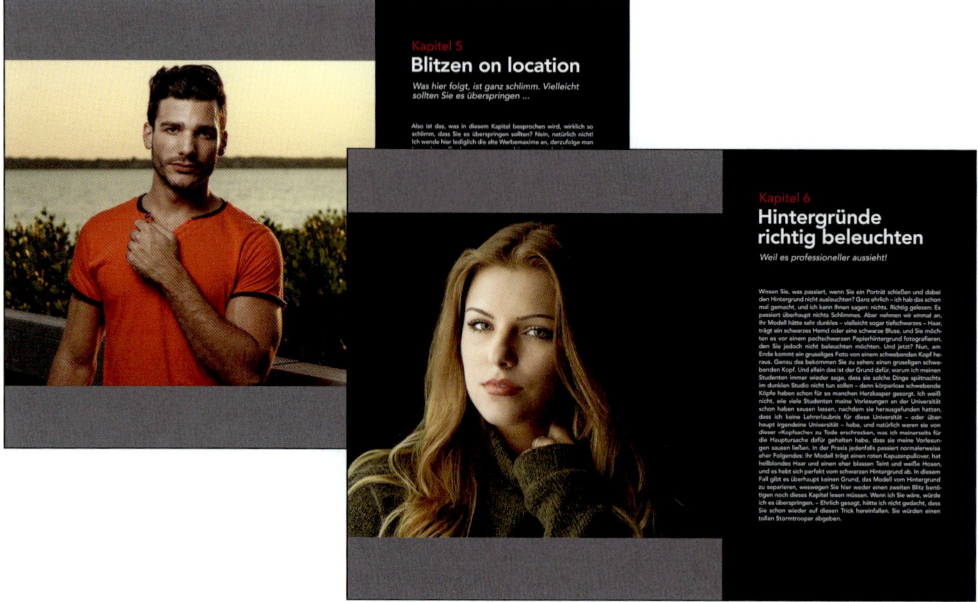

Kapitel 5

Blitzen on location

Was hier folgt, ist ganz schlimm. Vielleicht sollten Sie es überspringen ...

Also ist das, was in diesem Kapitel besprochen wird, wirklich so schlimm, dass Sie es überspringen sollten? Nein, natürlich nicht! Ich wende hier lediglich die alte Werbemaxime an, derzufolge man

Kapitel 6

Hintergründe richtig beleuchten

Weil es professioneller aussieht!

Wissen Sie, was passiert, wenn Sie ein Porträt schießen und dabei den Hintergrund nicht ausleuchten? Ganz ehrlich – ich hab das schon mal gemacht, und ich kann Ihnen sagen: nichts. Richtig gelesen: Es passiert überhaupt nichts Schlimmes. Aber nehmen wir einmal an, Ihr Modell hätte sehr dunkles – vielleicht sogar tiefschwarzes – Haar, trägt ein schwarzes Hemd oder eine schwarze Bluse, und Sie möchten es vor einem pechschwarzen Papierhintergrund fotografieren, den Sie jedoch nicht beleuchten möchten. Und jetzt? Nun, am Ende kommt ein gruseliges Foto von einem schwebenden Kopf heraus. Genau das bekommen Sie zu sehen: einen gruseligen schwebenden Kopf. Und allein das ist der Grund dafür, warum ich meinen Studenten immer wieder sage, dass sie solche Dinge spätnachts im dunklen Studio nicht tun sollen – denn körperlose schwebende Köpfe haben schon für so manchen Herzkasper gesorgt. Ich weiß nicht, wie viele Studenten meine Vorlesungen an der Universität schon haben sausen lassen, nachdem sie herausgefunden hatten, dass ich keine Lehrerlaubnis für diese Universität – oder überhaupt irgendeine Universität – habe, und natürlich waren sie von dieser »Kopfsache« zu Tode erschrocken, was ich meinerseits für die Hauptursache dafür gehalten habe, dass sie meine Vorlesungen sausen ließen. In der Praxis jedenfalls passiert normalerweise eher Folgendes: Ihr Modell trägt einen roten Kapuzenpullover, hat hellblondes Haar und einen eher blassen Teint und weiße Hosen, und es hebt sich perfekt vom schwarzen Hintergrund ab. In diesem Fall gibt es überhaupt keinen Grund, das Modell vom Hintergrund zu separieren, weswegen Sie hier weder einen zweiten Blitz benötigen noch dieses Kapitel lesen müssen. Wenn ich Sie wäre, würde ich es überspringen. – Ehrlich gesagt, hätte ich nicht gedacht, dass Sie schon wieder auf diesen Trick hereinfallen. Sie würden einen tollen Stormtrooper abgeben.

5. Sollten Sie die Einleitungsseite zum jeweiligen Kapitel lesen? An dieser Stelle eine kleine Warnung: Es gibt in all meinen Büchern eine Tradition, die bei den Lesern entweder für großes Hallo und viel Spaß oder aber für spontane Wutanfälle sorgt. Dabei geht es darum, wie ich die Einleitungen zu den einzelnen Kapiteln schreibe. Bei »normalen« Büchern wird hier meist die Grundaussage des Kapitels anmoderiert, die dann auf den nachfolgenden Seiten vertieft wird. Bei mir ist das ... nun ja, es ist irgendwie anders. Meine ebenso skurrilen wie weitschweifigen Intros haben – wenn überhaupt – nur wenig mit dem zu tun, was im Kapitel folgen wird. Sie sollen vor allem für eine kleine Denkpause zwischen den Kapiteln sorgen, und es gibt eine Menge Menschen, die sie wirklich gut finden. (Wir haben sogar schon ein ganzes Buch mit nichts als den Kapiteleinführungen aus meinen diversen Büchern veröffentlicht. Echt jetzt. Kein Witz.) Andere hingegen hassen diese einleitenden Abschnitte mit der geballten Kraft und Energie von tausend glühenden Sonnen! Glücklicherweise beschränke ich mich mit diesem abgefahrenen Zeug auf eben diese Intros – der Rest des Buchs ist dann eigentlich ganz normal. Aber ich wollte Sie warnen, falls Sie eher in die Kategorie »Spaßbremse« fallen und alles bierernst nehmen. Trifft dies auf Sie zu, dann tun Sie sich und mir einen Gefallen und überspringen diese Einleitungsseiten einfach.

Zwei gehen noch

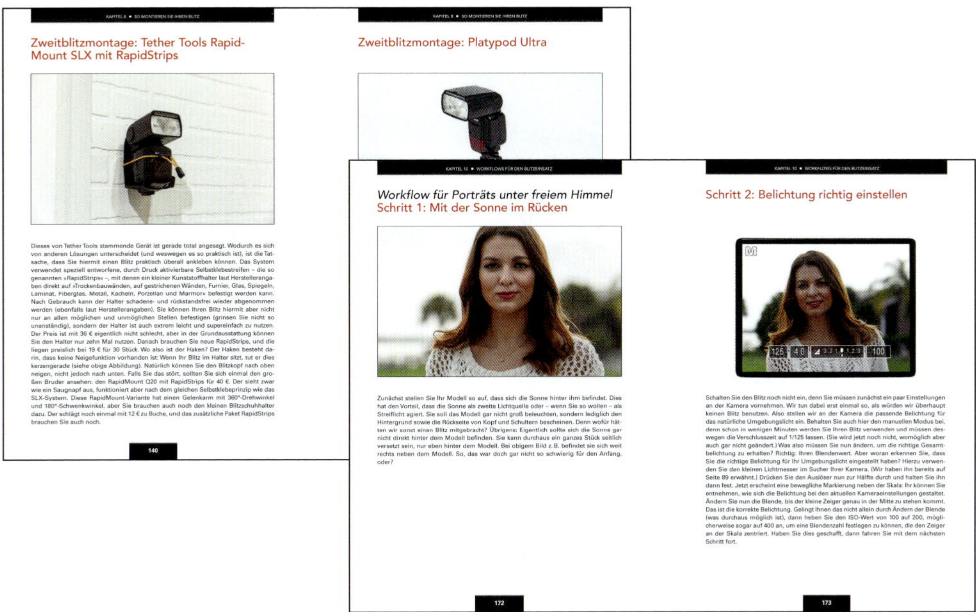

KAPITEL 8 ■ SO MONTIEREN SIE IHREN BLITZ

Zweitblitzmontage: Tether Tools Rapid-Mount SLX mit RapidStrips

Dieses von Tether Tools stammende Gerät ist gerade total angesagt. Wodurch es sich von anderen Lösungen unterscheidet (und weswegen es so praktisch ist), ist die Tatsache, dass Sie hiermit einen Blitz praktisch überall ankleben können. Das System verwendet speziell entworfene, durch Druck aktivierbare Selbstklebestreifen – die so genannten »RapidStrips« –, mit denen ein kleiner Kunststoffhalter laut Herstellerangaben direkt auf »Trockenbauwänden, auf gestrichenen Wänden, Furnier, Glas, Spiegeln, Laminat, Fiberglas, Metall, Kacheln, Porzellan und Marmor« befestigt werden kann. Nach Gebrauch kann der Halter schadens- und rückstandsfrei wieder abgenommen werden (ebenfalls laut Herstellerangaben). Sie können Ihren Blitz hiermit aber nicht nur an allen möglichen und unmöglichen Stellen befestigen (grinsen Sie nicht so unanständig), sondern der Halter ist auch extrem leicht und supereinfach zu nutzen. Der Preis ist mit 36 € eigentlich nicht schlecht, aber in der Grundausstattung können Sie den Halter nur zehn Mal nutzen. Danach brauchen Sie neue RapidStrips, und die liegen preislich bei 19 € für 30 Stück. Wo also ist der Haken? Der Haken besteht darin, dass keine Neigefunktion vorhanden ist: Wenn Ihr Blitz im Halter sitzt, tut er dies kerzengerade (siehe obige Abbildung). Natürlich können Sie den Blitzkopf nach oben neigen, nicht jedoch nach unten. Falls Sie das stört, sollten Sie sich einmal den großen Bruder ansehen: den RapidMount Q20 mit RapidStrips für 40 €. Der sieht zwar wie ein Saugnapf aus, funktioniert aber nach dem gleichen Selbstklebeprinzip wie das SLX-System. Diese RapidMount-Variante hat einen Gelenkarm mit 360°-Drehwinkel und 180°-Schwenkwinkel, aber Sie brauchen auch noch den kleinen Blitzschuhhalter dazu. Der schlägt noch einmal mit 12 € zu Buche, und das zusätzliche Paket RapidStrips brauchen Sie auch noch.

140

KAPITEL 8 ■ SO MONTIEREN SIE IHREN BLITZ

Zweitblitzmontage: Platypod Ultra

KAPITEL 10 ■ WORKFLOWS FÜR DEN BLITZEINSATZ

Workflow für Porträts unter freiem Himmel
Schritt 1: Mit der Sonne im Rücken

Zunächst stellen Sie Ihr Modell so auf, dass sich die Sonne hinter ihm befindet. Dies hat den Vorteil, dass die Sonne als zweite Lichtquelle oder – wenn Sie so wollen – als Streiflicht agiert. Sie soll das Modell gar nicht groß beleuchten, sondern lediglich den Hintergrund sowie die Rückseite von Kopf und Schultern bescheinen. Denn wofür hätten wir sonst einen Blitz mitgebracht? Übrigens: Eigentlich sollte sich die Sonne gar nicht direkt hinter dem Modell befinden. Sie kann durchaus ein ganzes Stück seitlich versetzt sein, nur eben hinter dem Modell. Bei obigem Bild z. B. befindet sie sich weit rechts neben dem Modell. So, das war doch gar nicht so schwierig für den Anfang, oder?

172

KAPITEL 10 ■ WORKFLOWS FÜR DEN BLITZEINSATZ

Schritt 2: Belichtung richtig einstellen

Schalten Sie den Blitz noch nicht ein, denn Sie müssen zunächst ein paar Einstellungen an der Kamera vornehmen. Wir tun dabei erst einmal so, als würden wir überhaupt keinen Blitz benutzen. Also stellen wir an der Kamera die passende Belichtung für das natürliche Umgebungslicht ein. Behalten Sie auch hier den manuellen Modus bei, denn schon in wenigen Minuten werden Sie Ihren Blitz verwenden und müssen deswegen die Verschlusszeit auf 1/125 lassen. (Sie wird jetzt noch nicht, womöglich aber auch gar nicht geändert.) Was also müssen Sie nun ändern, um die richtige Gesamtbelichtung zu erhalten? Richtig: Ihren Blendenwert. Aber woran erkennen Sie, dass Sie die richtige Belichtung für Ihr Umgebungslicht eingestellt haben? Hierzu verwenden Sie den kleinen Lichtmesser im Sucher Ihrer Kamera. (Wir haben ihn bereits auf Seite 89 erwähnt.) Drücken Sie den Auslöser nun zur Hälfte durch und halten Sie ihn dann fest. Jetzt erscheint eine bewegliche Markierung neben der Skala: Ihr können Sie entnehmen, wie sich die Belichtung bei den aktuellen Kameraeinstellungen gestaltet. Ändern Sie nun die Blende, bis der kleine Zeiger genau in der Mitte zu stehen kommt. Das ist die korrekte Belichtung. Gelingt Ihnen das nicht allein durch Ändern der Blende (was durchaus möglich ist), dann heben Sie den ISO-Wert von 100 auf 200, möglicherweise sogar auf 400 an, um eine Blendenzahl festlegen zu können, die den Zeiger an der Skala zentriert. Haben Sie dies geschafft, dann fahren Sie mit dem nächsten Schritt fort.

173

6. Achtung: Sie werden Geld ausgeben müssen. Ich will Ihnen ja gar nichts verkaufen (außer dieses Buch), aber bevor wir richtig einsteigen, müssen wir eine Sache klären: Damit Sie die Ergebnisse erzielen, die Ihnen vorschweben, werden Sie das eine oder andere Zubehörteil kaufen müssen. Das kann alles Mögliche sein – von Blitzständern über schwenkbare Halterungen bis hin zu Diffusoren und Softboxen. Ich selbst verwende eher preisgünstiges Equipment und empfehle Ihnen ebenfalls, Ihr Budget im Auge zu behalten. Zudem halte ich stets nach Schnäppchen Ausschau. (Eigentlich ist es selbstverständlich, aber trotzdem möchte ich noch einmal darauf hinweisen, dass die in diesem Buch genannten Preise zum Zeitpunkt der Drucklegung aktuell waren und sich bereits geändert haben können, wenn Sie das hier lesen.)

7. Was hat es mit dem Workflow-Kapitel ganz hinten auf sich? Das steht nicht ohne Grund am Ende, und deswegen bitte ich Sie: Lesen Sie es zum Schluss. Und zwar erst dann, wenn Sie *alles* andere gelesen haben. Das Workflow-Kapitel ist nämlich eher als Referenz gedacht, die Sie durchblättern können, wenn Sie sich zum nächsten Shooting aufmachen und eine Schrittanleitung für Innen- oder Außenaufnahmen oder auch Hochzeitsbilder brauchen. Nun gut, Leute, machen wir uns daran, das wilde Reich der Blitze gemeinsam im Sturm zu erobern und in ferne Galaxien vorzudringen, die nie ein Mensch zuvor … Sie wissen schon.

Sie werden ein »System« kennenlernen

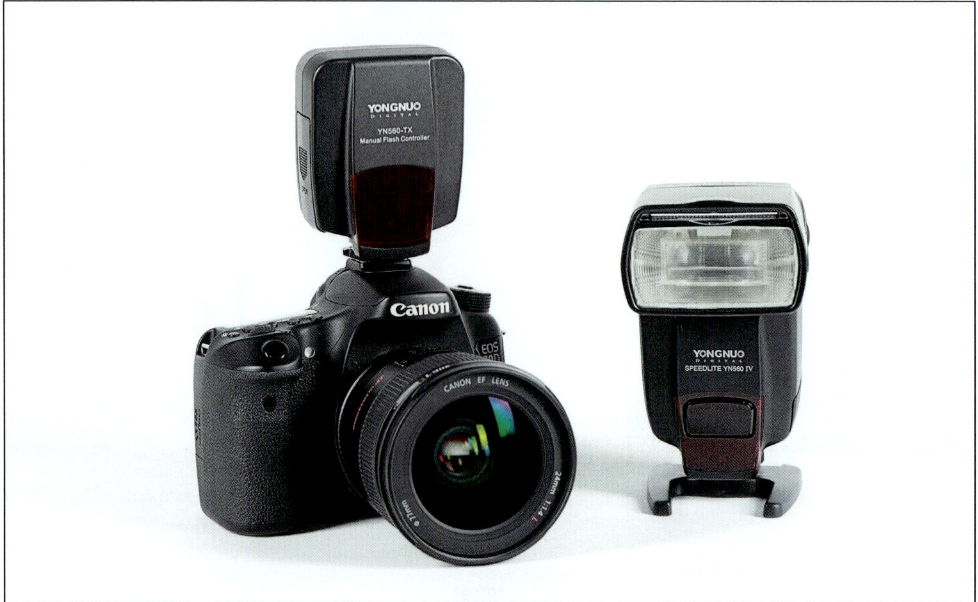

Ich habe zwei Nachrichten für Sie: Eine gute. Und noch eine gute. Welche möchten Sie zuerst hören? Na gut, also zuerst die gute Nachricht. Sie werden in diesem Buch nicht alles über Ihren Blitz lernen. Sie werden weder völlig abgefahrenes Blitzzubehör einsetzen noch sich mit Berechnungen herumplagen müssen. Sie brauchen auch weder einen Belichtungsmesser noch irgendwelchen Nerd-Kram. Kurz gesagt: Sie werden nicht alles über Blitze lernen. So ein Buch ist das hier nicht. Stattdessen werde ich Sie mit einem System vertraut machen. Einem recht einfachen System zudem, und einem, das ich seit Jahren einsetze. Ich werde es Ihnen genau so erklären, wie ich das bei einem Freund machen würde (zum Glück habe ich darin durchaus Übung, denn ich habe es einer ganzen Reihe meiner Freunde beigebracht). Das wäre das. Damit zur guten Nachricht: Ich weiß, dass die Methode, die ich Ihnen zeigen werde, funktioniert, weil ich Hunderte von E-Mails, Kommentaren auf Facebook und in Foren sowie Mitteilungen in allen möglichen sozialen Netzwerken erhalten habe. Kommentare und Mitteilungen von meinen Schülern, die schrieben, dass sie jetzt endlich in der Lage wären, mithilfe von Blitzlicht die Aufnahmen zu machen, von denen sie immer geträumt haben. Nach Jahren des Ringens haben sie sich endlich in ihren Blitz verknallt! Ich glaube, das Beste an diesem System ist die Tatsache, dass es so unfassbar simpel und dennoch ganz anders als alles ist, was Sie in der Vergangenheit vielleicht schon ausprobiert haben. Wenn Sie also bei der folgenden Lektüre denken, dass das so gar nicht das ist, was Sie aus dem Internet kennen, dann liegt das auch und vor allem daran, dass ich das nicht so mache wie dort beschrieben. Trotzdem funktioniert das System, und wenn Sie es erst einmal ausprobiert haben, dann werden auch Sie davon überzeugt sein. Nun denn: Mehr wollte ich eigentlich nicht sagen – los geht's!

Sie werden nicht viel auf der Rückseite Ihres Blitzes einstellen müssen – wenn überhaupt!

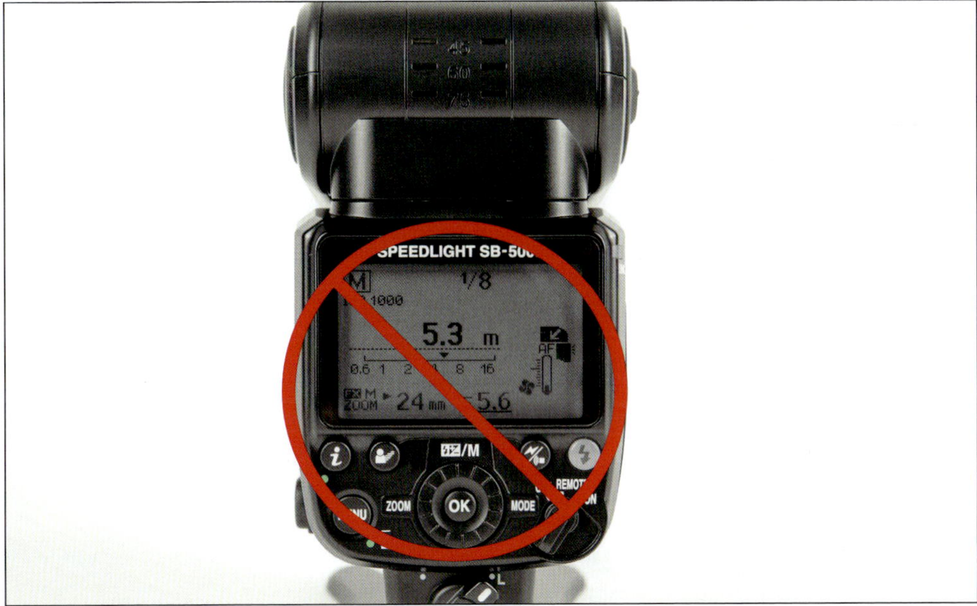

Ein großer Vorteil dieses »Systems« besteht darin, dass Sie nicht allzu viel an den Bedienelementen Ihres Blitzes herumfummeln müssen. Wenn Sie erst einmal losgelegt haben, werden Sie wahrscheinlich keinen Knopf mehr drücken, kein Rädchen drehen und die Rückseite Ihres Blitzes keines Blickes mehr würdigen. Warum dann also ein Kapitel über die Blitzeinstellungen? Klar, weil ich umso mehr Geld verdiene, je länger mein Buch wird. Okay, das war gelogen. Der Grund ist vielmehr, dass Sie, wenn Sie Ihren Blitz zum ersten Mal aus der Verpackung genommen haben, ein paar Grundeinstellungen vornehmen müssen. Das ist genau wie bei der Anschaffung eines neuen Fernsehers: Sie richten das Gerät ein und wählen dabei einige Einstellungen und Vorgaben aus. Aber mal ehrlich: Was ändern wir danach noch groß an unserem TV-Gerät? Wir stellen es lauter oder leiser, und wir schalten das Programm um. Nun, genau so werden wir es auch mit unserem Blitz handhaben. Am Anfang müssen Sie ein paar Dinge einstellen, aber danach werden wir uns nur noch um die Blitzhelligkeit kümmern (Spoileralarm: Sogar dafür müssen wir nicht am Blitzgerät rumstellen – ich komme gleich darauf zurück). Wir stellen alles ein einziges Mal ein und kümmern uns dann nie wieder darum. Ehrlich: Das wahrscheinlich Einzige, das Sie auf der Rückseite Ihres Blitzgeräts betätigen müssen, ist der Ein-/Aus-Schalter zu Beginn und Ende jedes Shootings. Mit meinem System können Sie die ganzen Knöpfe und Räder auf der Rückseite Ihres Blitzes einfach vergessen. Das macht Ihr Leben um vieles einfacher, und Sie können sich endlich darauf konzentrieren, tolle Bilder zu machen.

Darf ich vorstellen? Mister Flash!

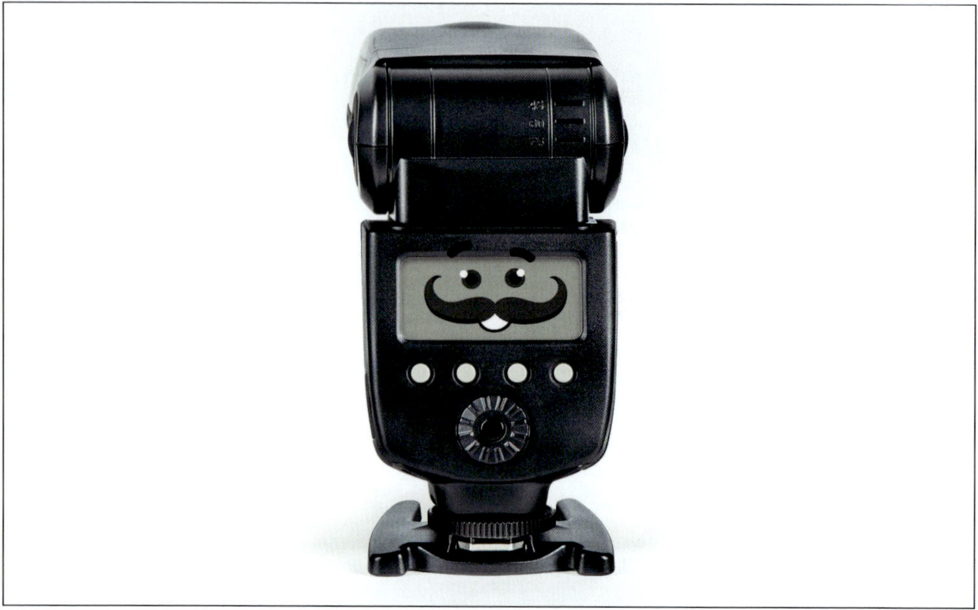

Lassen Sie sich von den vielen Bedienelementen und Menüs nicht einschüchtern: Die Blitzgeräte von heute funktionieren alle mehr oder minder gleich. Manche haben ein Display, unter dem sich Tasten befinden. Andere haben dazu noch ein Drehrad. Manche Modelle haben noch mehr Tasten, etwa für Ein-/Aus oder Testblitze. Aber wie gesagt: Am Ende sind sie sich in Aussehen und Funktion alle recht ähnlich. Das gilt zumindest für die in diesem Buch besprochenen Vorgehensweisen zur Verwendung von Blitzen. Wir werden nämlich nicht hingehen und nerdmäßig die Features betrachten, die ohnehin nur für einen sehr kleinen Teil der Nutzer von Interesse sind. Weil nun aber alle Blitze mehr oder weniger gleich aussehen und funktionieren, möchte ich Sie nicht zusätzlich verwirren, indem ich hier abwechselnd Blitze verschiedener Hersteller zeige. Ich habe deswegen in den Tiefen meines Geheimlabors ein generisches Blitzgerät erschaffen, das Sie oben sehen: Mister Flash! Aber hängen Sie nicht Ihr Herz an Mr. Flash (ja, meine Damen, er ist Single und noch zu haben!), denn er wird uns schon nach wenigen Kapiteln wieder verlassen. Sein Hauptmerkmal ist ein vereinfachtes LCD-Display, mit dessen Hilfe Sie zu gegebener Zeit Einstellungen vornehmen werden. Allerdings finden Sie hier und dort auch kurze Anleitungen für die beliebtesten Blitzmodelle. Übrigens: Die Texte auf den Displays echter Blitzgeräte können ausschließlich von Teenagern mit einer Sehstärke von 120 % gelesen werden und auch nur dann, wenn sie die Augen zusammenkneifen. Häufig sieht man junge Leute, die einen Blitz nach dem anderen ausprobieren und immer wieder die Frage stellen: »Sag mal, kannst du lesen, was da steht?« Danach wechseln sie auffällig schnell das Thema, reden vom Wetter, schwadronieren über die Euro-Umstellung oder über die guten alten Zeiten, als man noch im Flugzeug rauchen durfte.

TTL – und warum Sie Ihren Blitz dafür hassen könnten

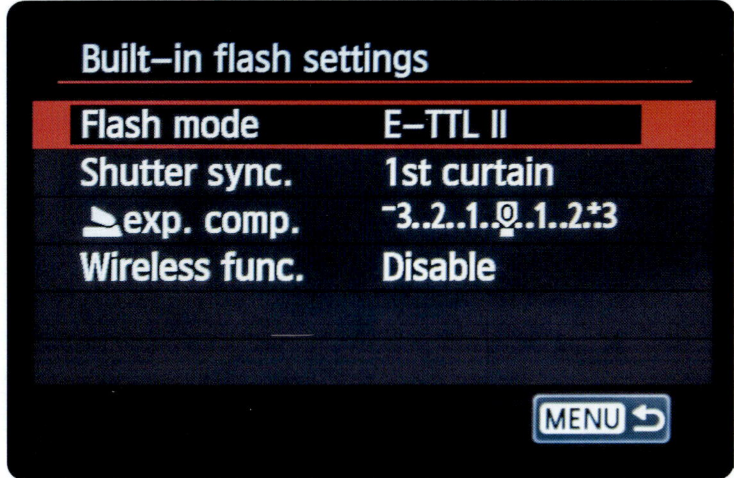

Die Blitzindustrie preist TTL (Through-the-Lens, erhältlich auch in den Geschmacksrichtungen E-TTL, i-TTL oder wie die Unternehmen das sonst noch nennen) als Ultima Ratio an. TTL verwendet die Messfunktionen Ihrer Kamera, um die Leistung Ihres Blitzes automatisch zu regeln. Das klingt doch eigentlich gut, oder? Ok: Manchmal funktioniert das auch. Aber was, wenn es nicht funktioniert (was meiner Erfahrung nach recht häufig vorkommt – auch zwischen einzelnen Aufnahmen bei demselben Shooting)? Ich kenne eine Menge Leute, die TTL verwendet haben und schnell an den Punkt gekommen sind, wo sie sich sagten: »Blitzen ist nichts für mich, denn das hier sieht aus wie [nun ja]. Ich lass das mit dem Blitz jetzt bleiben.« Ich glaube ja, dass TTL einer der Hauptgründe für dieses Ich-hasse-meinen-Blitz-Syndrom ist, unter dem die meisten Fotografen leiden, die ich im Laufe der letzten zwölf Monate dazu befragt habe. Aber zum Glück sind Sie dieser unzuverlässigen Technologie nicht ausgeliefert. Ich weiß, was so mancher von Ihnen jetzt sagen wird: »Also Joe McNally verwendet TTL, und seine Blitzbilder sehen fantastisch aus!« Das ist richtig. Die Bilder sehen wirklich fantastisch aus. Ihr Problem ist aber: Sie sind nicht Joe McNally! Joe könnte mit einer 9-Volt-Batterie, einem Kaugummi und der Ersatzbirne für eine Sturmlampe ein Porträt so ausleuchten, dass ein Rembrandt sich die Sache mit dem Fensterlicht wohl noch einmal überlegen würde. Joe ist anders als Sie und ich. Alle Vergleiche mit und Verweise auf Joe zählen nicht, denn er ist das magische Einhorn des Blitzlichts, gezeugt von einem verzauberten Kobold und gewickelt in ein vierblättriges Kleeblatt. Für uns Normalsterbliche dagegen ist TTL nicht unbedingt das Richtige (ich würde sogar sagen, es ist das vollkommen Falsche). Wir brauchen eher etwas ganz Einfaches und Zuverlässiges, das immer funktioniert. Mehr dazu auf Seite 22.

Die häufigsten Gründe für misslungene Blitzaufnahmen

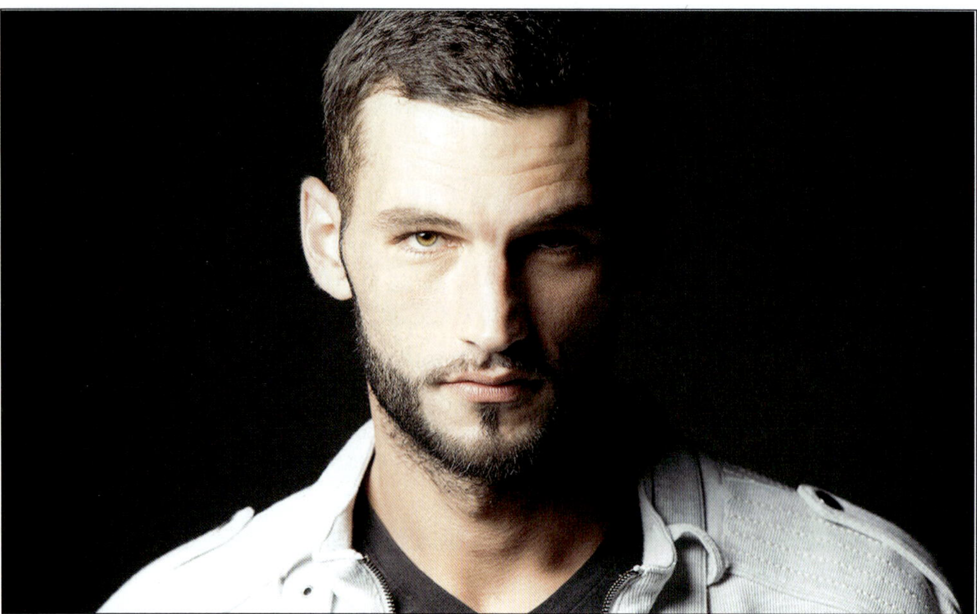

Wenn Sie mit den Ergebnissen Ihrer Blitz-Versuche nicht zufrieden sind, dann würde ich – wenn Sie mir eine passende Beispielaufnahme zeigen würden – mit an Sicherheit grenzender Wahrscheinlichkeit sagen, dass dieses Problem eine ganz einfache Ursache hat: Ihr Blitz ist schlicht zu hell (wie man es etwa in der obigen Aufnahme sehen kann). Kein anderes Problem sehe ich häufiger, und es ist ein wirkliches Problem, denn eigentlich ist die Grundidee beim Blitz ja die, es so aussehen zu lassen, als wäre gar kein Blitz verwendet worden. Also, Zweck der Übung ist: die Imitation natürlichen Lichts! Wenn die Ausgangsleistung Ihres Blitzes zu hoch ist, dann wirkt das so, als hätten Sie im Baumarkt einen ultrastarken LED-Fluter gekauft und diesen direkt auf Ihr Modell gerichtet. Ein solches Licht ist geeignet, Baustellen auszuleuchten, aber nicht dafür, Dinge gut aussehen zu lassen. Und so etwas sehe ich immer wieder. Wenn aber so geblitzt wird, wie es eigentlich gedacht ist, dann werden Sie oft gar nicht sicher sagen können, ob überhaupt ein Blitz verwendet wurde oder nicht. Deswegen ist ein wichtiger Schritt bei diesem Prozess die Festlegung der geeigneten Lichtstärke: Sie müssen Ihren Blitz so einstellen, dass er natürlich wirkt und sich harmonisch in das Umgebungslicht einfügt (Wie man das genau hinbekommt, steht im Kapitel zu den Kameraeinstellungen.). Wenn Sie also jetzt auf die Ausgangsleistung Ihres Blitzes achten – vor allem darauf, dass diese Leistung nicht so hoch, der Blitz also nicht zu hell ist –, dann haben Sie auf Ihrem Weg zu deutlich besseren Blitzaufnahmen schon einen wichtigen Schritt getan.

Der Blitz gehört nicht auf die Kamera

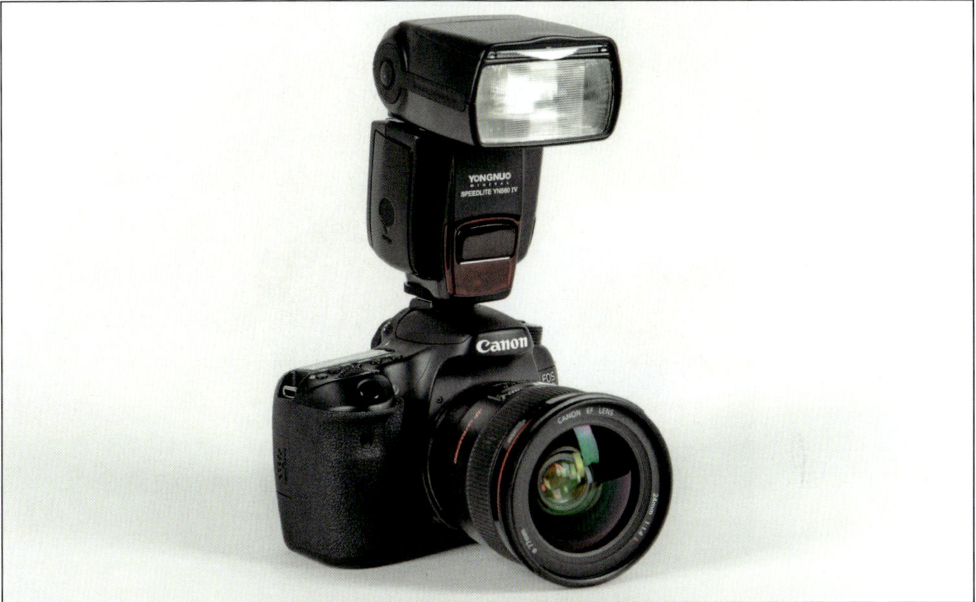

Auch wenn es ein oder zwei Ausnahmen zu dieser Regel gibt (siehe Kapitel 7): Das Schlimmste, was Sie mit einem Aufsteckblitz tun können, ist, ihn tatsächlich auf den Blitzschuh auf der Oberseite Ihrer Kamera zu stecken. Dies ist das Patentrezept für unvorteilhafte, harte, geradezu scheußliche Aufnahmen. Solche Bilder rufen Reaktionen hervor wie »Was haben Sie denn mit dir gemacht?« (Denken Sie sich den entsetzten Unterton dazu.) Sie müssen es sich so vorstellen: Aufklappblitze, wie man sie bei einigen Kameras der Kompaktklasse findet (niemals aber bei Profimodellen von Nikon oder Canon), erzeugen das lausigste und härteste Licht, dass man auf dieser Erde kennt. Solche Blitze setzt man ein, um Fotos für Führerscheine oder Fahndungsaufrufe zu machen. Die Ergebnisse sind entsprechend. Und deswegen benutzt man so etwas auch nicht für Fotos, deren Zweck ein anderer als die Herstellung eines Bildes für amtliche Dokumente ist. Wesentlichen Anteil an diesem Problem hat die Position des Blitzes direkt oberhalb Ihrer Kamera: Von dort aus strahlt er Ihrem Modell direkt ins Gesicht. Wenn aber nun ein Aufklappblitz so schreckliches Licht erzeugt (und das tut er fraglos), dann muss die Frage erlaubt sein, was man mit einem größeren und noch stärkeren Blitz oben auf der Kamera anrichtet. Ganz klar: Sie erzeugen damit ein noch stärkeres, härteres und grässlicheres Licht. Willkommen in der Championsleague der Beleuchtung für Führerscheinporträts! Wenn Sie auch nur im Ansatz ansprechende Bilder mit Ihrem Blitz machen wollen, dann müssen Sie Ihren Blitz von der Kamera herunternehmen und seitlich anordnen (und das nennt man dann »entfesseltes Blitzen«, später dazu mehr). Auf diese Weise erhalten Ihre Fotos Schatten, Tiefe und Räumlichkeit. Tun Sie das nicht, dann wirken Ihre Porträts flau, verwaschen und abscheulich.

Den Aufsteckblitz nicht mit dem Aufklappblitz auslösen. Niemals!

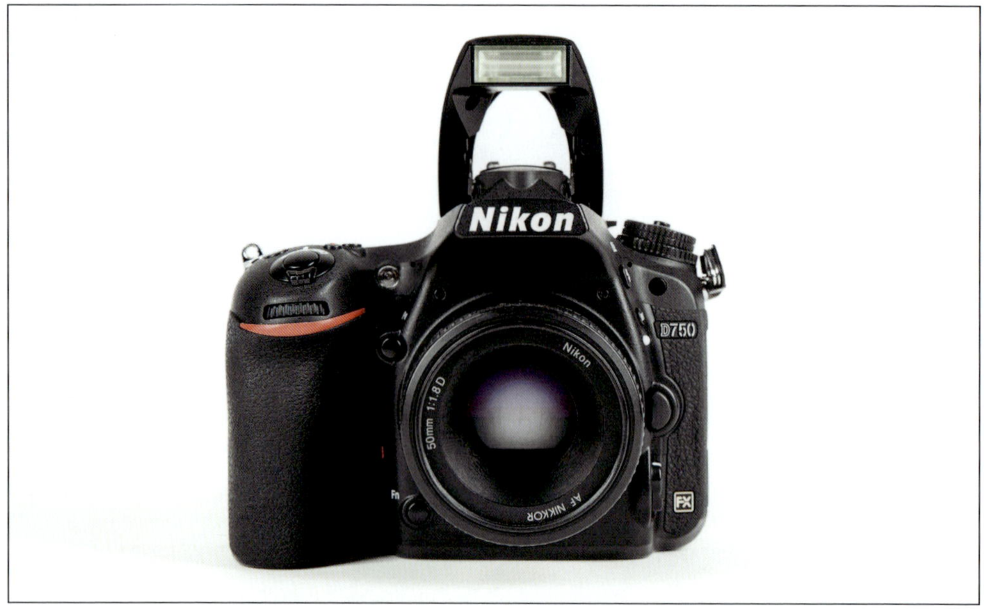

Sie können den in Ihrer Kamera integrierten Aufklappblitz gerne zum Auslösen Ihres Blitzes verwenden, wenn Sie diesen zuvor von der Kamera genommen haben. Ich werde Ihnen auch zeigen, wie das geht, aber merken Sie sich bitte bereits jetzt, dass Sie das niemals tun dürfen. In diese Falle sind schon bessere Männer als ich getappt. Technisch gesehen funktioniert das zwar, aber: Sobald Ihr Kunde zur Tür hereintritt oder Sie eine Hochzeit fotografieren sollen – kurz: immer dann, wenn es *wichtig* wird –, geht es nach hinten los. Der Zuverlässigkeitsquotient dieser Methode liegt irgendwo zwischen lichtschrankengesteuerten Wasserhähnen und einem Fiat 500L. Dabei ist die Idee ganz simpel: Sie versetzen Ihren integrierten Aufklappblitz in einen speziellen Betriebsmodus, in dem er nicht genügend Leistung erhält, um das Motiv auszuleuchten. Stattdessen sendet er nur einen kleinen Lichtimpuls aus, und der löst dann den anderen Blitz aus. Das funktioniert ganz gut, wenn Sie es testen, und praktisch nie, wenn es drauf ankommt. Erwähnte ich bereits, dass der Sensor Ihres Blitzes in Sichtlinie des Lichtimpulses liegen muss? Tja! Ich weiß, was Sie jetzt denken. »Joe McNally steuert damit acht Blitze. Ich habe es mit eigenen Augen gesehen!« Ja, aber diese Blitze lösen nur aus Respekt vor Joe aus. Wir anderen gucken blöd. Ich kann Ihnen ein Dutzend ultrapeinliche Storys über diesen Sichtlinien-Lichtimpuls-Nonsens erzählen, der mich und einige Kollegen im entscheidenden Moment im Stich gelassen hat. Ersparen Sie sich diesen Alptraum und schaffen Sie ein echtes Funksendersystem an. Das ist einfach und funktioniert immer. Wenn Ihr Blitz nicht zuverlässig auslöst, dann werden Sie ihn nie lieben und deswegen auch nie verwenden. Dann ist die ganze Sache von Anfang an zum Scheitern verurteilt. Aber das muss nicht sein. Solche Systeme kosten mittlerweile fast nichts mehr (siehe nächste Seite).

Warum Sie einen Funkauslöser brauchen

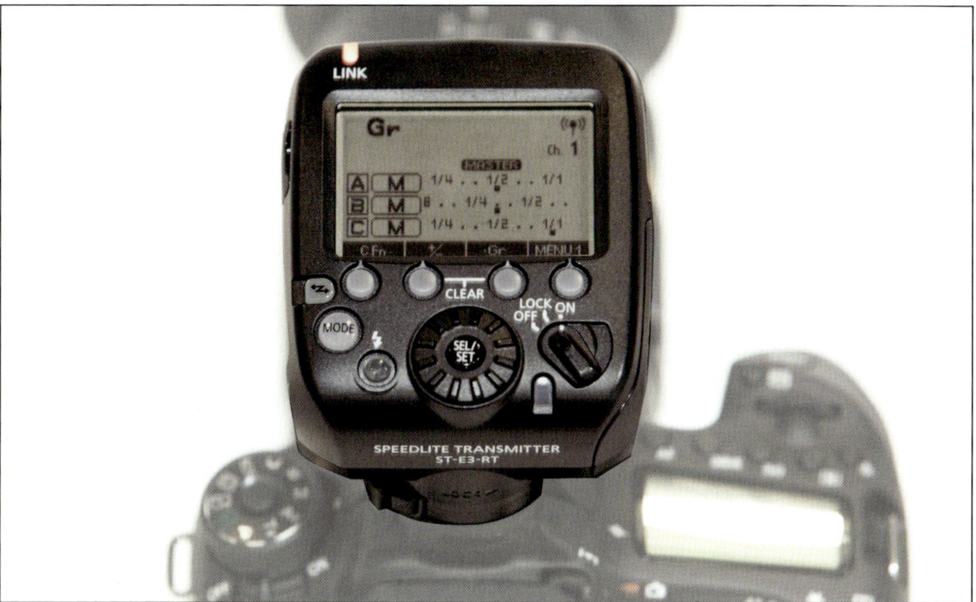

Ein wichtiger Aspekt dieses Systems ist, dass Sie Ihren Blitz (bzw. Ihre Blitze) von zentraler Stelle aus – nämlich der Position Ihrer Kamera – ansteuern. Hier schalten Sie den Blitz ein bzw. aus und ändern die Helligkeitseinstellung usw. Sie brauchen also nie wieder zum Blitz zu gehen, um die Leistung zu korrigieren. Das tun Sie einfach auf Ihrer Kamera, denn die Steuergeräte werden direkt auf Ihrem Blitzschuh montiert: Sie schieben sie einfach so darauf wie ein ganz normales Blitzgerät (zum Glück sind sie aber deutlich kleiner). Das Steuergerät hat auf der Rückseite ein Display, auf dem Sie den einzustellenden Blitz auswählen. Ferner gibt es ein Einstellrad oder einen Wippregler zum Justieren der Leistung, und Sie können jeden Blitz per Knopfdruck ein- oder ausschalten. Glücklicherweise sind diese Funkauslöser wesentlich preisgünstiger als die Blitze selbst. Der Yongnuo YN-E3-RT für Yongnuo-Blitze liegt bei gut 65 €. Der Canon ST-E3-RT Speedlite Transmitter für Canon-Blitze kostet derzeit etwa 248 €, ist dieses Geld aber als Topgerät (in Sachen Konstruktion und Features) allemal wert. Um einen Nikon SB-5000 auszulösen, brauchen Sie das Nikon WR-T10/WR-R10/WR-A10 Funkfernsteuerungs-Kit (ca. 200 €). Mit diesen Controllern wird das Steuern eines Blitzes (oder auch von mehreren) zum Kinderspiel. Von nun an werden Sie alles über den Controller statt am Blitz selbst erledigen. Lediglich beim Einschalten zu Beginn des Shootings müssen Sie sich noch zum Blitz hinbequemen.

Warum ein einfacher Funkauslöser nicht ausreicht

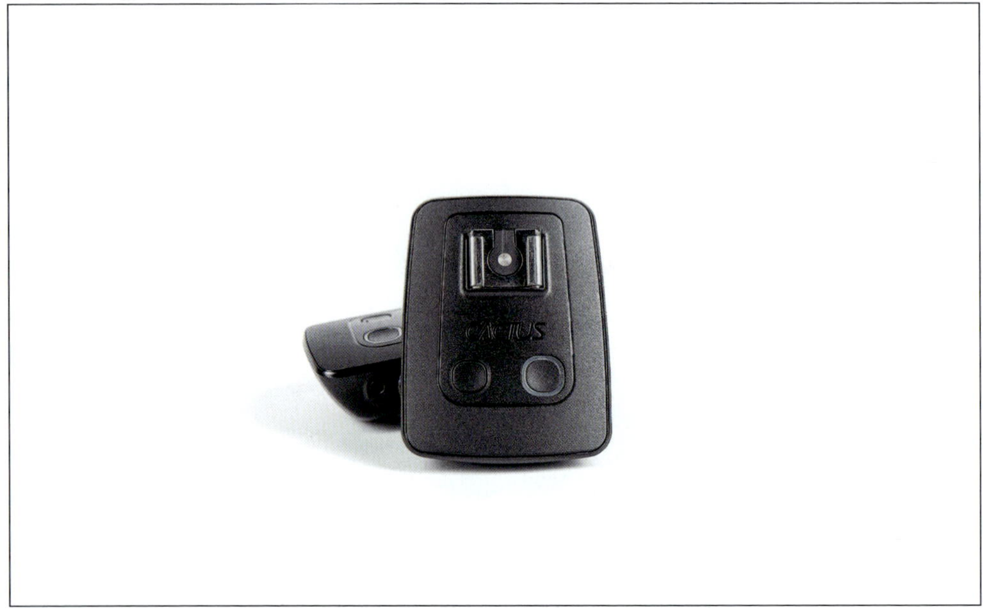

Sie können natürlich auch kostengünstige Funkauslöser (wie die oben gezeigten Cactus-Auslöser für rund 60 € das Paar) kaufen. Diese verwenden im Sender ein echtes Funkfrequenzsystem, und sie werden Ihre Blitze auch hundertprozentig auslösen. Allerdings können Sie die Helligkeit Ihres Blitzes damit nicht direkt an der Kamera steuern. Folglich müssen Sie sich also immer dann, wenn Sie die Helligkeitseinstellung ändern möchten, stracks zum Blitzgerät begeben und die Änderung manuell durchführen. Vielleicht denken Sie jetzt: »Was soll's – ich kann doch kurz zum Blitz rübergehen und die Einstellung ändern. Tue ich sogar noch was für die Figur. Da kann ich mir das Geld doch sparen und mich gleich für einen billigen Auslöser entscheiden.« Tappen Sie nicht in diese Falle. Denn: 1. Jede Aufnahme dauert einfach länger. In der Zeit, in der Sie Ihre Kamera abgelegt haben und zum Blitzgerät hinübergegangen sind, hätten Sie die Leistung schon längst geändert und eine weitere Probeaufnahme gemacht. 2. Wenn Sie Ihre Kameraposition verlassen, werden auch der Fluss der Aufnahme und Ihre Verbindung zum Modell unterbrochen – Ihre Aufmerksamkeit wird dadurch von wichtigen Dingen abgelenkt. 3. Irgendwann sind Sie es leid, die ganze Zeit hin und her laufen zu müssen. Sie sehen auf Ihrem Display, dass Sie die Leistung korrigieren müssten, aber sie tun dies nicht, weil sie die ständige Lauferei einfach nervt. Also machen Sie die Bilder mit suboptimalen Einstellungen, aber das ist immer noch besser, als schon wieder zum Blitz laufen zu müssen. Wenn Sie zu den Leuten gehören, die TV-Fernbedienungen ablehnen und das Programm lieber wie vor 50 Jahren am Gerät umschalten, dann ist so ein Billigauslöser vielleicht tatsächlich das Richtige für Sie. Alle anderen werden mir – davon bin ich überzeugt – auf Knien dafür danken, dass ich ihnen ein echtes Steuergerät statt eines Auslösers ans Herz gelegt habe. Das ist gut angelegtes Geld.

Der Unterschied zwischen optischer Fernsteuerung und Funkfernsteuerung

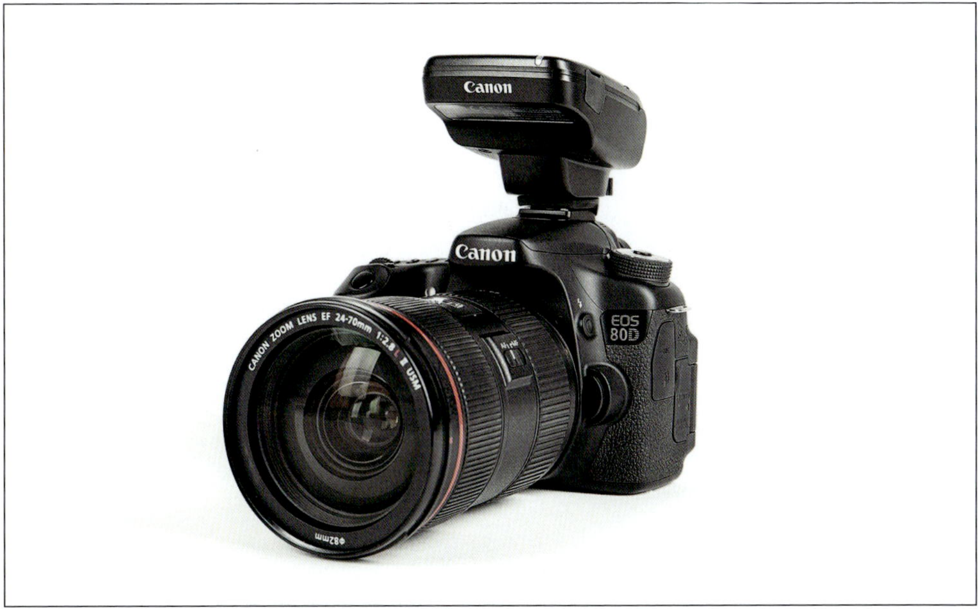

Ich möchte Ihnen bereits an dieser Stelle den Unterschied zwischen optischer Fernsteuerung und Funkfernsteuerung erklären, denn das ist wirklich wichtig. Ein optischer Controller funktioniert im Grunde genommen genau so wie die Fernbedienung für Ihren Fernseher. Wenn Sie die auf Ihren Fernseher richten, erkennt dieser das Infrarotsignal der Fernbedienung und schaltet das Programm um, erhöht oder senkt die Lautstärke usw. Aber ist Ihnen schon mal aufgefallen, dass das nicht funktioniert, wenn sich irgendetwas zwischen der Fernbedienung und dem Fernseher befindet? Etwas, das die Sichtlinie zwischen beiden Geräten blockiert? Wenn Sie Ihre Fernbedienung dann in verschiedenen Winkeln auf den Fernseher richten, geschieht irgendwann das Gewünschte. So, und nun stellen Sie sich dasselbe beim Fotografieren vor. Sie drücken ab und der Blitz löst aus, und dann drücken Sie wieder ab und nichts passiert. Beim darauffolgenden Mal geschieht ebenfalls nichts, danach klappt es aber wieder, dann wieder nicht usw. Ich empfehle Ihnen also dringend einen echten Funksender. Funksender brauchen keine Sichtlinie, denn sie funken ja. Sie können Ihren Blitz in eine Kiste stecken und diese im Kofferraum Ihres Autos verstauen: Wenn Sie dann den Funksender betätigen, löst der Blitz aus. Hundertprozentig. Das ist zuverlässig und berechenbar, und Sie müssen beim Aufstellen Ihres Blitzes nicht darauf achten, dass er im richtigen Winkel steht und den Lichtimpuls der Kamera mitbekommt, der ihn auslöst. So zu arbeiten ist unerträglich, und Sie werden Ihren Blitz niemals lieben, wenn er nur hin und wieder mal funktioniert. Stellen Sie sich vor, Sie machen ein Shooting beim Kunden – vielleicht ein Familienporträt oder Hochzeitsfotos –, und können den Blitz nicht auslösen. Genau das ist mir passiert, und deswegen habe ich beim letzten Mal gesagt: »Nie wieder! Von nun an nutze ich nur noch Funksender.«

Und wenn Ihr Blitz keinen Funkempfänger hat?

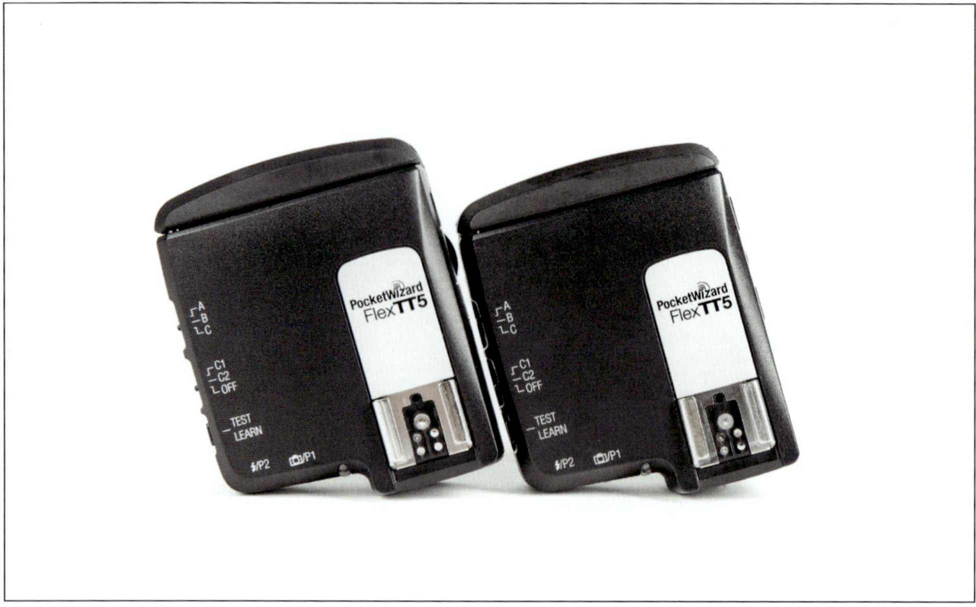

Wenn Sie einen älteren Blitz nutzen oder sich einen neuen Blitz gekauft haben, der vom betreffenden Anbieter als Einsteigermodell angeboten wird, dann ist dort wahrscheinlich kein Funkempfänger eingebaut – wir sprachen bereits davon. Stattdessen verfügt er über einen jener gefürchteten, weil unzuverlässigen, optischen Empfänger. Aber keine Sorge, das ist kein Problem: Kaufen Sie einfach einen Funkcontroller von einem Drittanbieter. Dieser löst den Blitz nicht nur jedes Mal zuverlässig aus, sondern Sie können – was fast genauso wichtig ist – von Ihrer Kamera aus die Blitzhelligkeit regeln. Damit wird aus Ihrem sensiblen optischen Blitz ein echter, vollständig steuerbarer Funkblitz, der stets tut, was er soll. Phottix beispielsweise baut einen echten Funkauslöser namens Laso: Schieben Sie Ihren alten Blitz – oder auch einen neuen, der nicht per Funk steuerbar ist – auf den Blitzschuh des Laso, und schon können Sie Ihren Nikon- oder Canon-Blitz mit diesen Blitzfunksender fernbedienen (d. h. die Blitzhelligkeit ändern oder den Blitz ein- bzw. ausschalten). Eine weitere Baureihe mit Sendern und Empfängern zum Auslösen Ihres Blitzes wird von PocketWizard unter der Artikelbezeichnung »Flex« gefertigt. Allerdings brauchen Sie in diesem Fall auch den dazugehörigen AC3 ZoneController zur Steuerung der Blitzhelligkeit und zum Ein- und Ausschalten Ihres Blitzes von der Kameraposition. Yongnuo bietet für etwa 60 € das YN-622N i-TTL Wireless Flash Transceiver & TX Controller-Kit an. Der Sender/Controller wird dabei in den Blitzschuh Ihrer Kamera gesteckt, der Empfänger dagegen unter Ihrem Blitz selbst montiert. Es gibt natürlich noch eine ganze Reihe weiterer Funkcontroller auf dem Markt, aber wenn Sie darauf achten, dass Sie einen Sender und einen Empfänger passend für Ihre Blitzmarke bekommen, sind Sie schon aus dem Schneider.

Problembehebung: Ihr Blitz löst nicht aus

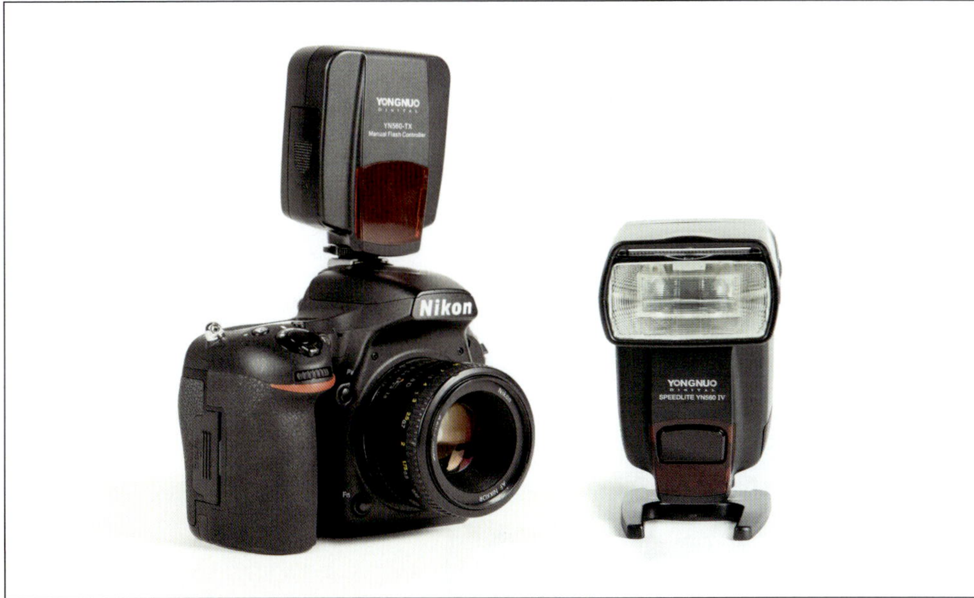

Wenn Sie sich einen Funkcontroller für Ihren Blitz besorgt haben, setzen Sie diesen in den Blitzschuh oben auf Ihrer Kamera ein und schalten ihn an. Als Nächstes schalten Sie Ihr Blitzgerät ein und drücken die Prüftaste an Ihrem Controller. (In manchen Fällen ist diese Prüftaste mit dem Einschalter identisch, und manche Modelle bieten sogar eine hintergrundbeleuchtete Taste, damit Sie sie auch im Dunkeln finden.) Hat der Blitz beim Drücken der Prüftaste nicht ausgelöst, dann überprüfen Sie Folgendes: 1. Das mag zwar vielleicht ein bisschen dämlich klingen, aber als Erstes sollten Sie sich vergewissern, dass Blitz und Controller eingeschaltet sind. Häufig vergisst man einfach, dass beide Geräte eingeschaltet werden müssen, oder Sie hatten vielleicht ein Gerät zu einem früheren Zeitpunkt schon wieder abgeschaltet. 2. Stellen Sie sicher, dass Ihr Controller für diesen Blitz eingeschaltet ist. Da sich Blitze nämlich über den Controller separat ein- und ausschalten lassen, kann es durchaus sein, dass Sie genau diesen Blitz deaktiviert haben. Sie sehen dann zwar die Betriebsleuchte am Blitzgerät selbst, aber wenn Sie diesen Blitz am Controller deaktiviert haben, passiert gar nichts. 3. Überprüfen Sie, ob für Blitz und Controller derselbe Kanal festgelegt ist. Wie Sie das tun, steht auf Seite 31, aber ich will Ihnen bereits jetzt verraten, dass der Blitz nur auslöst, wenn die Kanäle identisch sind. 4. Sehen Sie nach, ob Ihr Blitzcontroller vollständig im Blitzschuh oben auf Ihrer Kamera sitzt. Zwar sollte der Blitz bei Betätigung der Prüftaste technisch gesehen auch dann auslösen, wenn der Controller nicht hundertprozentig sitzt, aber trotzdem sollten Sie kurz nachsehen, falls der Blitz nicht auslöst. Die Wahrscheinlichkeit, dass er einfach nicht richtig aufgeschoben ist, ist schon recht hoch.

Die Sache mit der Helligkeit

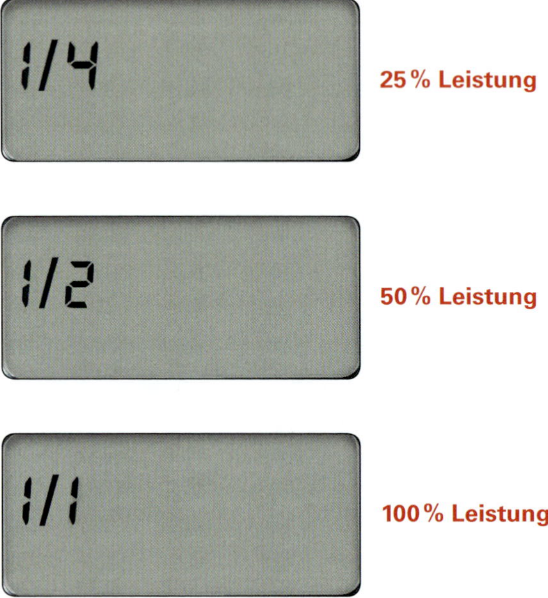

Der für die Helligkeit (oder auch fehlende Helligkeit) eines Blitzes verwendete Begriff lautet »Blitzleistung«. Je höher die eingestellte Blitzleistung ist, desto heller ist der Blitz. Mit Vollleistung (wird auch als »1/1« bezeichnet) erzielen Sie die maximale Blitzhelligkeit. Das ist echt hell, das können Sie mir gerne glauben, und deswegen werden Sie diese Einstellung (wenn überhaupt) nur sehr selten einsetzen. Warum das so ist, werden Sie im weiteren Verlauf dieses Buchs noch erfahren, aber Sie sollten jetzt schon wissen, dass die Verwendung des Blitzes mit einer 1/1-Leistung im geschlossenen Raum in etwa mit dem Zünden einer Blendgranate gleichzusetzen ist: Niemand sieht mehr etwas, alle tappen geblendet umher – was Ihnen wiederum Zeit gibt, die Anwesenden um ihre Wertsachen zu erleichtern (sofern Ihnen danach ist). Wie auch immer: Wenn ich im Weiteren von »Vollleistung« spreche, meine ich stets den auf der Rückseite Ihres Blitzes angezeigten Wert 1/1. Wenn Sie die Blitzleistung nach unten regeln, dann ist der nächste Wert 1/2, was der halben Leistung entspricht. Die nächste Einstellung liegt dann bei 1/4, danach folgen 1/8 und 1/16, und wenn Sie die Blitzstärke noch weiter herunterregeln möchten, finden Sie auch Modelle mit 1/32 und 1/64 sowie einige wenige sogar mit 1/128. In meinem Leben habe ich Mathematik gemieden wie der Teufel das Weihwasser, aber an dieser Stelle kommen uns ein paar mathematische Grundlagen tatsächlich gelegen (keine Sorge, wenn Sie Klasse-3-Niveau haben, reicht das aus). Wenn Sie an Ihrem Blitz die Einstellung 1/4 (25 % der Vollleistung) festgelegt haben und dann zu 1/2 wechseln, haben Sie die Helligkeit verdoppelt. Würden Sie von dieser Stellung aus (50 % der Leistung) weiter auf 1/1 (100 %) erhöhen, dann entspreche dies erneut einer Verdopplung des Werts.

Was tun, wenn 1/2 zu hell ist?

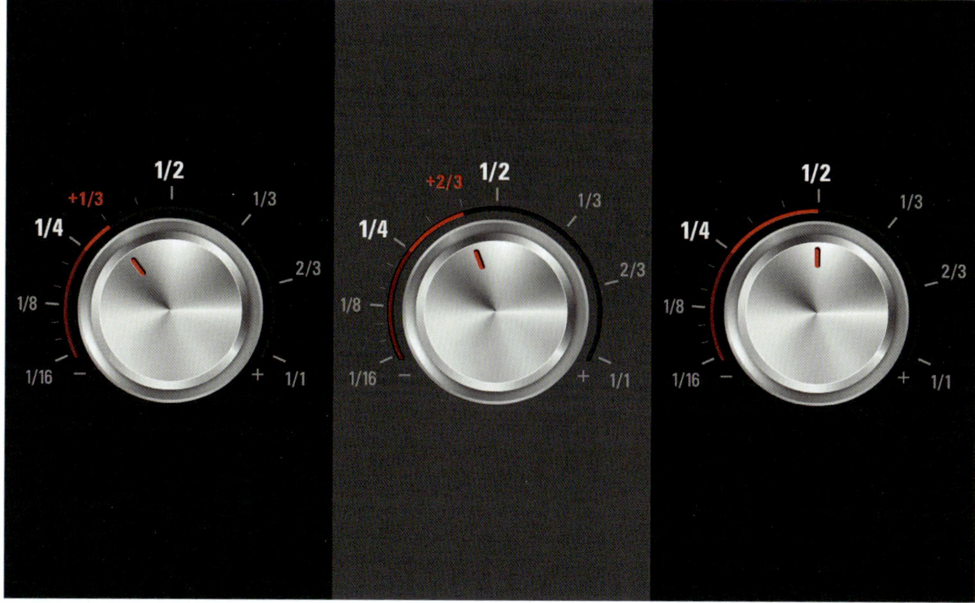

Es gibt immer wieder Situationen, in denen 1/4 zu dunkel ist, 1/2 aber viel zu hell. So spielt das Leben. Wäre es dann nicht am besten, wenn es genau dazwischen noch eine Einstellung gäbe? Um ehrlich zu sein: Die gibt es bereits. Hier kommt nämlich der komische Teil der Helligkeitsregelung (also der Leistungseinstellung) ins Spiel. Zwischen 1/4 und 1/2 gibt es – zumindest bei den meisten Blitzen – Zwischenschritte im Drittelabstand. Sie können Ihren Blitz also auf 1/4 stellen und dann um +1/3 hochregeln (d. h., die Leistung beträgt ein Viertel plus ein Drittel der Spanne bis zu 1/2). Das bedeutet, dass es zwei Leistungseinstellungen zwischen 1/4 und 1/2 gibt (und natürlich gilt das auch für alle schwächeren Leistungseinstellungen). Nehmen wir beispielsweise an, Sie hätten eine Leistung von 1/4 festgelegt:

1. Regeln Sie diese nun um einen Schritt nach oben, um +1/3 mehr Leistung hinzuzufügen. Jetzt haben Sie ein Drittel des Wegs zu 1/2 zurückgelegt (oben links abgebildet).
2. Nun stellen Sie den Regler um einen weiteren Rastschritt nach oben und haben so zwei Drittel des Wegs zu 1/2 zurückgelegt (Sie sehen das oben in der Mitte).
3. Mit dem nächsten Klick landen Sie schließlich bei 1/2 (oben rechts).

Achtung, Inkonsistenz: Sobald Sie den Leistungswert 1/2 überschreiten, gibt es nur noch zwei Einstellungen zwischen diesem und der Vollleistung. Bei den meisten Blitzen gibt es nämlich keine 3/4-Einstellung – Sie schalten von 1/2 auf 1/3, dann +2/3 und – Zack! – sind Sie bei 1/1 gelandet. Das ist komisch, ich weiß.

So ändern Sie die Leistung (Helligkeit) Ihres Blitzes

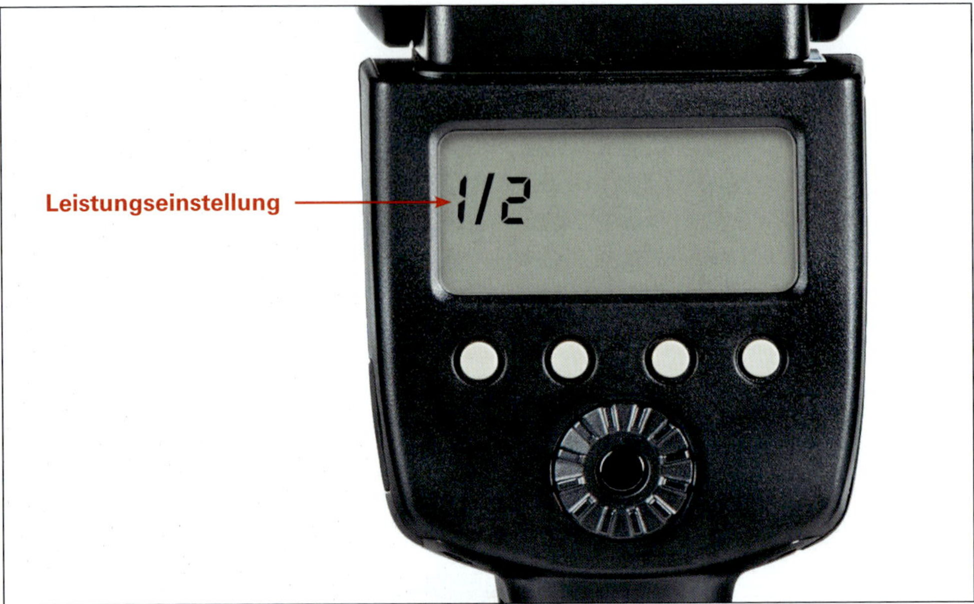

Auch wenn das bei jedem Blitz ein bisschen anders ist, wird doch zur Leistungseinstellung in der Regel entweder ein Drehrad oder eine Taste verwendet. Die aktuelle Einstellung erscheint dann im Display auf der Rückseite Ihres Blitzes (oder die gedrückte Taste leuchtet etc.). Nachfolgend finden Sie ein paar Beispiele für das Hoch- und Herunterregeln Ihrer Blitzstärke:

Nikon: Drücken Sie die SELECT/SET-Taste auf der Rückseite Ihres Blitzes und drehen Sie das Rad dann im Uhrzeigersinn, um die Leistung zu erhöhen, oder gegen den Uhrzeigersinn, um sie zu verringern.

Canon: Wechseln Sie mit dem Cursor zum Power-Feld und drehen Sie das Rad dann im Uhrzeigersinn, um die Leistung zu erhöhen, oder gegen den Uhrzeigersinn, um sie zu reduzieren.

Yongnuo: Drücken Sie die UP-Taste, um die Leistung des Blitzes zu erhöhen, oder die DOWN-Taste zum Reduzieren der Leistung.

Sony: Drücken Sie auf die rechte Seite des Rads, um den Parameter »Level« auszuwählen, und drehen Sie das Rad dann im Uhrzeigersinn, um die Leistung zu erhöhen, oder gegen den Uhrzeigersinn, um sie zu reduzieren.

Phottix: Drücken Sie die SET-Taste. Danach können Sie die Leistung mit der Aufwärtspfeiltaste erhöhen oder sie mit der Abwärtspfeiltaste verringern.

Vergessen Sie nicht, dass Sie Ihren Blitz vor der Durchführung dieser Schritte in den manuellen Modus versetzen müssen (siehe Seite 22).

So legen Sie die Voreinstellung für die Blitzleistung fest

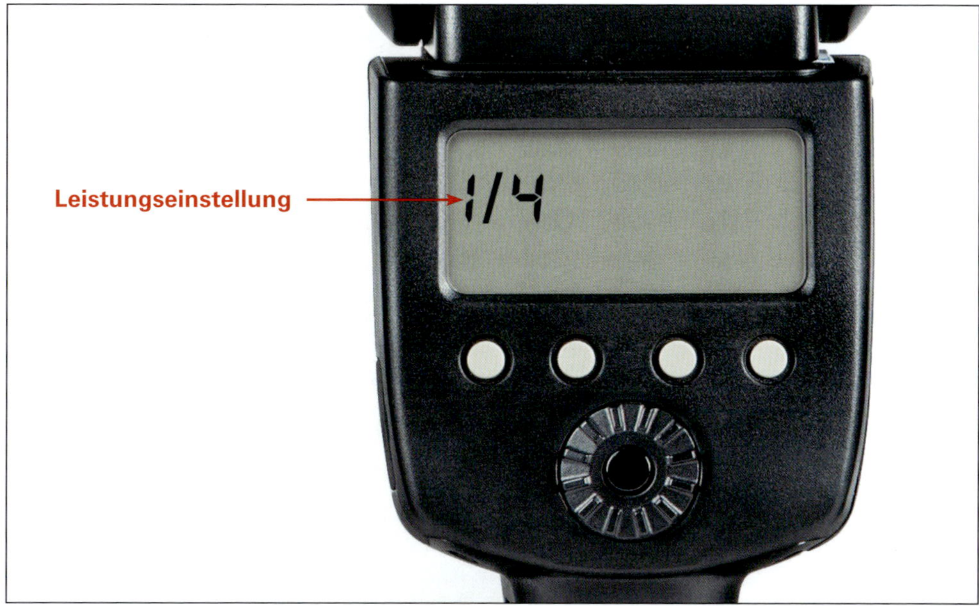

Ihre Leistungseinstellung – also die Blitzhelligkeit – wird meistens relativ niedrig sein. Das ist eine Tatsache, die bei vielen Fotografen immer wieder zu Überraschungen führt. Ich selbst setze die Vollleistung in der Regel wirklich nur dann ein, wenn ich an einem hellen und sonnigen Tag Außenaufnahmen mache. Ansonsten bescheide ich mich mit einem Leistungswert von maximal 1/4. Deswegen ist die 1/4-Einstellung auch der Wert, den ich bei meinem Blitz als Vorgabe eingestellt habe. Bei dem von mir in diesem Buch beschriebenen System beginne ich eigentlich immer mit denselben Werten für Blitzleistung, Blendenzahl, Verschlussgeschwindigkeit und ISO-Wert. Das ist es ja gerade, was dieses System so einfach macht: Wir beginnen immer mit denselben Einstellungen (in Kapitel 3 werde ich mich über die übrigen Parameter auslassen). An dieser Stelle reicht es aus, festzuhalten, dass Sie Ihren Blitz eher selten unter Volllast fahren werden und 1/4 Ihr normaler Ausgangswert für alle Innenaufnahmen und auch für Außenaufnahmen sein wird, sofern es draußen nicht gerade wirklich hell ist (dann müssen wir die Leistung ein bisschen hochfahren). So weit, so gut.

TIPP

Testblitze auslösen

Die meisten Blitze und Blitzcontroller verfügen über eine (in der Regel rot oder grün beleuchtete) Prüftaste, und der wesentliche Grund für ihre Nutzung besteht schlichtweg darin, zu überprüfen, ob der Blitz funktioniert. Drücken Sie also nun auf diese Taste. Wenn alles geklappt hat, löst der Blitz aus.

Darum sollten Sie für Ihren Blitz den manuellen Modus aktivieren

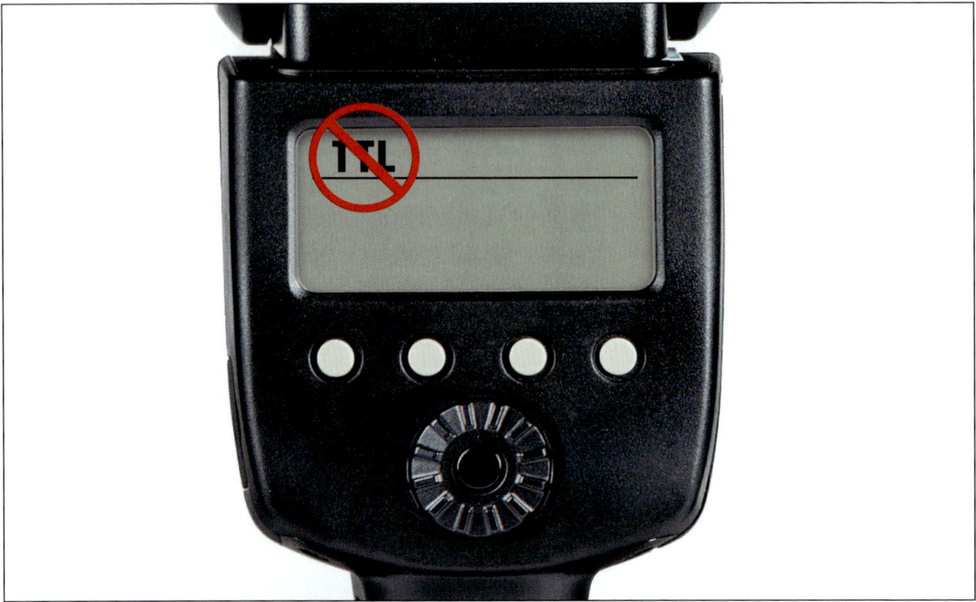

Anstatt uns auf eine hypersensible TTL-Funktion zu verlassen, werden wir nun etwas tun, das vielleicht schwierig klingt, aber im Endeffekt viel einfacher ist. Wir werden für unseren Blitz nämlich den manuellen Modus aktivieren. Das bedeutet nichts anderes, als dass wir von nun an die Leistung des Blitzes selbst regeln werden, statt uns auf die Leistungssteuerung durch eine autonome KI zu verlassen. (Denn diese wird früher oder später eine Verbindung mit Skynet herstellen und sich gegen uns wenden, und alle Blitze erlangen ein Bewusstsein und ... entschuldigen Sie, ich schweife ab.) Welche Folge hat es also, wenn Sie den Blitz in den manuellen Modus umschalten? Schlicht und einfach die: Wenn Sie eine Aufnahme machen und der Blitz zu hell wirkt, dann können Sie die Blitzleistung ein wenig herunterregeln und eine weitere Testaufnahme machen. Ist diese zu dunkel, dann heben Sie die Helligkeit wieder ein wenig an. Das war's. Und machen Sie sich nicht zu viele Gedanken darüber.

Aber kann die Verwendung eines Blitzes tatsächlich so einfach sein? So kinderleicht? Aber ja! Nichts anderes mache ich bei jeder Aufnahme, und das hat mein Leben unermesslich bereichert (also zumindest, was mein Leben mit Blitzen angeht). »Ich hätte ja nie gedacht, dass das so simpel ist!« (Das haben Sie jetzt gesagt.) »Warum haben Sie das denn nicht früher gesagt?« »Hab ich doch.« (Das war meine Antwort.) »Das ist doch erst das erste Kapitel in diesem Buch.« Unser Vorgehen sieht also wie folgt aus: Wir schalten den Blitz in den manuellen Modus um, und danach müssen wir nichts mehr weiter tun, als die Blitzleistung nach Bedarf hoch- oder herunterzuregeln. Sehen wir uns also einmal an, was Sie tun müssen, um den Blitz in den manuellen Modus zu versetzen.

So wechseln Sie in den manuellen Modus

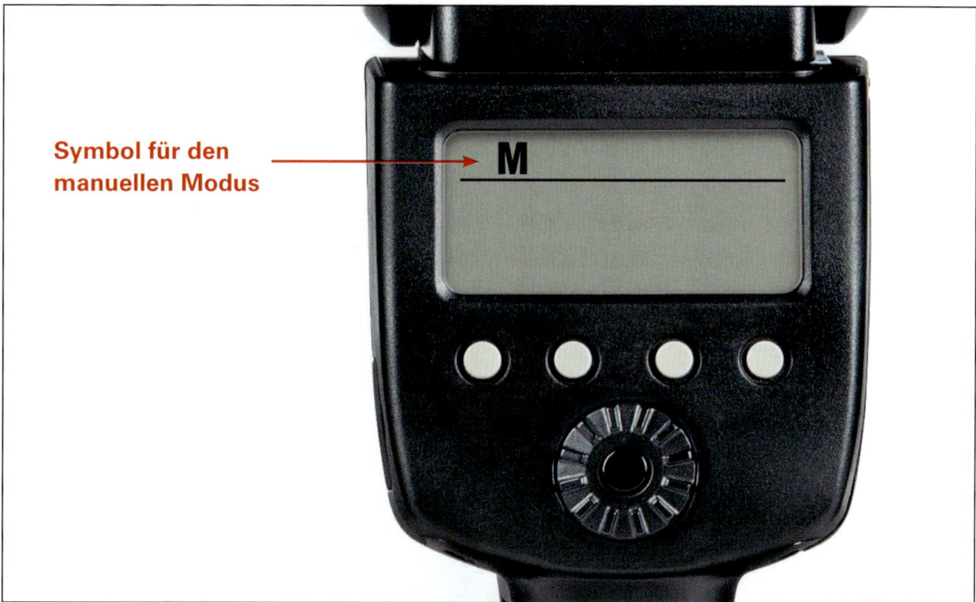

Es gibt nur wenige Dinge, die bei fast allen Anbietern von Blitzen gleich sind, aber eine Sache, über die sich alle mehr oder weniger einig sind, ist die Bezeichnung des manuellen Modus mit dem Buchstaben »M«. Sie müssen also nur noch herausfinden, wo sich dieser bei Ihrem Blitz befindet. Die meistverwendeten Blitze heutzutage stammen von einem der folgenden fünf Hersteller: Canon, Nikon, Sony, Phottix und Yongnuo. (Die letzten beiden sind neue Player auf dem Markt, und viele Fotografen sind ganz verrückt nach ihren Produkten, weil die trotz ziemlich ordentlicher Qualität geradezu lächerlich günstig sind. Sie liegen bei vielleicht 15 % dessen, was man für einen Nikon oder Canon auf den Tisch legen muss.) So aktivieren Sie den manuellen Modus bei den »meisten« Blitzen von Canon, Nikon, Sony, Phottix und Yongnuo:

Nikon: Drücken Sie auf die Taste »Wireless Settings«. Danach drücken Sie auf die rechte Seite des Rades, um den Blitzmodus auszuwählen und drehen dieses dann, bis ein »M« im Display erscheint.

Canon: Drücken Sie die MODE-Taste und drehen Sie das Rad, bis ein »M« im Display erscheint.

Yongnuo: Drücken Sie die MODE-Taste wiederholt, bis ein »M« im Display erscheint.

Sony: Drücken Sie auf die MODE-Taste und dann auf »Manual«.

Phottix: Während Sie hier beim Blitz weiterhin den TTL-Modus nutzen, müssen Sie am Phottix-Sender oben auf Ihrer Kamera den manuellen Modus aktivieren.

So ist Ihr Blitz schneller wieder am Start

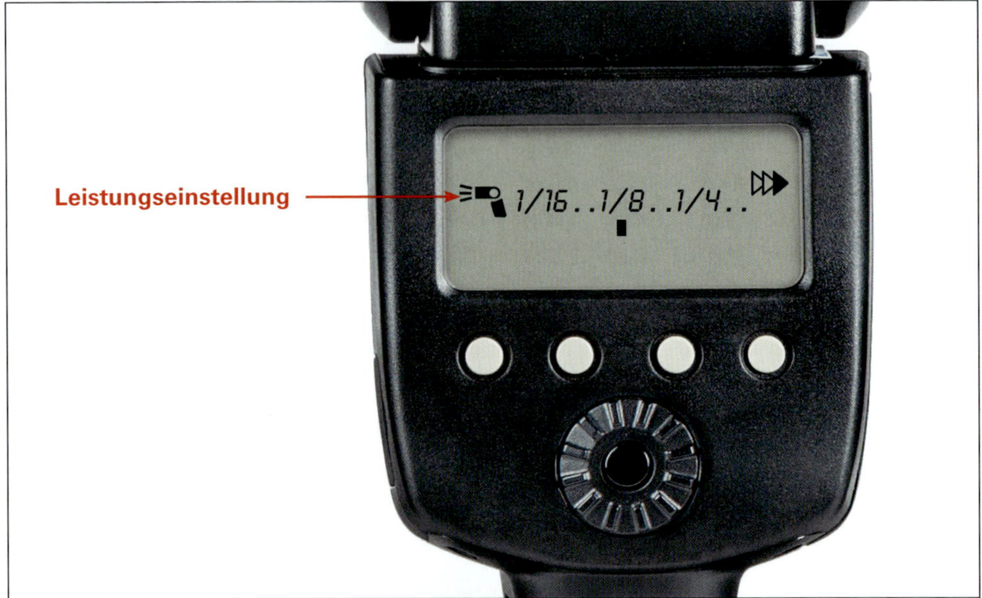

Es gibt eine ganz enge Verbindung zwischen der Leistungseinstellung Ihres Blitzes und der Frage, wie schnell Ihr Blitz nach dem Auslösen wieder für die nächste Aufnahme einsatzbereit ist (bis dahin kann er nicht ausgelöst werden). Kurz gesagt, ist der Blitz umso schneller wieder funktionsfähig, je niedriger die Leistungseinstellung ist. Das ist vor allem bei Innenaufnahmen gut, wo wir häufig 1/4 oder weniger nutzen: Sie können praktisch sofort weitermachen, ohne lang warten zu müssen (natürlich nicht im High-Speed-Serienaufnahmebetrieb, aber bei einem Blitz pro Sekunde). Das klappt so lange, bis die Akkuladung zur Neige geht, aber das wiederum dauert länger, weil wir ja weniger Energie benötigen. Wenn Sie hingegen Vollleistung verwenden (1/1), dann können Sie schon mit einer gewissen Wartezeit zwischen den Blitzen rechnen. Das gilt vor allem dann, wenn Sie den Blitz zuvor häufig hintereinander verwendet haben. Als Grundsatz gilt: Je höher die Leistung, desto länger müssen Sie warten. Wenn Sie also Sorge haben, dass es zu Wartezeiten kommen könnte, dann sollten Sie eine etwas offenere Blende auswählen, damit Ihr Blitz weniger Energie verbraucht und sich schneller wieder auflädt. Machen Sie Ihre Aufnahmen etwa bei f/11 mit 1/2-Leistung, dann öffnen Sie die Blende auf vielleicht f/5.6 und senken Sie die Blitzleistung dann auf 1/8 ab (das sind natürlich nur Richtwerte, die sich je nach Blitzmodell unterscheiden können).

Empfehlungen in Sachen Batterien

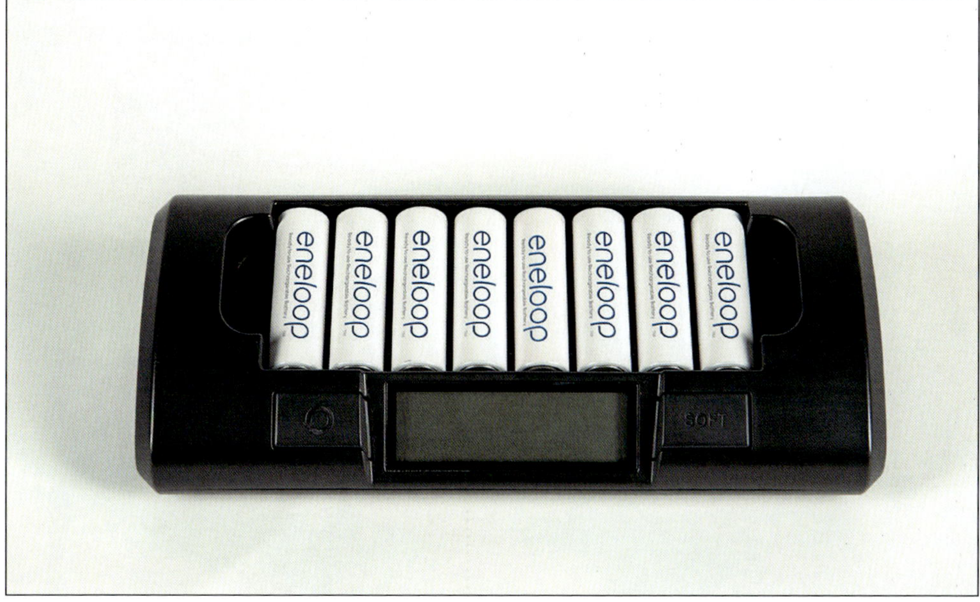

Hier habe ich einen ganz einfachen Rat: Nehmen Sie Akkus. Dafür gibt es einen ebenso einfachen Grund: Batterien sind schneller leer als das Glas mit den Salzstangen in Ihrer Kneipe! Außerdem werden Sie die Verfügbarkeit frischer Akkus zu schätzen wissen, denn je schwächer ihre Batterien werden, desto länger braucht der Blitz zum Aufladen für die nächste Aufnahme (Wenn Sie neue Batterien einlegen, können Sie danach erst einmal Blitze im Sekundentakt machen. Aber je länger das Shooting dauert, desto schwächer werden die Batterien, und aus ein oder zwei Sekunden Wartezeit werden dann vier oder noch mehr, und am Ende warten Sie ewig, bis der Blitz wieder einsatzbereit ist – und das ist tödlich für die Energie einer Aufnahmesession und die Geduld Ihres Modells.) Deswegen können Sie sich also palettenweise Billigbatterien im Großhandel besorgen, oder Sie nutzen Akkus und stellen sicher, dass Sie immer genügend davon dabeihaben. Wenn Sie nicht genau wissen, wofür Sie sich entscheiden sollen, sei mir die Anmerkung gestattet, dass die Profis häufig NiMH-Hochleistungsakkus (Nickel-Metallhydrid) der Panasonic eneloop-Serie verwenden. Sie erhalten diese sowie die zugehörigen Ladestationen überall dort, wo Sie Dinge mit Stecker kaufen können. Diese Akkus können Sie buchstäblich hunderte Male aufladen, und trotzdem behalten sie ihre Nennkapazität dauerhaft bei. Sie sind zwar nicht billig, aber auf lange Sicht deutlich günstiger als das ständige Einkaufen konventioneller Alkalibatterien vor jedem Shooting.

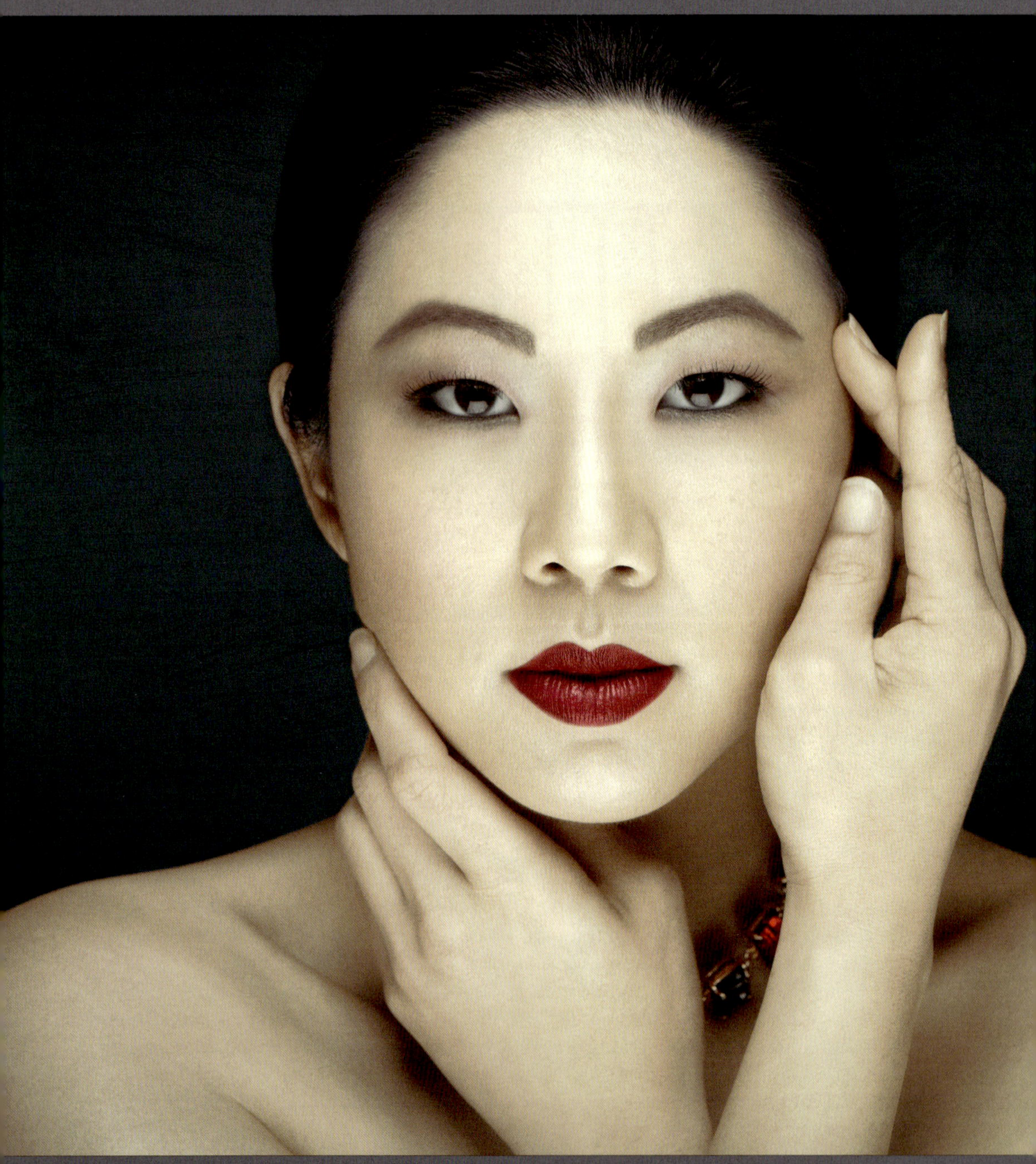

Kapitel 2

Blitzen für Ambitionierte

Was Sie mit Ihrem Blitz wirklich anfangen können

Alte Hasen wissen das schon, den Adepten sei jedoch an dieser Stelle gesagt, dass viele Floskeln in der gehobenen Lehre des Blitzens lateinischen Ursprungs sind, denn schließlich wurde das erste Blitzgerät im Jahr 1559 in Rom ersonnen. Natürlich genoss man damals – anders als heute – nicht den Luxus von Lithiumakkus. So stammt aus dieser Zeit die Phrase barba tenus fraus durante, die frei übersetzt lautet »Barbara, ich brauche zehn geladene Duracell-Akkus.«. Viele wissen nicht mal, dass das Unternehmen Duracell seinen Namen uralten lateinischen Texten verdankt, wie in alis corus beatae (»Alkalibatterie mit Kupferkopf«). Echt wahr. Aber wie auch immer: Eine Sache, die die Hersteller von Blitzgeräten begriffen haben, ist, dass Menschen, die zu irgendeinem Zeitpunkt in ihrem Leben als katholischer Priester gewirkt haben, das Blitzen deutlich schneller lernen. Das liegt möglicherweise an dem intensiven Gebrauch des Lateinischen in diesen Kreisen, vielleicht aber auch daran, dass Fotografen ganz allgemein auf wallende Gewänder und abgefahrene Hüte stehen. Beides ist denkbar. Ich persönlich neige eher zu der Theorie mit den Kleidern und Hüten, denn in den hohen Zirkeln der Blitzkunst gibt es diesen verbreiteten Spruch: Celerius cor habent ad rorate Pontifix comitem speculorum. Zu gut Deutsch: »Ach, hätt' ich nur solch prächt'gen Hut und Fummel wie der Gottesmann mit dem Canon Speedlite.«. Eines ist also klar: Je tiefer Sie in die Materie des entfesselten Blitzens einsteigen, desto mehr wird Ihnen Ihr kleines Latinum zugutekommen. Hier noch ein paar praktische Beispiele für blitzspezifische Phrasen aus dem Lateinischen: facilius est multa facere quam diu, zu übersetzen als »Der Blitz hat nicht ausgelöst.« Oder nec gaudia ut faciam, was »Ich brauche einen Gelfilter für diesen Blitz.« bedeutet. Schließlich noch der legendäre Ausspruch malum quo communius eo peius, der im Deutschen oft etwas zu frei als »Dieses Blitzgerät habe ich mir von einem Toyota Prius-Fahrer geliehen.« wiedergegeben wird. Ich hoffe, Sie finden Verwendung für diese großartigen klassischen Zitate.

Sie nutzen mehrere Blitze? Dann nichts wie ran an die Gruppenfunktion!

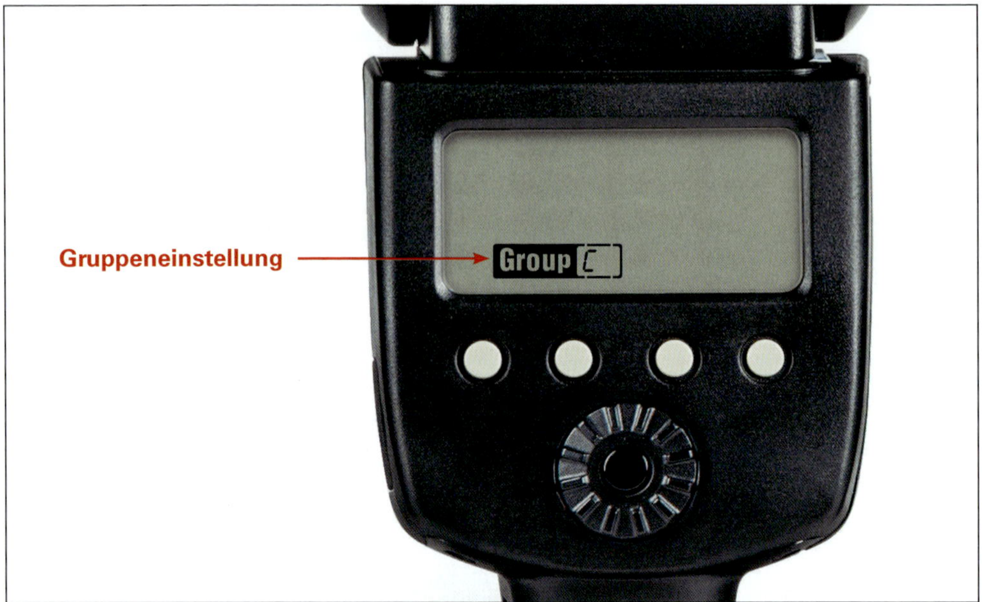

Nehmen wir an, Sie setzen zwei Blitze ein. Einer davon ist auf Ihr Modell gerichtet, der zweite angewinkelt auf den Boden, um den Hintergrund auszuleuchten. Nun machen Sie eine Testaufnahme und stellen fest, dass der Hintergrund durchaus ein bisschen heller sein dürfte. Das ist jetzt allerdings etwas blöd, denn Sie müssen zum Blitz rübergehen, sich niederknien und die Leistung umstellen. Tja! Das muss doch einfacher gehen, oder? Selbstredend! Genau zu diesem Zweck wurde nämlich die Gruppenfunktion Ihres Blitzes ersonnen. Sie können Ihrem vorderen Blitz beispielsweise Gruppe A und dem Hintergrundblitz Gruppe B zuordnen und beide getrennt voneinander einstellen oder sogar separat ein- und ausschalten – alles mit dem auf Ihrer Kamera montierten Funkcontroller. Also, nie wieder Niederknien (und beim Aufstehen nie wieder das machen, was meine Frau »Alter-Mann-Geräusche« nennt) und nie wieder den Flow der Session unterbrechen. Zunächst begeben Sie sich zu dem Blitz, der Ihr Modell beleuchtet, und weisen diesen der Gruppe A zu. (Wie Sie einen Blitz einer Gruppe zuweisen, ist auch auf der Begleitwebsite zu diesem Buch unter **www.kelbyone.com/books/flashbook** beschrieben.) Danach fahren Sie mit dem Hintergrundblitz fort, den Sie der Gruppe B zuordnen. Wollen Sie nun den Hintergrundblitz einstellen, dann wählen Sie auf Ihrem Controller Gruppe B aus und konfigurieren dann Ihren Blitz. Sie können die Blitzleistung nach Belieben anheben oder absenken oder den Blitz jederzeit ein- oder ausschalten. Möchten Sie Ihr Modell etwas heller ausleuchten? Dann schalten Sie jetzt zur Gruppe A um und heben Sie die Leistungseinstellung an. Was? Sie möchten noch einen dritten Blitz hinzufügen? Kein Problem, diesen weisen Sie der Gruppe C zu.

So weise ich meine Blitze Gruppen zu

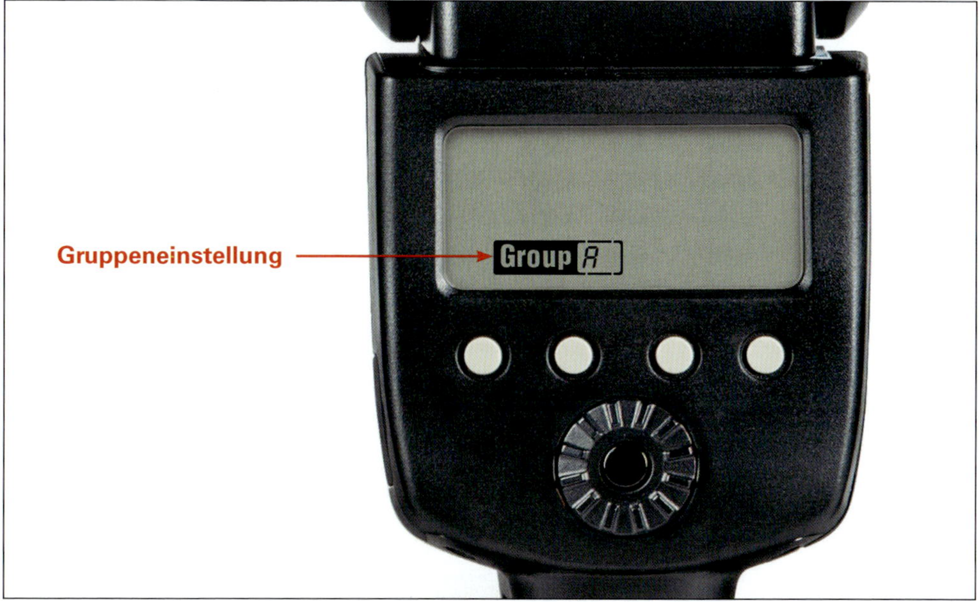

Damit ich bei einem Shooting stets den Überblick darüber habe, welcher Blitz welcher Gruppe zugeordnet ist, weise ich die Gruppen in der Reihenfolge zu, in der ich meine Blitze aufstelle. Deswegen gehört derjenige Blitz, der mein Modell ausleuchtet, immer zur Gruppe A (das ist normalerweise der erste Blitz, den ich aufstelle). Platziere ich nun einen Zweitblitz hinter meinem Modell – entweder um das Haar zu beleuchten oder als Füllblitz –, dann kommt dieser in Gruppe B. Ein Blitz, den ich für den Hintergrund aufstelle, landet natürlich in Gruppe C. Auf diese Weise komme ich nie in die Verlegenheit, beim jeweiligen Blitz vor Ort nachgucken zu müssen, zu welcher Gruppe er gehört.

Und wenn Sie bereit sind, ein paar Euro für dünnes farbiges Gaffertape auszugeben, dann können Sie jeden Blitz mit einem kleinen Stückchen Klebeband auf der Rückseite kennzeichnen und wissen so immer, welcher Blitz welcher Gruppe zugewiesen ist (in diesem Fall müssen Sie einen bestimmten Blitz genau einmal einer Gruppe zuordnen). Sie können zum Beispiel einen kleinen Fetzen grünes Tape auf den Blitz kleben, der Gruppe A zugewiesen ist, auf dem Blitz in Gruppe B landet gelbes Tape, und Gruppe C kennzeichnen Sie mit rotem Band. Auf diese Weise müssen Sie, wenn Sie sie beim Shooting aufstellen, nicht jedes Mal überprüfen, welcher Blitz welcher Gruppe zugeordnet ist.

Mehrere Blitze einer Gruppe zuordnen

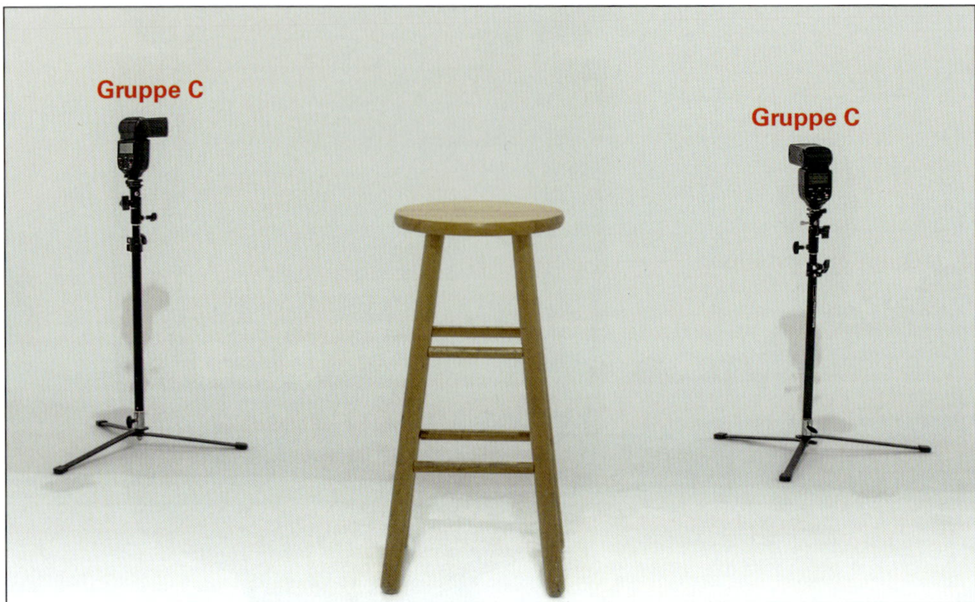

Einer der großen Vorteile von Gruppen besteht darin, dass sich mehrere Blitze derselben Gruppe zuweisen lassen. Nehmen wir beispielsweise an, Sie hätten zwei Blitze zur Ausleuchtung des Hintergrunds (einer von links, der andere von rechts). Diese beiden Blitze könnten Sie nun derselben Gruppe – etwa Gruppe C – zuweisen. Wenn Sie jetzt diese Gruppe C auf Ihrem Sender auswählen und die Blitzleistung ändern, erfolgt diese Änderung auf beiden Blitzen gleichzeitig. Dasselbe gilt auch für das gleichzeitige Ein- oder Ausschalten der Blitze. Praktisch, nicht wahr?

Vielleicht fragen Sie sich jetzt, was Sie tun müssen, wenn Sie die beiden Hintergrundblitze unabhängig voneinander einstellen möchten. Nun, in diesem Fall dürfen Sie sie eben nicht derselben Gruppe zuordnen. Stattdessen weisen Sie den einen der Gruppe C und den anderen der Gruppe D zu (was natürlich nur funktioniert, wenn Ihr Blitzsender mehr als drei Gruppen unterstützt) und stellen sie danach unabhängig voneinander ein.

Mit Kanälen ungewolltes Auslösen durch Dritte vermeiden

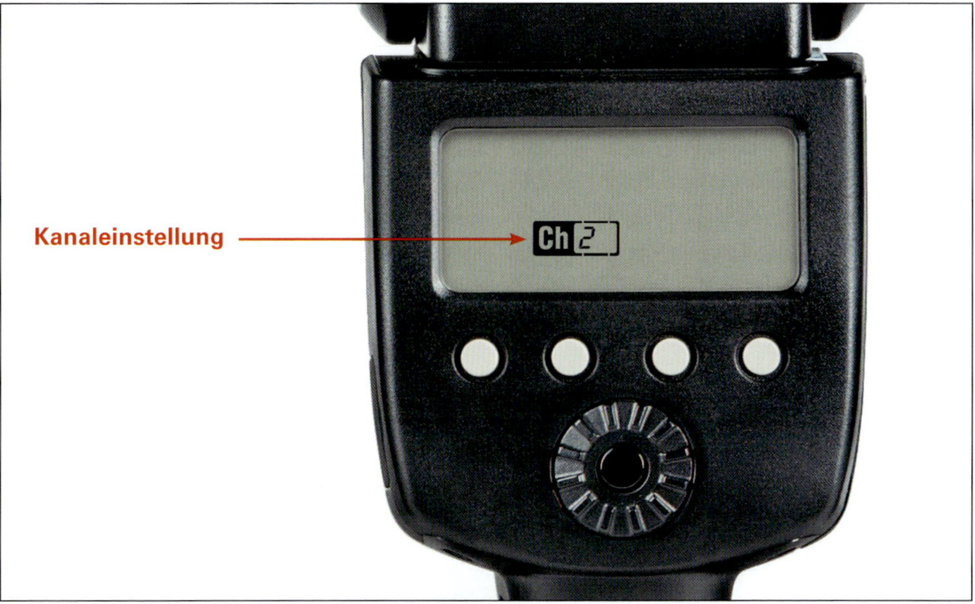

Sie sind einer von drei Fotografen, die Bilder bei einer Unternehmensfeier machen sollen. Während die beiden anderen Fotografen herumlaufen und Fotos der Anwesenden im lockeren Gespräch machen, haben Sie einen weißen strukturlosen Papierhintergrund und einen Blitz aufgestellt, um Porträts der Gäste aufzunehmen. Nun hat sich ein Pärchen auf Ihr »Set« begeben, und während Sie mit ihm plaudern, löst unvermittelt Ihr Blitz aus. Und dann gleich noch mal. Und obwohl Sie noch nicht einmal Ihre Kamera in der Hand halten, kommt noch ein dritter Blitz hinterher. Was geht hier vor? Ganz einfach: Einer der anderen Fotografen löst ungewollt Ihren Blitz aus. Er steht vorne am Eingang zum Saal, und immer dann, wenn er ein Foto macht, steuert er dabei nicht nur seinen, sondern auch Ihren Blitz an, weil nämlich beide denselben Funkkanal verwenden. Das passiert häufig, weil bei den meisten Funksendern standardmäßig Kanal 1 voreingestellt ist, und wenn Sie diese Einstellung nicht geändert haben, dann nutzen Sie beide denselben Kanal, und jeder von ihnen wird bis zum Ende der Veranstaltung stets auch die Blitze des jeweils anderen auslösen. Es sei denn, Sie schalten Ihren Blitz einfach auf Kanal 2 um. Mehr müssen Sie nämlich gar nicht machen. Rufen Sie an Ihrem Blitz den Kanalparameter auf und stellen Sie ihn auf Kanal 2. Alles erledigt. Wobei: Natürlich könnte der dritte Fotograf bei seinem Blitz ebenfalls bereits Kanal 2 ausgewählt haben. Sowas kommt vor. Aber dann benutzen Sie eben Kanal 3. Um einen solchen Schlamassel bereits im Vorfeld zu vermeiden, sollten Sie beim nächsten Mal, wenn Sie mit mehreren Fotografen am selben Ort arbeiten, vorab die Kanalvergabe festlegen. So ist sichergestellt, dass immer nur der gewünschte Blitz ausgelöst wird. Danach beglückwünschen Sie sich herzlich und nehmen sich alle in den Arm. Aber nicht zu lang! (Dieser letzte Schritt ist übrigens optional – warum auch immer.)

So lösen Sie einen zweiten Blitz ohne Funksignal aus

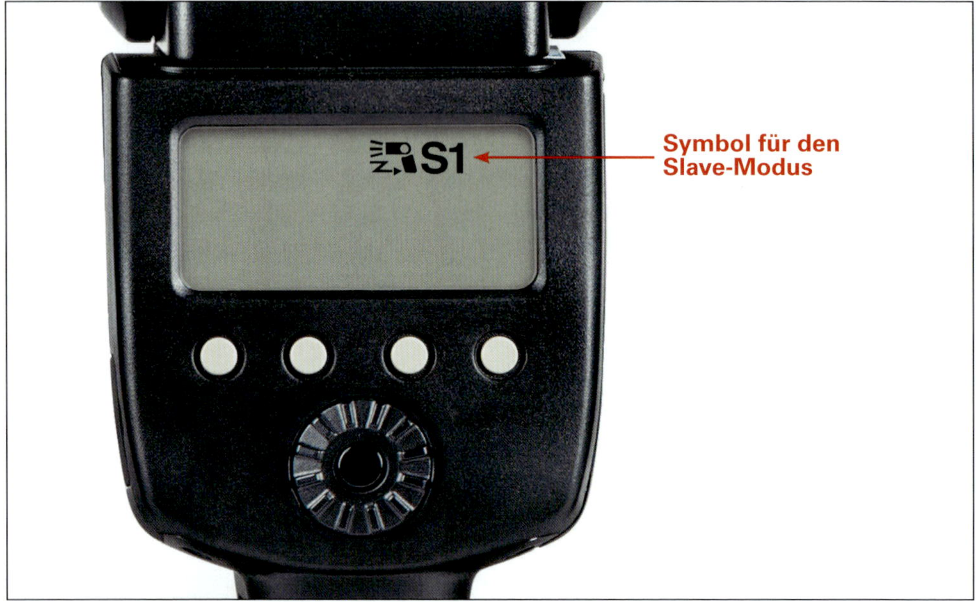

Es kommt vor, dass man mal eben schnell ein kleines Setting aufstellen muss und dabei keine Zeit hat, sich mit den Einstellungen auseinanderzusetzen. Das ist dann ein Fall für den Einsatz des Slave-Modus. Wenn Sie diesen Modus bei Ihrem Blitz aktivieren, sagen Sie ihm im Prinzip Folgendes: »Sobald du irgendwo einen Blitz siehst, blitzt du ebenfalls. Und zwar sofort!« Sie brauchen also weder einen Funksender einzurichten noch einen Kanal oder eine Gruppe für den Blitz zu konfigurieren usw.: Sie aktivieren den Slave-Modus, und sobald Ihr Blitzgerät einen Blitz erkennt, löst es auch aus. Klingt gut, oder? Auch in anderen Situationen ist das praktisch. Nämlich, wenn Sie keinen zweiten Funksender für diesen Blitz haben oder spontane Aufnahmen das Gebot der Stunde sind: Wollen Sie den Hintergrund der Braut etwas aufhellen, dann stellen Sie Ihren zweiten Blitz irgendwo hin und aktivieren Sie den Slave-Modus. Der Blitz löst dann gleichzeitig mit Ihrem Hauptblitz aus – es muss lediglich eine Sichtverbindung zwischen beiden Blitzen bestehen. Eine weitere praktische Anwendungsmöglichkeit für den Slave-Modus ist die Verwendung von Studioblitzen, die durch einen weiteren Blitz – für den Hintergrund oder ein dort vorhandenes Element – ergänzt werden sollen. Wenn Sie diesen Blitz in den Slave-Modus versetzen und dann Ihre Studioblitze auslösen, wird deren Licht erkannt und der Zusatzblitz marschiert im Gleichschritt mit den großen Jungs!

150 % Leistung – ohne Witz!

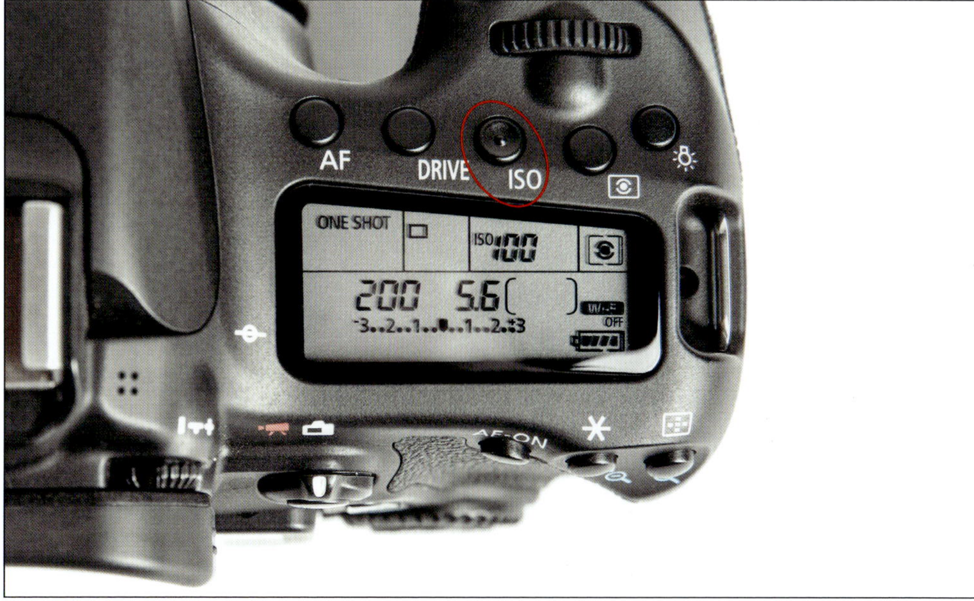

Was können Sie tun, wenn Sie Außenaufnahmen machen und Ihren Blitz auf Vollleistung gestellt haben, dies aber trotzdem noch nicht ausreicht? Ändern Sie nicht die Verschlusszeit (weil sich die Helligkeit des Blitzes hiermit überhaupt nicht regeln lässt), verringern Sie stattdessen die Blendenzahl. Wollten Sie eigentlich f/8 verwenden, dann probieren Sie einmal f/5.6 aus und überprüfen Sie, ob Sie damit weiterkommen. Klappt das nicht, dann sollten Sie den ISO-Wert erhöhen, denn damit können Sie die Leistung Ihres Blitzes erheblich anschieben. Da wir beim Blitzeinsatz normalerweise den niedrigsten und damit den saubersten ISO-Wert verwenden (siehe Seite 53), ist hier wahrscheinlich noch eine Menge Spielraum vorhanden, ohne viel Rauschen in Kauf nehmen zu müssen. Der Bedarf an sehr viel mehr Leistung besteht ja nicht unbedingt bei Nacht, sondern an hellen und sonnigen Tagen. Insofern wird die Erhöhung der ISO-Empfindlichkeit für Aufnahmen bei Tageslicht nur zu geringfügig mehr Rauschen führen – und zwar auch dann, wenn Sie bereits eine etwas rauschanfällige Kamera einsetzen.

Das Blitzlicht: breiter oder enger?

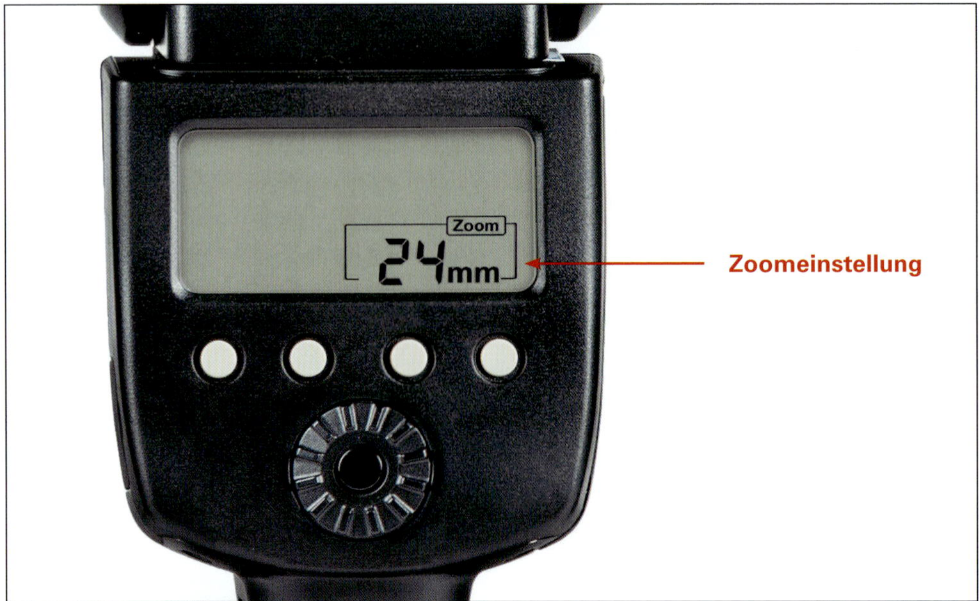

Die Breite des Lichtstrahls wird von den meisten Blitzen automatisch eingestellt. Dieser Parameter (der von den Praktikern auch als »Zoom« bezeichnet wird), variiert die Strahlbreite passend zum verwendeten Objektiv. Wenn Sie also ein Weitwinkelobjektiv nutzen, deckt der Blitz einen breiten Bereich ab. (Denn mal ehrlich: Eine Weitwinkelaufnahme, bei der nur die Mitte des Bildes ausgeleuchtet wird, während an den Seiten alles dunkel ist, sähe schon ziemlich seltsam aus.) Das funktioniert übrigens auch mit einem Zoomobjektiv. Wenn Sie also einen hohen Zoomfaktor für Ihr Objektiv einstellen, sorgt diese Funktion dafür, dass Ihr Blitz mitzieht. Nehmen wir beispielsweise an, Sie haben ein Objektiv mit 24–120 mm auf Ihre Kamera montiert. Wenn Sie jetzt ganz auf 24 mm herauszoomen, dann wird hinten auf Ihrem Blitz der Wert »24 mm« angezeigt. Zoomen Sie nun auf 120 mm, dann ändert sich die Anzeige entsprechend, bis am Ende »120 mm« im Blitzdisplay erscheint. Aber warum sage ich Ihnen das, wenn das alles automatisch gemacht wird? Aus dem einfachen Grund, dass Sie die automatische Einstellung außer Kraft setzen und die Blitzbreite so festlegen können, wie es Ihnen zusagt. Wenn Sie beispielsweise eine breitere Aufnahme machen möchten, bei der nur die Mitte ausgeleuchtet werden soll, dann können Sie den Zoom von vielleicht 24 mm (sehr breit) auf 120 mm (wesentlich schmaler) festlegen. Zu diesem Zweck müssen Sie lediglich den Zoomparameter Ihres Blitzes aufrufen (der natürlich je nach Hersteller und Modell auf unterschiedlichem Wege zu erreichen ist) und mit Drehrad oder Wippregler die Einstellung ändern. Übrigens (falls Sie das interessiert): Der Blitzkopf in Ihrem Blitz bewegt sich beim Ändern des Zooms physisch nach vorne oder hinten – ganz *old-school* und ohne irgendwelche Softwarespielereien.

Das Einstelllicht Ihres Blitzes

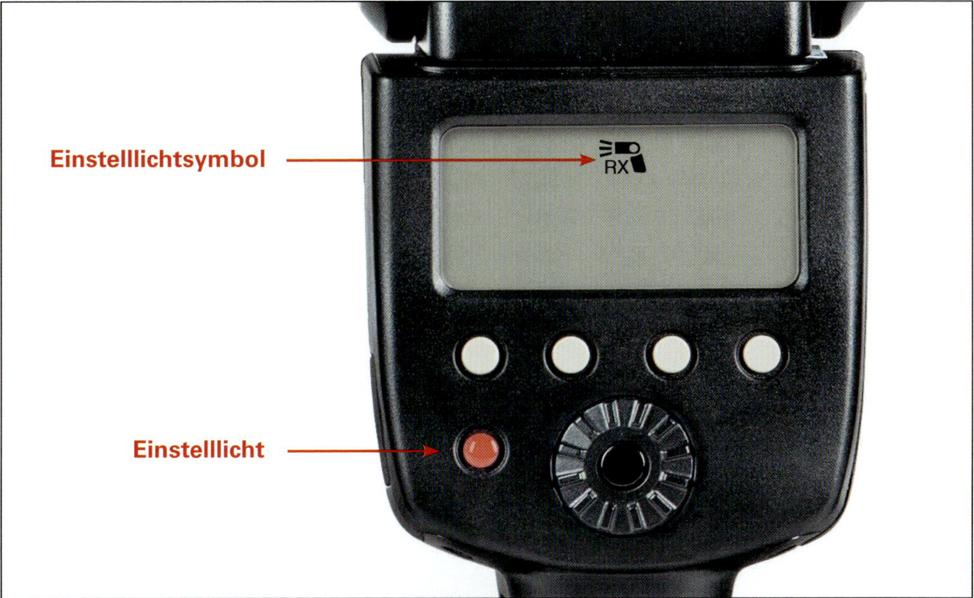

Wenn Sie Aufnahmen in einem Fotostudio machen, ist das Raumlicht in der Regel sehr schwach. Deswegen haben die meisten Studioblitze ein sogenanntes Einstelllicht. Hierbei handelt es sich in der Regel um ein separates Dauerlicht, das zweierlei tut: Erstens bleibt es die gesamte Zeit eingeschaltet, damit Sie bereits vor dem Auslösen des Blitzes einen Eindruck von der Wirkung gewinnen, die Lichter und Schatten auf Ihrem Modell haben (was beim Aufstellen der Blitze superpraktisch ist). Zweitens können Sie auf diese Weise Ihre Kamera scharfstellen – ein Vorgang, für den andernfalls viel zu wenig Licht vorhanden wäre (bei den meisten Kameras erfolgt die Fokussierung in lichtschwachen Umgebungen ziemlich suboptimal). Nun haben auch einige Blitze ein eingebautes Einstelllicht, das jedoch ganz anders funktioniert und deswegen nicht halb so praktisch ist. Wenn Sie das Einstelllicht an Ihrem Blitz aktivieren, dann löst dieser eine schnelle Abfolge von Blitzen auf das Modell aus, sodass Sie den Lichteinfall in aller Ruhe studieren können. Irgendwo ist das natürlich hilfreich, aber Sie müssen darauf achten, Ihren Blitz nicht zu überhitzen. So warnt Canon beispielsweise davor, dass Sie, wenn Sie zu viele Einstelllichtblitze nacheinander auslösen, den Blitz mindestens zehn Minuten lang abkühlen lassen müssen, bevor Sie ihn erneut verwenden. Insofern gilt: Sie können den Einstellblitz durchaus verwenden – aber vielleicht zwei oder drei, sicher aber nicht zehn Mal. Informationen zu einem ggf. an Ihrem Blitz vorhandenen Einstelllicht entnehmen Sie dem zugehörigen Handbuch. Nebenbei: Ich habe die Einstelllichtfunktion hier beschrieben, weil ich der Ansicht bin, dass Sie das vielleicht wissen möchten. Ich selbst nutze die Funktion nicht. Und wenn Sie sie einmal ausprobiert haben, werden Sie das wahrscheinlich in Zukunft ähnlich handhaben.

Weicheres Licht gefällig? Nehmen Sie einen Diffusoraufsatz!

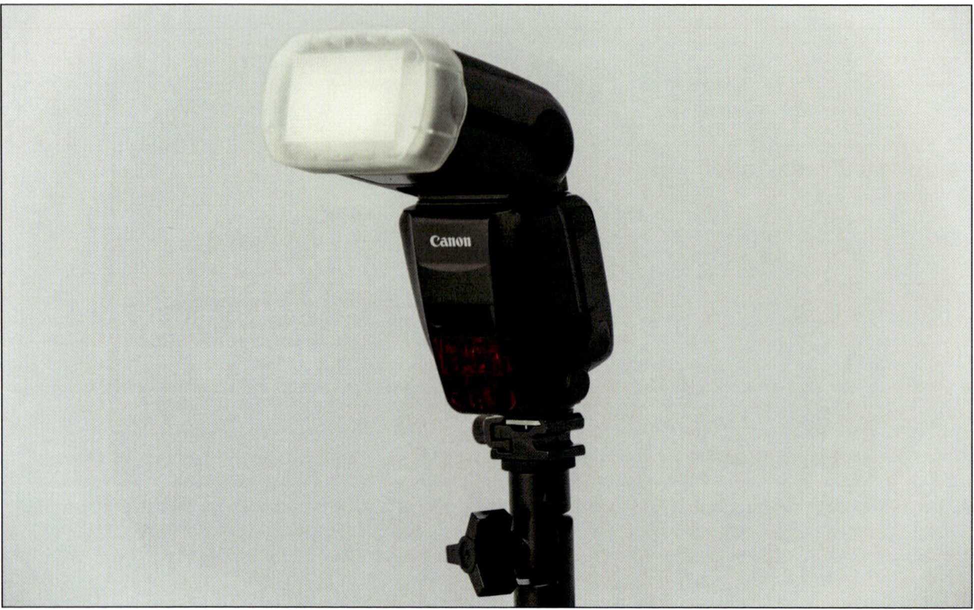

Mit hoher Wahrscheinlichkeit haben Sie beim Auspacken Ihres Blitzes auch einen mattweißen Diffusoraufsatz aus Kunststoff vorgefunden, der sich bündig auf Ihren Blitzkopf schieben lässt (falls nicht, können Sie einen solchen für Ihr Modell nachkaufen – ein Unternehmen namens Vello bietet diesen Artikel kostengünstig an). Solche Aufsätze dienen dazu, Ihren Blitz »weniger hart« wirken zu lassen, denn sie leiten das normalerweise direkt auf Ihr Modell fallende Licht praktisch überallhin um und mildern auf diese Weise die harten Schatten ab, die durch ihr Blitzlicht entstehen und für unschöne scharfe Kanten sorgen. Besonders eignen sie sich für Fälle, in denen Sie Ihren Blitz von der Raumdecke zurückwerfen lassen (siehe Seite 77). Wenn Sie über keine Softbox verfügen, dann können Sie einen Diffusoraufsatz einsetzen, aber ein Ersatz ist dieser nicht. (Ich kenne übrigens eine ganze Reihe von Fotografen, die auf eine Kombination aus einem solchen Diffusoraufsatz und einer Softbox setzen, um ein angenehm weiches Licht zu kreieren.) In der Regel erzielen Sie mit dem Diffusoraufsatz bessere Ergebnisse, es sei denn, Sie sind auf hartes, kantenbetonendes Licht aus. Insofern sollte man möglichst immer einen dabei haben, vor allem weil sie so preiswert sind und sich mit ihnen doch eine deutlich weniger schroffe Wirkung erzielen lässt als mit dem nackten Blitz.

Und wenn der Diffusoraufsatz nicht funktioniert?

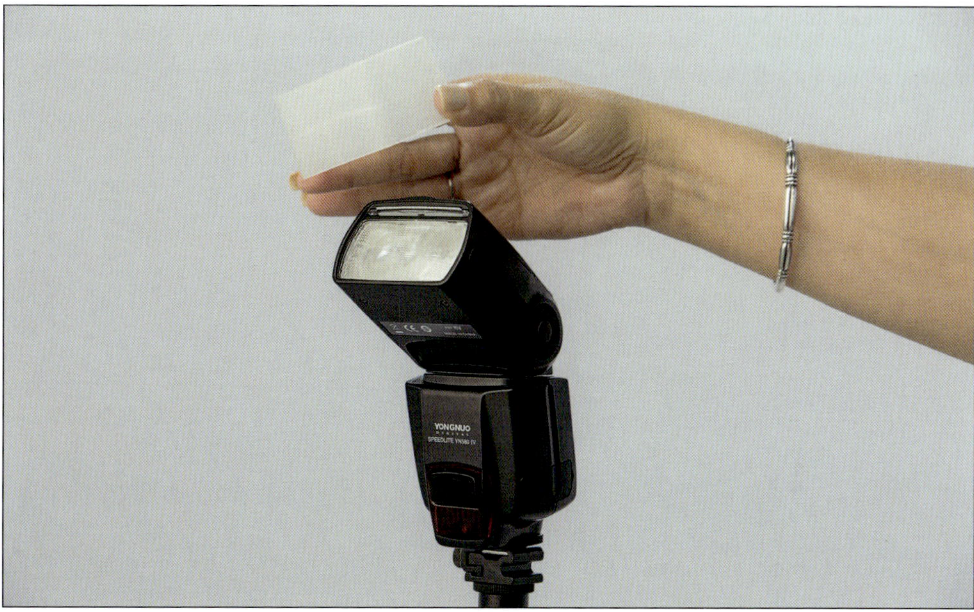

Wann immer Sie einen Blitz durch irgendetwas hindurch abfeuern, frisst dieses Irgendetwas einen kleinen Teil der Lichtenergie. Ein Diffusoraufsatz kann zwar nützlich sein, wenn Sie Nahaufnahmen im Studio machen oder Ihr Blitzlicht von der Decke zurückwerfen lassen (hier nochmals der Verweis auf Seite 77), aber draußen unter freiem Himmel lässt sich damit gar nichts anfangen: Es gibt keine Mauern, Dächer oder sonstige große Flächen, von denen das Licht reflektiert werden könnte. Gleiches gilt auch, wenn Sie Aufnahmen mit großem Abstand zu Ihrem Modell machen oder sich in einem großen Saal oder einer Halle befinden. Dies sind Fälle, in denen ich den Diffusoraufsatz abnehmen würde, denn dann verbraucht er keine Energie, was wiederum die Lebensdauer Ihrer Akkus verlängert.

Ihr Blitz hat serienmäßig eine Weitwinkelstreuscheibe …

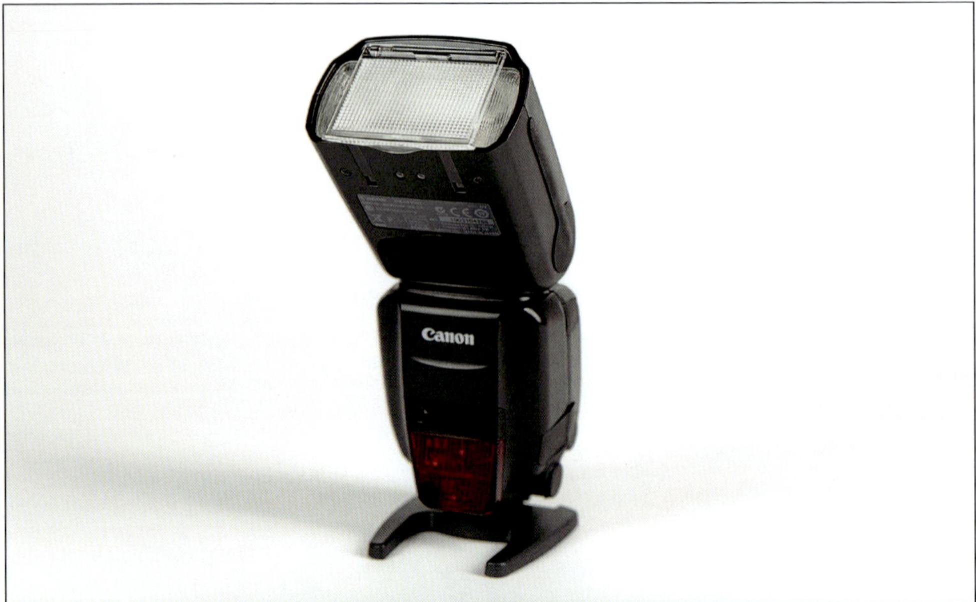

… und die ist auch nicht toll. Aber auch hier gilt: Besser als nichts. Für eine geringfügige Streuung Ihres Blitzlichts und die damit verbundenen weicheren Schatten eignet sie sich zumindest im Ansatz. Diese Weitwinkelstreuscheibe ist in Ihren Blitz eingebaut (bei den meisten Blitzmodellen von Canon, Nikon, Sony, Phottix und Yongnuo befindet sie sich direkt unter der integrierten Bouncecard). Sie können sie – je nach Modell – herausschieben oder -ziehen und sie dann nach unten klappen, sodass sie den Blitzkopf abdeckt (siehe oben). Bei solchen Weitwinkelstreuscheiben ist ein regelmäßiges Muster in den Kunststoff geätzt, um das Licht breiter zu streuen. Das klingt soweit alles ganz praktisch, aber das Gelbe vom Ei sind solche eingebauten Diffusoren dann eben doch nicht. Sie sind zwar, wie ich bereits sagte, besser als nichts, aber im Zweifelsfall erreichen sie nicht das von ihnen gewünschte Qualitätsniveau. Deswegen, ganz unter uns: Ich würde gewiss 10 oder 12 € für einen Diffusoraufsatz ausgeben, aber keine 30 Cent für eine Weitwinkelstreuscheibe aus Plastik. Trotzdem war ich der Meinung, Sie sollten wissen, wofür das Ding da ist und warum Sie Ihre Zeit nicht damit verschwenden sollten (als Diffusor taugt das Teil wirklich nur im absoluten Notfall).

So verwenden Sie die weiße Bouncecard

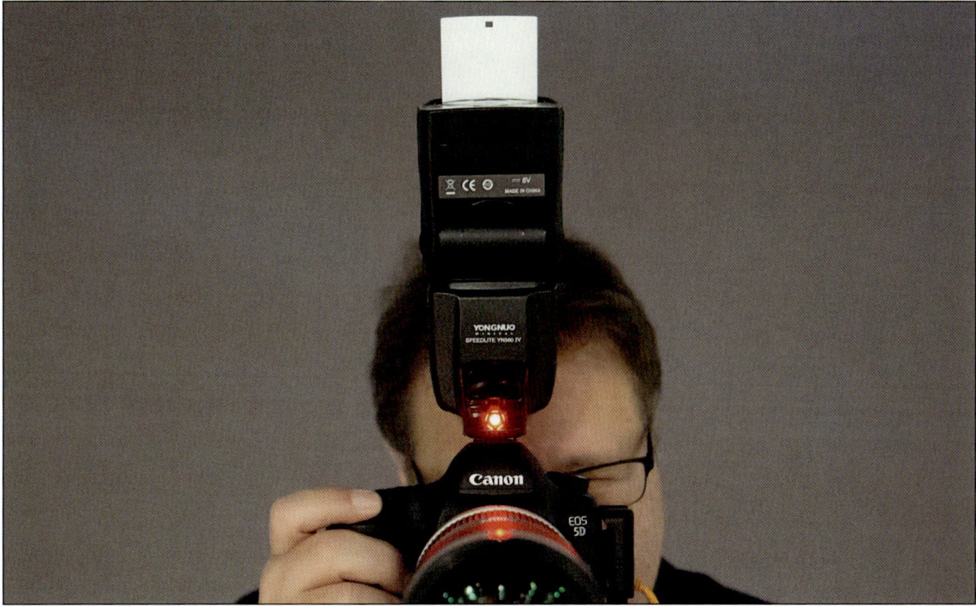

Wenn Sie Ihren Blitz direkt auf Ihre Kamera montieren (und es gibt tatsächlich Fälle, in denen dies vielleicht sogar akzeptabel ist, etwa wenn Sie die künftige Braut in ihrem Gemach fotografieren, während sie von den Brautjungfern zurechtgemacht wird), dann hoffe ich inständig, dass Sie Ihren Blitz wie oben gezeigt senkrecht nach oben ausrichten, statt nach vorn auf Ihr Modell – denn Letzteres ist eine todsichere Methode für richtig hässliches Licht. Aber: Bei einem nach oben gerichteten Blitz können Sie ein kleines bisschen Licht vom Blitz nach vorn auf Ihr Modell reflektieren. Dafür nutzen Sie die in den Blitz eingebaute Bouncecard. Es handelt sich dabei um die kleine weiße Karte, die sich über dem eigentlichen Blitzkopf raus- und reinschieben lässt. Suchen Sie also nach einem schmalen Schlitz zwischen dem Blitzkopf und dem Gehäuse Ihres Blitzes. Dort sollten Sie die winzige Bouncecard finden und herausziehen können. Sie sollten diese Karte tatsächlich nur in der oben von mir beschriebenen Weise einsetzen (wenn nämlich Ihr Blitz auf Ihrer Kamera montiert ist und gerade nach oben weist – Sie dürfen ihn kein bisschen anwinkeln). In diesem Fall aber kann er den Unterschied zwischen einer schlechten und einer halbwegs gelungenen Nahaufnahme Ihres Modells ausmachen, und außerdem können Sie ein angenehmes Spitzlicht in den Augen Ihres Modells kreieren, was auch nicht schlecht aussieht. Übrigens: Sollte bei Ihrem Blitz aus irgendeinem Grund keine Bouncecard eingebaut sein, dann erhalten Sie diese im Fachhandel, oder Sie basteln sich selbst eine mit einer weißen Karteikarte und einem Gummiband.

Brauchen Sie einen Belichtungsmesser?

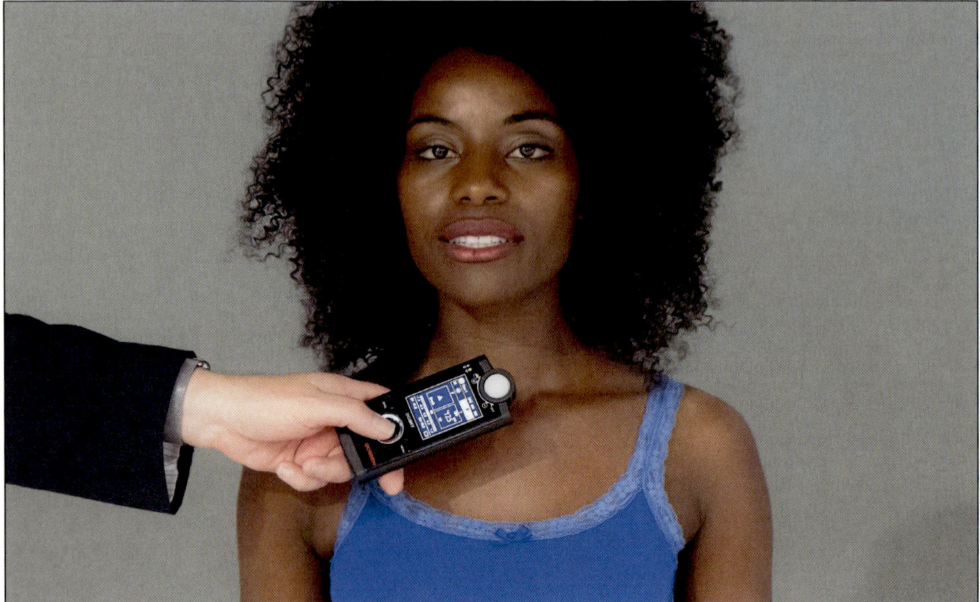

Belichtungsmesser messen das Licht, das von Ihrem Blitz stammt, und zeigen Ihnen dann an, wie Sie Ihre Blendenzahl für eine optimale Belichtung einstellen müssen. Dazu ein kurzes Interview: **F.: Scott, besitzen Sie einen Belichtungsmesser?** A.: Ja, sogar zwei. **F.: Und? Verwenden Sie sie?** A.: Nein, gar nicht. **F.: Warum nicht?** A.: Aus zwei Gründen: Erstens habe ich auf der Rückseite meiner Kamera ein Display, auf dem ich sehe, wie die Beleuchtung wirkt. Ich mache eine Testaufnahme. Ist das Licht zu hell, dann regle ich es etwas herunter. Ist es zu dunkel, dann hebe ich die Helligkeit an. Das gewünschte Ergebnis habe ich normalerweise nach zwei, spätestens nach drei Testaufnahmen. Zweitens mag ich eigentlich gar keine perfekte Belichtung. Vielmehr nehme ich sie um eine Belichtungsstufe zurück, oder ich überbelichte um zwei Stufen. Eine perfekte Belichtung ist für mich vor allem eines: laaaangweilig. Außerdem kann ich mich nie entscheiden, worauf ich die Kalotte richten soll. **F.: Sollte die denn nicht immer auf den Blitz gerichtet werden?** A.: Ach ja, klar: Man richtet sie auf die Lichtquelle. Es ist schon ewig her, dass ich einen Belichtungsmesser verwendet habe, deswegen habe ich es fast vergessen. Danke also für den Hinweis. **F.: Kein Problem!** – Also: Bei Porträts positionieren Sie den Belichtungsmesser direkt unter dem Kinn Ihres Modells und richten die Kalotte direkt auf den Blitz. (Die Diskussion über die Ausrichtung der Kalotte ähnelt der ums Tempolimit auf deutschen Autobahnen, ich erspare sie Ihnen daher.) Lassen Sie einen Freund oder Assistenten einen Testblitz auslösen, und schon erhalten Sie auf dem Display einen Blendenwert (f/8 oder f/11 usw.) Als Nächstes begeben Sie sich in aller Ruhe zu Ihrer Kamera, setzen die Blendenzahl auf den vom Belichtungsmesser vorgeschlagenen Wert, und schon haben Sie, was sie wollten: die korrekte, aber unfassbar dröge Blitzbelichtung.

Verkürzen Sie die Aufladezeit Ihres Blitzes

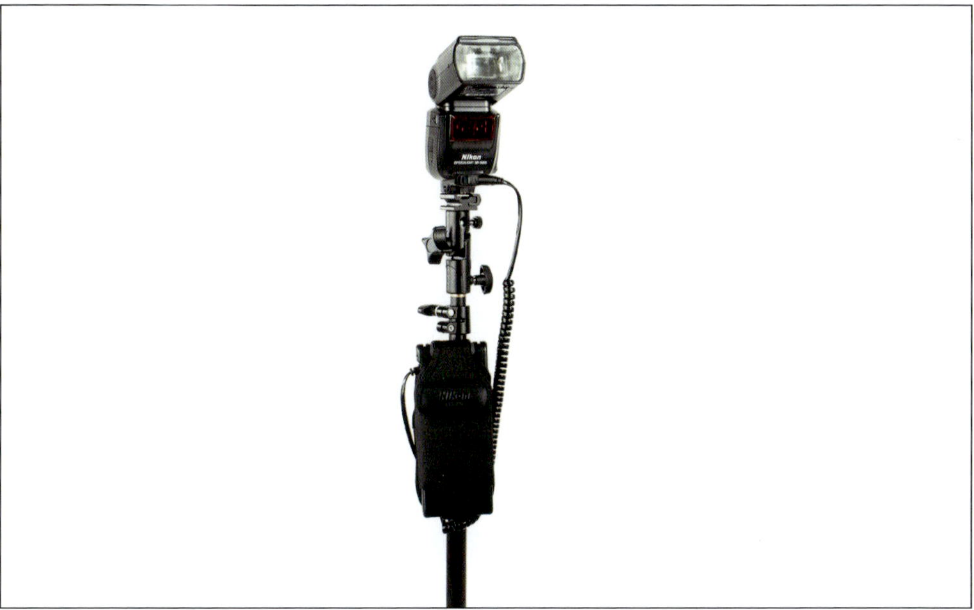

Wenn Sie mit Ihrem Blitz eine Aufnahme machen, müssen Sie immer ein oder zwei Sekunden warten, bis der Blitz wieder betriebsbereit ist (das gilt natürlich nur bei voll aufgeladenen Akkus – ansonsten dauert es noch länger). Dieser Effekt tritt immer auf, dauert jedoch umso länger, je leerer die Akkus sind. Übrigens: Wenn Sie eine Aufnahme machen, bevor Ihr Blitz wieder uneingeschränkt verfügbar ist, kann zweierlei passieren: Entweder löst Ihr Blitz gar nicht aus, oder er tut dies, allerdings nicht mit der von Ihnen festgelegten Blitzleistung, d. h., alles wirkt deutlich dunkler als bei der Aufnahme zuvor. Zum Glück können Sie – abhängig vom Modell – die Aufladedauer für Ihren Blitz drastisch verkürzen, indem Sie ein externes Akkupack (wie das Nikon SD-9 Battery-Pack für ca. 180 € oder das deutlich kostengünstigere Bolt CBP-N2 für budgetschonende 70 €) einsetzen. Auch Canon hat so ein Akkupack im Sortiment, das preislich ähnlich liegt wie das von Nikon. Aber keine Angst, Bolt bietet auch hier eine Canon-Variante für einen günstigeren Preis an. Das Akkupack von Sony schließlich liegt gegenwärtig bei 200 €, und nein, hier hat Bolt leider nichts zu bieten. Diese externen Akkupacks werden direkt an Ihren Blitz angeschlossen und tun zweierlei: Sie verkürzen die Aufladedauer ganz beträchtlich, was eine wesentlich beschleunigte Aufnahmefolge ermöglicht, und sie erlauben auch wesentlich mehr Blitze, ohne dass die Akkus wieder aufgeladen werden müssten. Der einzige Nachteil besteht darin, dass sie eine Menge AA-Batterien benötigen. (Manchmal klappt's mit vier Stück, aber um das Potenzial auszuspielen, brauchen Sie acht davon.) Meistens haben diese Packs einen Gurt, mit dem ich sie an einer Schraube des von mir verwendeten Stativs aufhänge (die Packs sind nicht schwer, den Großteil des Gewichts machen die Batterien aus).

Bewegung einfrieren

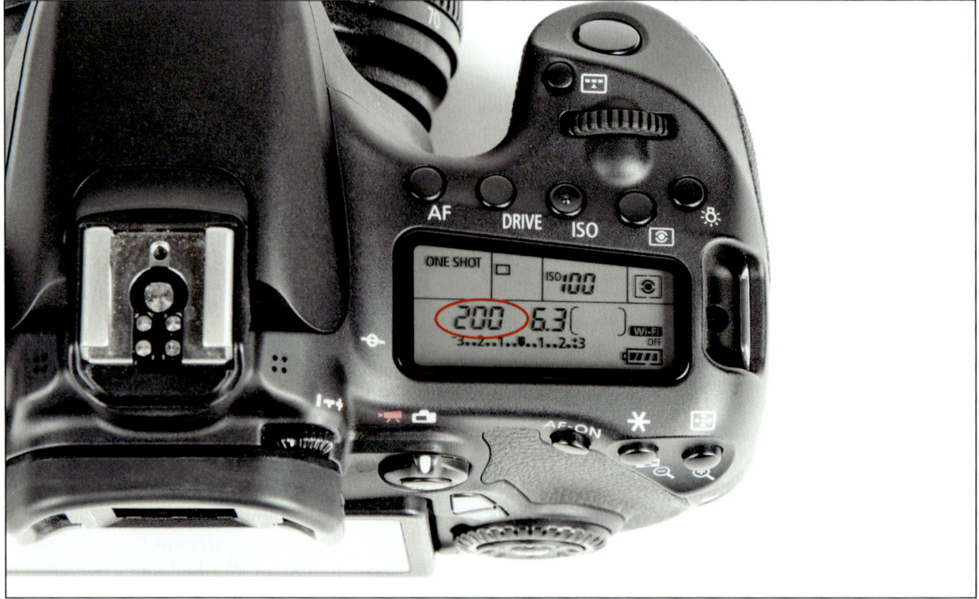

Blitze sind toll zum Einfrieren von Bewegung: Der kurze Lichtblitz wirkt Wunder, wenn es darum geht, Ihr Motiv einzufrieren. Allerdings gibt es eine Reihe von Szenarios, in denen das nicht so funktioniert, wie Sie vielleicht annehmen. Wenn sich Ihr Motiv (ob Gegenstand oder Person) bei der Blitzaufnahme bewegt und auf dem Bild Bewegungsunschärfe erzeugt, können Sie zunächst versuchsweise die Leistung Ihres Blitzes ein wenig zurücknehmen. Hierdurch verkürzt sich die Abbrennzeit des Blitzes, er wird also schneller. Dadurch lassen sich auch Motive einfrieren, bei denen Sie dies bei niedrigen Blitzenergieeinstellungen nicht für möglich gehalten hätten. Wenn Sie zuvor Vollleistung (1/1) festgelegt hatten und diese nun auf 1/4 absenken, lösen sich dank der günstigeren Blitzdauer alle Probleme beim Einfrieren der Bewegung in Luft auf. Eine weitere Möglichkeit ist das Verkürzen der Verschlusszeit. Wenn Ihre Verschlusszeit bei ca. 1/200 steht, klappt das wahrscheinlich schon: Viele Blitze gehen bis zu 1/250 mit und bleiben trotzdem synchron (siehe Seite 50), andere verkraften sogar noch deutlich kürzere Zeiten (siehe nächste Seite). Wichtig ist aber vor allem eines: Alle Blitze kommen mit 1/200 klar, und mehr werden wir wohl kaum brauchen. Wenn Sie dagegen mit einer Verschlusszeit von 1/30 oder womöglich 1/60 arbeiten, wird die Bewegung auch bei Verwendung eines Blitzes oftmals nicht eingefroren. Letztendlich ist es nicht das natürliche Raum- oder Tageslicht, das die Motivbewegung einfriert, sondern das Blitzlicht. Wenn Sie also die Verschlusszeit wie beschrieben verkürzen, dann gelangt weniger Licht in die Kamera, und Ihr Foto ist praktisch auf den Blitz angewiesen, um Ihr Modell einzufrieren.

Weiche unscharfe Hintergründe mit dem Blitz (Spoiler: per HSS)

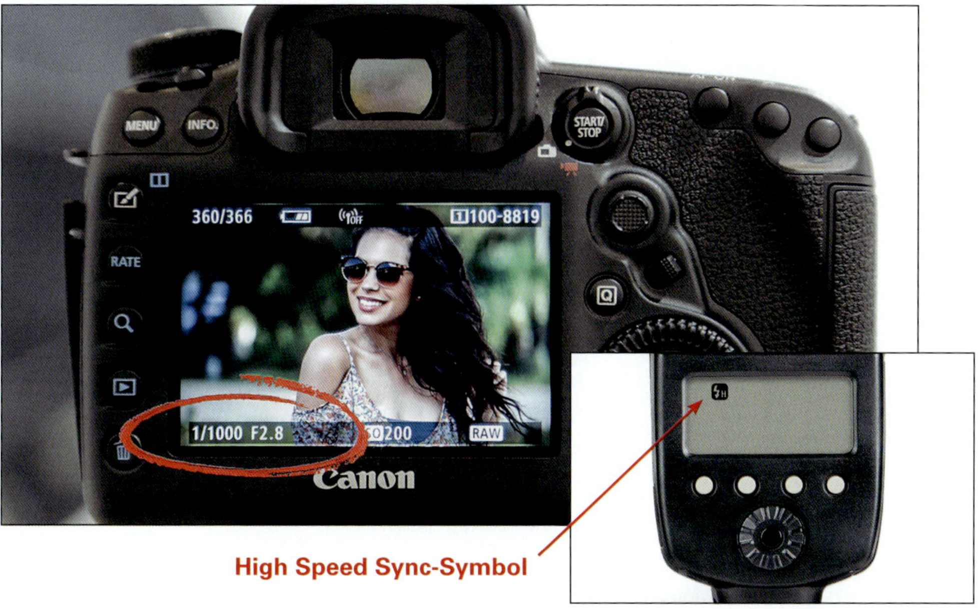

High Speed Sync-Symbol

Das Geheimnis unscharfer Hintergründe ist eine ausreichend kurze Verschlusszeit, damit Sie mit weit geöffneter Blende – etwa f/2.8 oder sogar f/1.8 – fotografieren können. Kombiniert mit einem guten Zoomobjektiv – etwa mit 120 oder 200 mm – ergibt dies samtweiche und unscharfe Hintergründe. Das Problem besteht darin, bei Außenaufnahmen an hellen und sonnigen Tagen eine ordentliche Belichtung hinzubekommen – dafür bräuchten wir eigentlich eher eine Blende wie f/11 oder f/16. Damit aber wird unser Hintergrund gestochen scharf, und das wirkt bei Außenporträts alles andere als ansprechend. Die Lösung? High-Speed Sync (HSS)! Hiermit können wir eine beliebig kurze Verschlusszeit festlegen (statt uns auf maximal 1/250 zu beschränken) und auf diese Weise wirklich niedrige Blendenwerte wie f/2.8 verwenden. Allerdings: HSS saugt Akkus schneller leer als ein Humvee seinen Tank. Denn HSS (das Sie im Menü Ihres Blitzes aktivieren können) braucht Leistung, und das führt zu kürzeren Akkulaufzeiten. Deswegen schalten wir HSS nur ein, wenn wir es wirklich brauchen (und noch einen Satz vollständig aufgeladener Ersatzakkus dabeihaben). Aber jetzt können Sie Ihre Verschlusszeit tatsächlich auf 1/1000, 1/2500 oder noch kürzer stellen, um diese extrem weiten Blenden zu verwenden und so mithilfe Ihres Blitzes diese weichen und unscharfen Hintergründe zu erschaffen. HSS hat übrigens noch zwei weitere Nachteile: Zum einen bringt Ihr Blitz weniger Leistung – etwa eine Blendenstufe –, zum anderen breitet sich das Licht nicht annähernd so weit aus wie sonst. Das liegt daran, dass HSS eigentlich kein einzelner Blitz, sondern eine extrem schnelle Abfolge mehrerer nacheinander ausgelöster Blitze ist. Aus diesem Grund verwenden manche Profis mehrere Blitze, die gleichzeitig aus derselben Position abgefeuert werden, um das Licht zu verstärken und den Abstand zu vergrößern (siehe Seite 143).

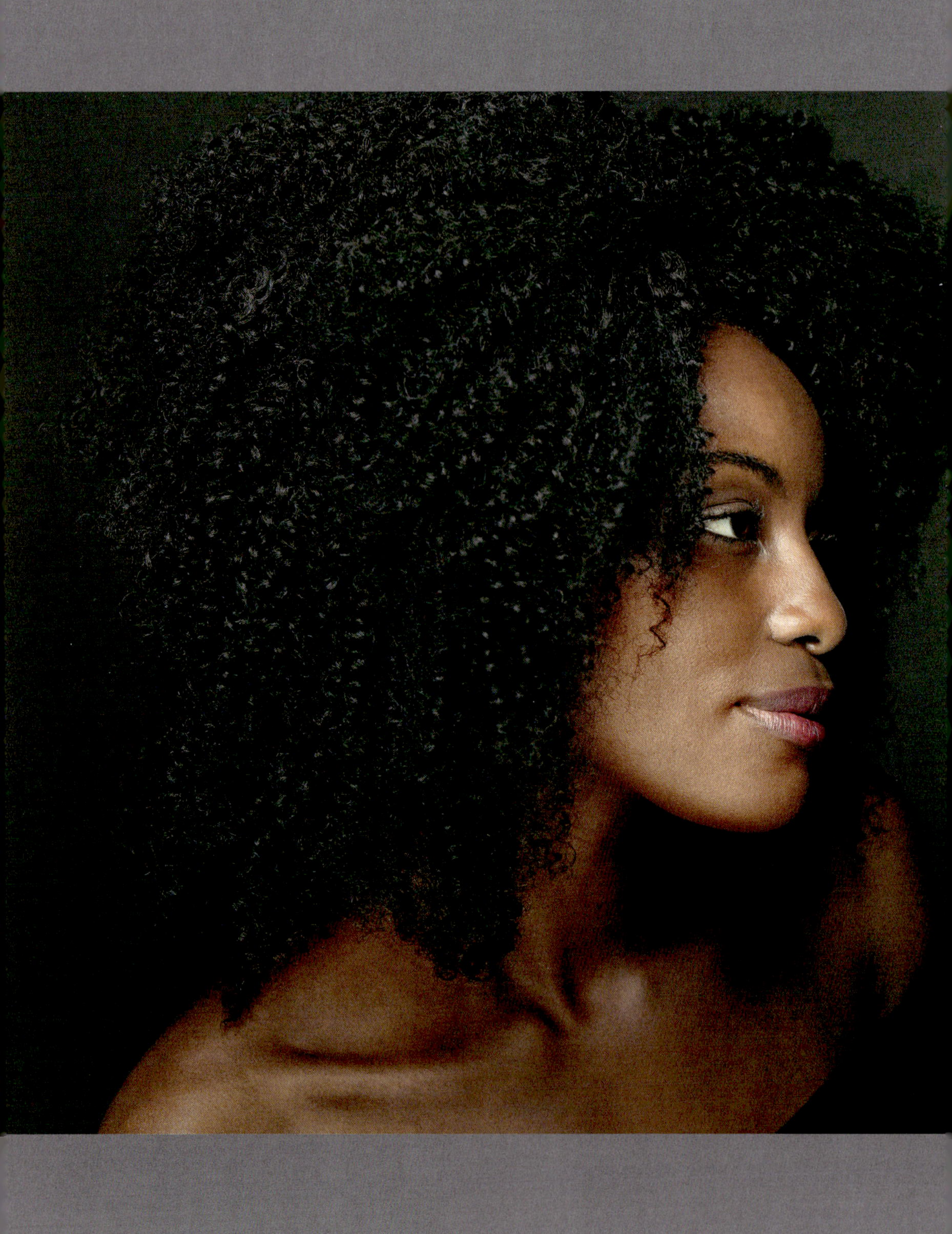

Kapitel 3

Optimale Kameraeinstellungen für den Blitzeinsatz:

Das wird einfacher, als Sie denken!

Ich weiß, was Sie jetzt denken: »Erst habe ich die Blitzeinstellungen erlernen müssen und jetzt auch noch die Kameraeinstellungen?« Richtig, junger Padawan. Aber nicht nur das! Sie müssen auch so viele komplexe mathematische Berechnungen erlernen, dass Sie Ihren Taschenrechner bei Aufnahmesessions weitaus öfter zur Hand nehmen werden als Ihre Kamera oder Ihren Blitz. Außerdem brauchen Sie einen logarithmischen Rechenschieber (am besten die deutsche Originalversion des Nestler Rietz 23/52), was Ihnen jeder Fotograf, der mit Blitzen arbeitet und etwas auf sich hält, bestätigen wird. Ferner eine Rolle Gaffertape, ein paar CTO-Filterfolien und selbstredend einen NWI NETH503-Theodoliten von Northwest Instrument zur präzisen Winkelmessung in der Horizontalen und der Vertikalen – denn sowas machen sie jetzt öfter. Sparen Sie also nicht am falschen Ende! Wenn Sie jetzt meinen, dass das eine Menge Kram ist, den Sie für eine einzige gelungene Aufnahme mitschleppen müssen, dann haben Sie natürlich recht, und deswegen empfehle ich stets die Anstellung eines Assistenten für solche Sessions. Entscheiden Sie sich für einen körperlich belastbaren Bewerber und vergewissern Sie sich, dass er eine Krankenversicherung mit niedrigem Selbstbehalt abgeschlossen hat. Denn der Tag wird kommen, an dem er mit der gesamten Ausrüstung die Treppe heruntersegelt – kein schöner Anblick ... Natürlich wird es schwierig, festzustellen, ob er nicht einfach über die eigenen Füße gestolpert ist – Assistenten sind ja oft so ungeschickt – oder aber vielleicht doch geschubst wurde. Aber Sie als Fotograf trifft keine Schuld, denn schließlich ist das doch der Grund, warum man überhaupt Assistenten anstellt: Sie dienen als Sündenböcke in allen unangenehmen Situationen, bei Ausfällen der Kamera oder Missgeschicken mit Todesfolge, wie sie so oft bei On-Location-Shootings mit Blitzeinsatz auftreten.

Warum im manuellen Modus fotografieren?

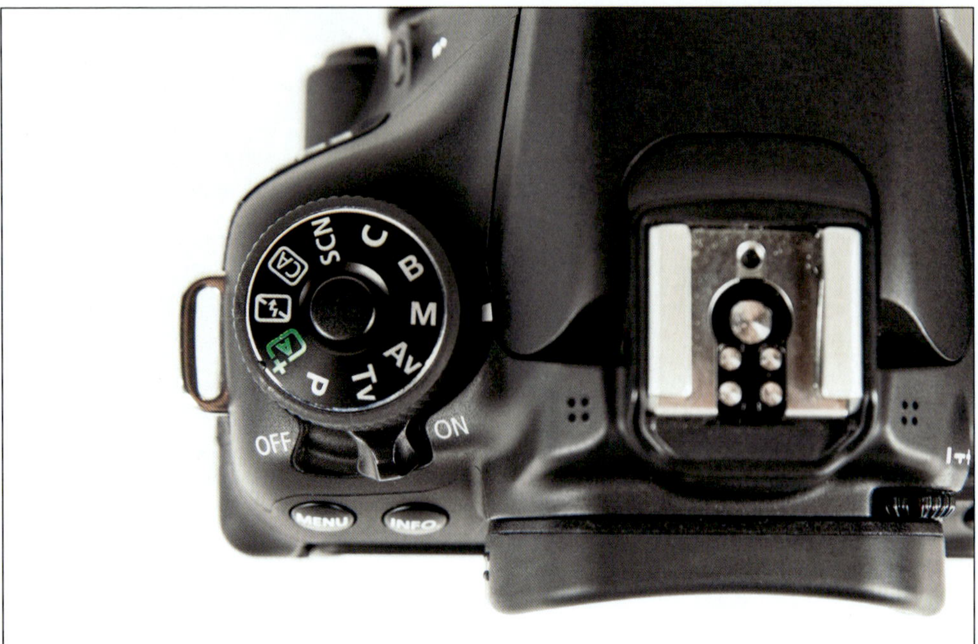

Bei meinen täglichen Aufgaben – Reise- und Sportfotografie, Porträts on location usw. – fotografiere ich normalerweise mit Blendenpriorität (bei den meisten Kameras ist das der »A«- oder »Av«-Modus). Hierbei bin ich für die Auswahl des Blendenwerts zuständig, während meine Kamera die passende Verschlusszeit automatisch festlegt. Setze ich jedoch einen Blitz ein, dann wechsle ich hierzu in den manuellen Modus, denn ob Sie es glauben oder nicht: Das ist einfacher. Deutlicher gesagt: Hiermit wird der Blitzeinsatz zum Kinderspiel, und was wir in diesem Modus machen, ist wirklich ganz leicht. Das begreifen Sie sogar, auch wenn Sie den manuellen Modus noch nie zuvor verwendet haben. Ein Grund dafür besteht darin, dass Sie mit dem Blitzsystem, das ich Ihnen beibringe, für jede Verwendung des Blitzes einen Ausgangspunkt (also eine bestimmte Grundeinstellung für Verschlusszeit und Blende) erhalten (Sie müssen diese Einstellungen auch für Innenaufnahmen nicht ändern, sondern rufen sie einfach auf und verwenden sie für Ihr Shooting. Die Einstellungen bleiben die ganze Zeit lang gleich. Das Einzige, was Sie erledigen müssen, ist das Erstellen einer Testaufnahme, und wenn Sie dann den Eindruck haben, dass der Blitz zu hell wirkt, regeln Sie die Blitzleistung einfach etwas herunter. Und ist er zu dunkel, dann heben Sie die Helligkeit einfach an. Einfacher geht's doch nicht, oder?). Insofern ist die Durchführung dieser simplen Schritte zur Verwendung des hier beschriebenen Blitzsystems auch dann vollkommen unproblematisch, wenn Sie noch keine Ahnung vom manuellen Modus haben. Damit wollen wir uns nun den verschiedenen Bedienelementen und Parametern zuwenden. Es gibt insgesamt drei Einstellungen an Ihrer Kamera, die für die Blitzfotografie wichtig sind. Beginnen werden wir mit der Verschlusszeit.

Verschlusszeit steuert Umgebungslicht

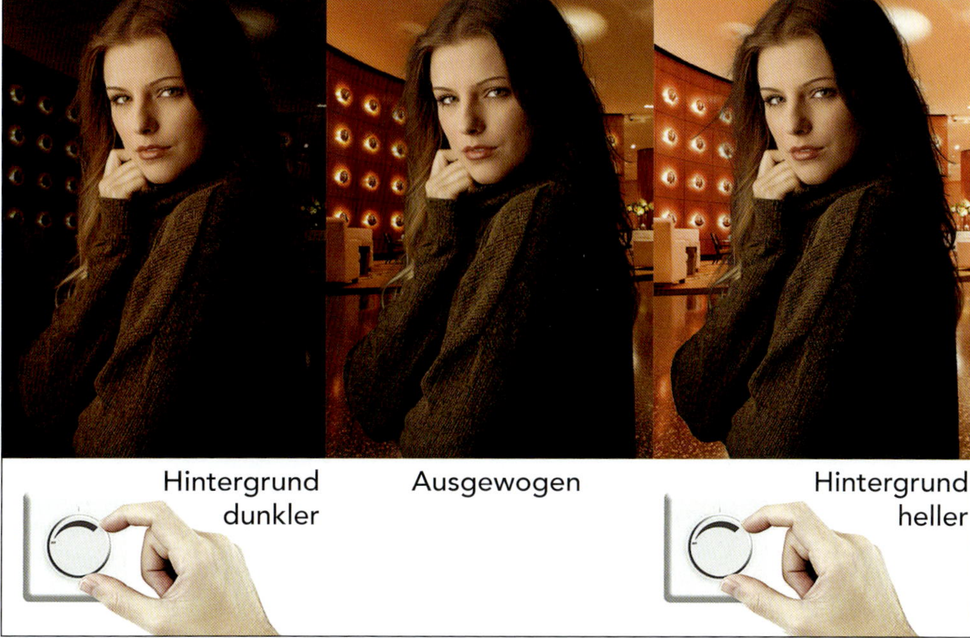

Sehen Sie sich das mittlere der drei obigen Bilder an. Das Licht, das auf das Modell fällt, wirkt im Vergleich zum dahinter liegenden Raum ausgewogen. Wollte ich das Raumlicht jetzt aber dunkler machen, dann müsste ich im wirklichen Leben den Dimmer an der gegenüberliegenden Wand herunterregeln. Stimmt's? Denn diese Maßnahme würde sich doch nur auf das Raumlicht auswirken, richtig? Nun, genau so funktioniert die Verschlusszeit. Wenn die Wand hinter dem Modell dunkler werden soll, dann muss ich die Verschlusszeit verringern – auf vielleicht 1/200 oder 1/250 (sofern mein Blitz mir das gestattet, ohne dass die Synchronisierung darunter leidet). Hierdurch wird der dahinter liegende Raum dunkler, so als ob ich den Dimmer an der Wand betätigt hätte. Das Problem bei dieser so anschaulichen Metapher besteht aber darin, dass es im Freien keinen Dimmer gibt. Aber genau deswegen ist diese Methode so bemerkenswert: Sie funktioniert nämlich auch bei Außenaufnahmen, d. h., man kann auch einen Hintergrund unter freiem Himmel abdunkeln (irre, ich weiß). Damit Sie das auch richtig verstehen, sehen Sie sich die obigen drei Fotos noch mal genauer an. Sie werden dabei feststellen, dass sich auch dann, wenn ich die Verschlusszeit ändere und der Hintergrund dadurch dunkler (wenn ich sie verkürze) oder heller wird (wenn ich sie auf 1/60 oder 1/30 verlängere), das auf mein Modell fallende Licht nicht ändert. Bei allen drei Aufnahmen steht es buchstäblich im guten Licht da. Und aus genau diesem Grund kann man sich die Verschlusszeit als »Dimmer« für das Umgebungslicht vorstellen – egal ob drinnen oder draußen.

Hell-Dunkel-Spielereien mit ISO

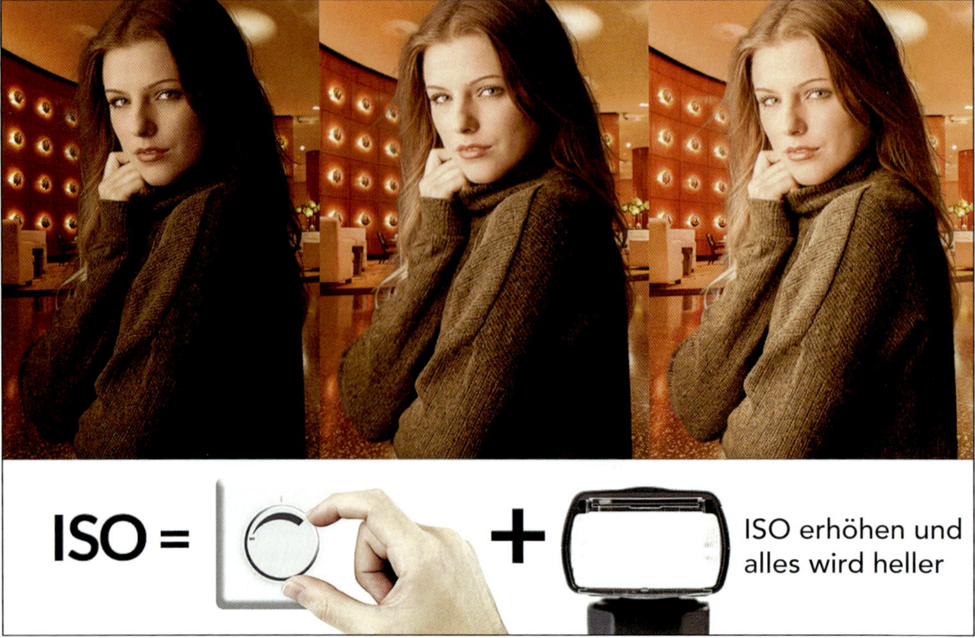

Wie können Sie alles heller machen, also sowohl das Umgebungslicht als auch Ihren Blitz? Sie können in diesem Fall Ihren ISO-Wert erhöhen, beispielsweise von 100 auf vielleicht 400 oder sogar 800 ISO. Dann wird alles heller, weil (Achtung, Nerdalarm!) Ihre Kamera lichtempfindlicher wird. Sehen Sie die oben abgebildete Formel? Sie sagt Ihnen, dass eine Änderung des ISO-Werts dem Hochregeln des Dimmers entspricht – und einer Steigerung der Blitzhelligkeit. Hiermit verstärken Sie also alles auf einmal. Natürlich (aber ich merke es hier trotzdem an, weil ich mal gehört habe, dass Autoren nach der Anzahl der Worte bezahlt werden, auch wenn das wohl vor langer Zeit war und für Zeitungs- und Zeitschriftenartikel galt, aber man kann nie vorsichtig genug sein, wenn man gerade einmal 3 Cent pro Wort bekommt) würde alles dunkler, wenn Sie bereits eine ISO-Einstellung von 400 oder 800 nutzen und Sie den Wert deswegen verringern (dieser Satz mit knapp 70 Wörtern hat mir nun eine Einnahme über 2 € verschafft – bombastisch!).

Den Blitz isoliert »fernsteuern«

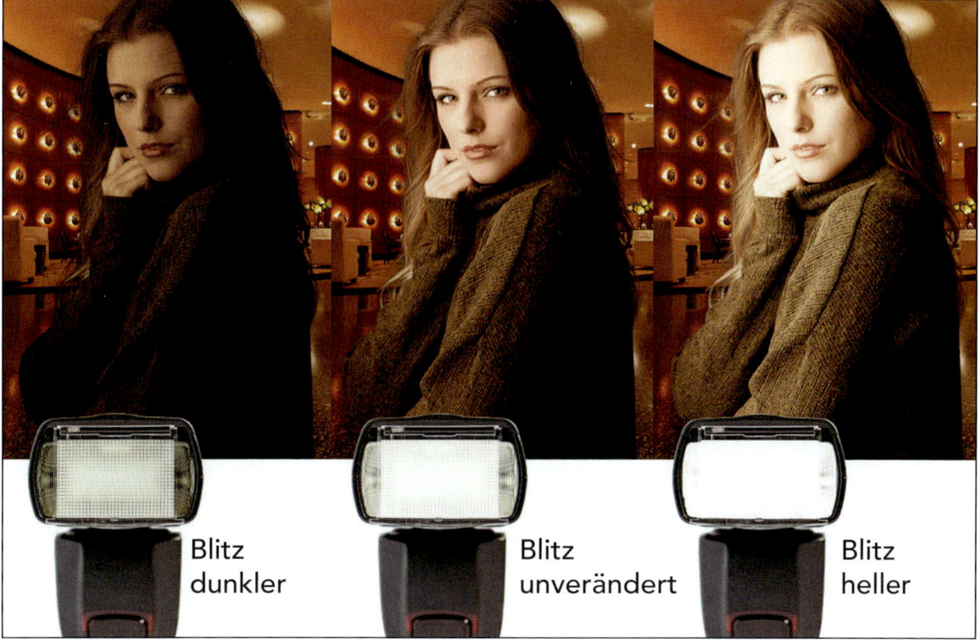

Sie wissen nun bereits, dass sich auf der Rückseite Ihres Blitzes ein Regler befindet, mit dem Sie die Blitzhelligkeit hoch- oder runterregeln können. Aber was, wenn Sie wie ich ein fauler Mensch sind und daher ungern für jede Änderung zum Blitz laufen möchten? Dann werden Sie sich freuen, dass Sie auch über die ISO-Einstellung Ihrer Kamera (zusammen mit einer Anpassung der Belichtungszeit) den Blitz stärker oder schwächer wirken lassen können, ohne dass sich das Raumlicht verändert. Sehen Sie sich die drei Aufnahmen oben einmal an. Bei der mittleren ist das Verhältnis zwischen Blitz- und Raumlicht ausgewogen. Bei der linken wirkt der Blitz schwächer, bei der rechten stärker. Bei allen drei Fotos ist aber der Einfluss des Raumlichts identisch. Ich habe hierfür schlicht den ISO-Wert in Kombination mit der Verschlusszeit angepasst.

Links wurde der ISO-Wert eine Stufe verringert (von ISO 400 auf ISO 200), und anschließend die Zeit verlängert (von 1/60 auf 1/30 Sekunde). Der Blitz wirkt schwächer, aber der Einfluss des Raumlichts ist nun wieder identisch. Rechts wurde der ISO-Wert eine Stufe erhöht (von ISO 400 auf ISO 800) und anschließend die Zeit verkürzt, von (1/60 auf 1/125 Sekunde). Der Blitz wirkt nun heller, aber der Einfluss des Umgebungslichts bleibt gleich. Der Trick ist, dass die Veränderung der Belichtungszeit nur das Umgebungslicht betrifft. Der Blitz aber passt stets vollständig in den Zeitschlitz der Belichtungszeit hinein.

Verschlusszeit einstellen: das Wo & Warum

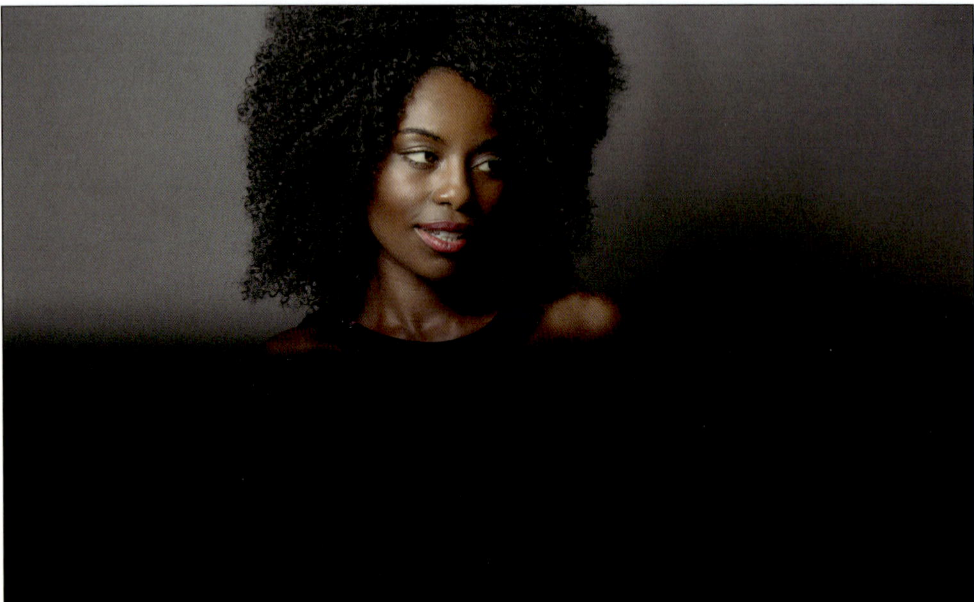

Legen Sie eine Verschlusszeit von 1/125 fest. Okay, warum gerade 1/125? Weil das auf praktisch jeder Kamera ein guter und zuverlässiger Wert für die Verschlusszeit ist, der gewährleistet, dass Ihr Blitz und der Verschluss synchronisiert sind. Sie drücken den Auslöser, und der Blitz löst im exakt richtigen Moment aus. Und was passiert, wenn sie asynchron werden? Nun, das sehen Sie oben. Wenn Ihre Verschlusszeit zu kurz angelegt ist (über 1/200 bei Canon, 1/250 bei Nikon sowie bei Sony modellabhängig 1/160, 1/200 oder 1/250 (deswegen ist 1/125 genau die richtige Wahl), erhalten Sie in der unteren Bildhälfte einen schwarzen Bereich. Je stärker Sie die maximal zulässige Synchronisationszeit unterschreiten, desto höher setzt dieser Bereich an. Aber wie gesagt: Machen Sie es so wie ich und verwenden Sie eine Verschlusszeit von 1/125, dann sind Sie aus dem Schneider. Es kann unter bestimmten Umständen durchaus notwendig sein, die Einstellung zu ändern (wir werden gleich darauf eingehen), aber dann werden Sie die Verschlusszeit lediglich verlängern, und das stellt ja kein Problem dar. Ab einem Wert von 1/200 wird die Sache knifflig, und deswegen empfehle ich 1/125. Ich möchte hier nicht den Nerd raushängen lassen und Ihnen erklären, dass das Dunkle oben der Verschlussvorhang ist. Sie müssen lediglich wissen, dass a) Ihre Kamera und der Blitz perfekt synchronisiert werden müssen, b) Sie sich über diesen Umstand niemals mehr Sorgen machen müssen, wenn Sie eine Verschlusszeit von 1/125 einstellen, und c) Sie, sobald ein schwarzer Bereich auf ihrem Foto erscheint, nachsehen müssen, ob sie nicht versehentlich die Verschlusszeit reduziert haben – denn genau das ist wahrscheinlich geschehen (mir ist das schon Dutzende Male passiert). In diesem Fall setzen Sie die Verschlusszeit eben wieder auf 1/125 zurück.

Wann Sie die Verschlusszeit doch ändern müssen

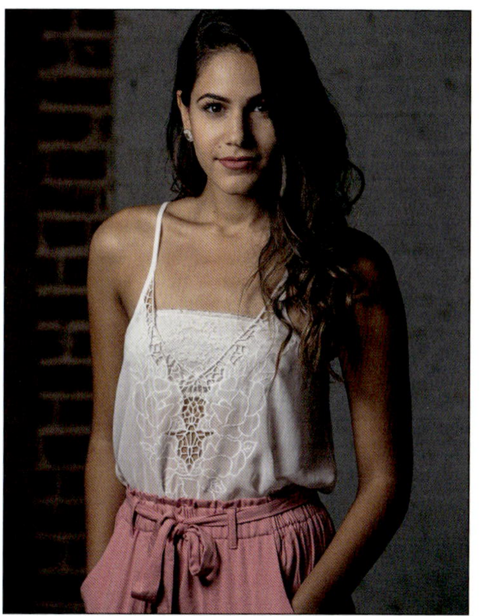

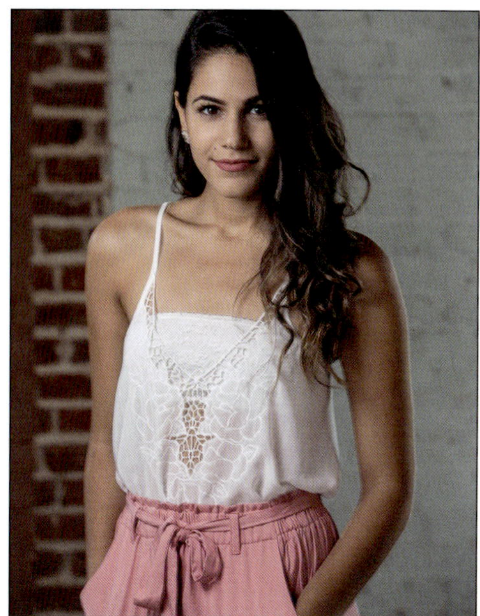

Wenn Sie Porträts im geschlossenen Raum machen, bei denen das Modell vor einem Hintergrund (Papierrolle usw.) fotografiert wird, dann brauchen Sie die von uns gewählte Verschlusszeit von 1/125 nicht zu ändern – das läuft quasi nach dem Prinzip »Set & Forget«. Aber wann müssen Sie die Verschlusszeit dann überhaupt ändern? An dieser Stelle machen wir eine wirklich coole Entdeckung: Die Verschlusszeit hat keine Auswirkungen auf die Leistung Ihres Blitzes. Sie können sie verlängern, verkürzen usw., ohne dass sich die Blitzhelligkeit auch nur um ein Candela ändert. Wie Sie auf Seite 47 bereits gesehen haben, wird über die Verschlusszeit geregelt, welcher Anteil des vorhandenen Lichts im Raum (oder auch draußen) in Ihre Kamera fällt. Wir nennen dieses vorhandene Licht »Umgebungslicht«, weil wir Fotografen gerne mal komische Wörter verwenden – das gibt uns das Gefühl, jemand Bedeutendes zu sein. Wenn Sie also ein Restaurant betreten, dann bilden die dort eingeschalteten Lampen das Umgebungslicht, also das an dem Ort, an dem wir unsere Aufnahmen machen möchten, bereits vorhandene Licht. Wenn Sie ein Foto von jemandem in diesem Restaurant machen und der Hintergrund richtig dunkel aussieht – vielleicht sogar so dunkel, dass man gar nicht merkt, dass es sich um ein Restaurant handelt –, dann kann es ratsam sein, die Verschlusszeit von 1/125 auf vielleicht 1/60 oder 1/30 zu verlängern, damit mehr Umgebungslicht auf Ihre Aufnahme gelangt.

Mit welchem Blendenwert anfangen?

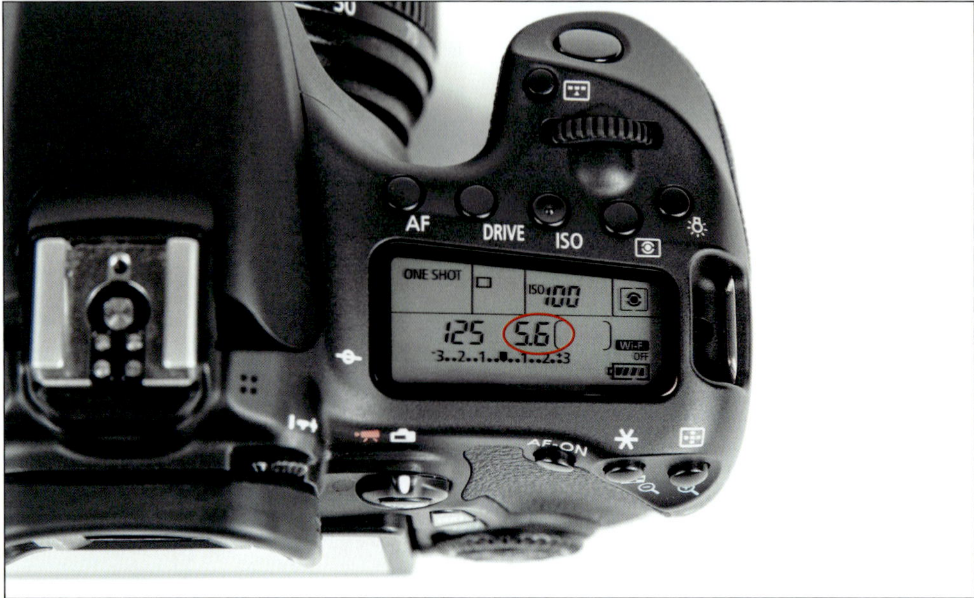

Das ist einfach: f/5.6. Warum gerade f/5.6? Tja, warum eigentlich nicht? Das ist doch für diese Jahreszeit ein wirklich angemessener Blendenwert. Also gut, eigentlich ist es eher so, dass man für alles einen Ausgangspunkt braucht, und f/5.6 ist *mein* Ausgangspunkt für den Blendenwert, wenn ich mit Blitzen arbeite. Das ist ein wirklich empfehlenswerter Startwert, den ich aus verschiedenen Gründen bevorzuge. Einer davon ist die Tatsache, dass hierbei, wenn ich ein Teleobjektiv wie etwa mein gutes altes 70–200 mm mit dem Blendenwert f/5.6 verwende und dabei ein wenig einzoome, der Hintergrund ein bisschen weicher und unschärfer wird. Außerdem kann ich in diesem Fall die Leistung eines Blitzes relativ niedrig halten (und wie in Kapitel 1 angemerkt, ist meine anfängliche Blitzleistung stets 1/4), und das bedeutet auch, dass mein Blitz blitzschnell (!) wieder aufgeladen ist und ich keine wichtigen Momente verpasse, weil ich darauf warten muss, dass mein Blitz wieder startklar ist. Außerdem verbrauche ich so weniger Akkuleistung. Das klingt doch alles sehr positiv, nicht wahr? Also deswegen verwende ich als Ausgangswert für die Blende f/5.6. Natürlich könnte man auch mit einem anderen Blendenwert beginnen, wenn man es denn wirklich wollte – f/8 zum Beispiel (der wohl langweiligste Blendenwert von allen). Aber in dem Fall müsste man die Blitzleistung wohl ein bisschen hochregeln – vielleicht auf 1/2 –, und das bedeutet, dass Ihr Blitz zum Aufladen länger braucht, Ihre Akkus schneller am Ende sind und Ihr Hintergrund auch nicht so sanft und weich wirkt. Mit einem Wort: Ihre Bilder sehen nicht ein Jota besser aus. Ich meine ja nur.

Wie Sie den ISO-Wert einstellen

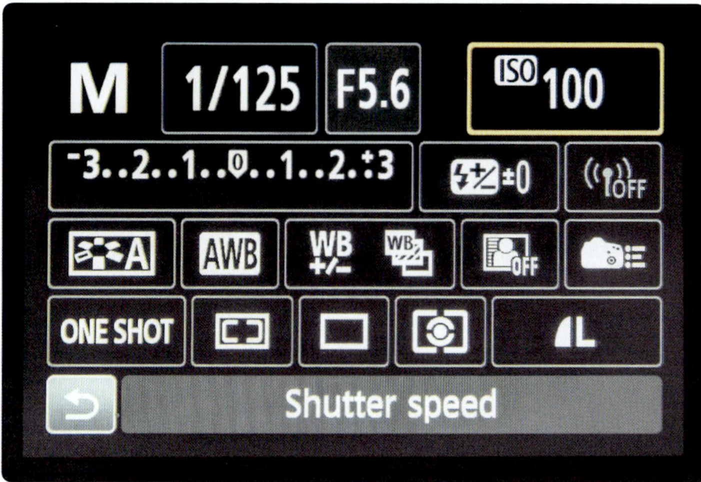

Ihr Blitz dient dazu, das Modell zu illuminieren (5 Scrabble-Bonuspunkte für die Verwendung dieses seltenen Wortes!). Also noch mal: Ihr Blitz dient dazu, das Modell zu illuminieren, d. h. für Ihre Aufnahme ist genügend Licht vorhanden, weswegen Sie den niedrigsten und damit rauschärmsten ISO-Wert auf Ihrer Kamera einstellen können. Bei manchen wäre das je nach Kameramodell ISO 100, bei anderen ISO 50, beim noch anderen vielleicht auch ISO 200. Aber es ist völlig egal, welcher ISO-Wert auf Ihrer Kamera der niedrigste ist: Diesen wollen Sie verwenden. Bei meiner Kamera liegt dieser niedrigste Wert bei 100. Folglich stelle ich die Kamera auf diesen Wert ein und bin startklar. Auch wenn ich diesen Wert während eines Shootings nur selten ändere, habe ich doch auf Seite 49 bereits erklärt, wie man ihn verstellt. Falls es Sie interessiert: die Abkürzung ISO steht für »in situ omnibus«. Was habe ich Ihnen zu Beginn über die lateinischen Wurzeln der Blitzfotografie erzählt? Und Sie wollten mir nicht glauben ...

Die Checkliste für Ihre Kameraeinstellungen

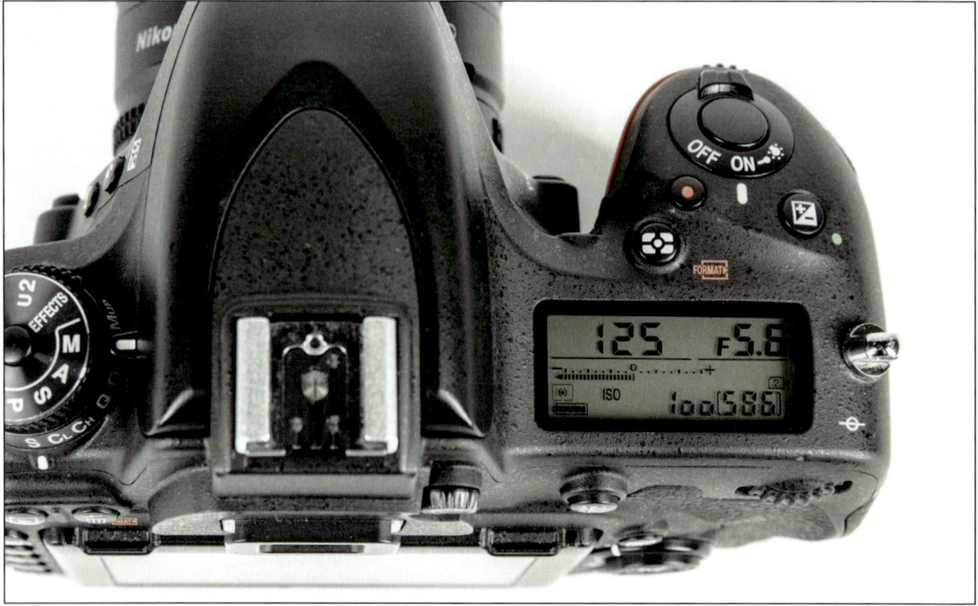

1. Schalten Sie Ihre Kamera in den manuellen Modus um.
2. Legen Sie den ISO-Wert 100 (bzw. den niedrigsten nativen ISO-Wert für Ihr Kameramodell) fest.
3. Legen Sie eine Verschlusszeit von 1/125 fest.
4. Stellen Sie Ihre Blende auf f/5.6.
5. Stellen Sie die Leistung auf der Rückseite Ihres Blitzes auf 1/4.

Jetzt machen Sie eine Testaufnahme. Wenn der Blitz zu hell wirkt, regeln Sie die Blitzleistung ein wenig herunter. Nun machen Sie eine weitere Testaufnahme. Immer noch zu hell? Leistung reduzieren, neue Testaufnahme machen. Nach einigen Testaufnahmen werden Sie die für ihren Geschmack passende Helligkeit gefunden haben. Ist der Blitz nicht hell genug, dann – raten Sie mal! – erhöhen Sie den Helligkeitswert wieder und machen eine Testaufnahme. Wiederholen Sie das Ganze, bis die gewünschte Helligkeitsstufe erreicht ist.

Das war's. Wirklich, das war's! Unterdrücken Sie den unbändigen Drang, hier noch weiter zu optimieren. Das ist doch der Grund dafür, warum das Fotografieren mit Ihrer Kamera und Ihrem Blitz im manuellen Modus so viel Spaß macht: Alles ist so unfassbar einfach! Machen Sie es nicht komplizierter, nur weil Sie es könnten: Diese Einstellungskombination funktioniert hervorragend. Sie können sie grundsätzlich als Ausgangspunkt verwenden und müssen an der Kamera – abhängig davon, wo Sie Fotos machen – nach Beginn des Shootings gar keine Änderungen an den Einstellungen mehr vornehmen (vielleicht mit Ausnahme der Blitzleistung).

Das große Geheimnis: ausgewogenes Licht

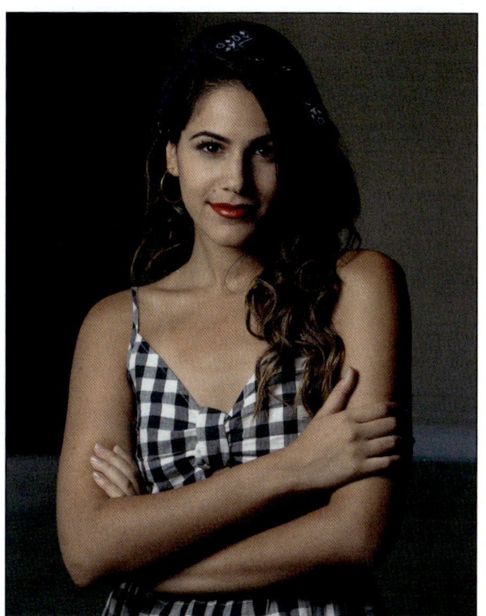

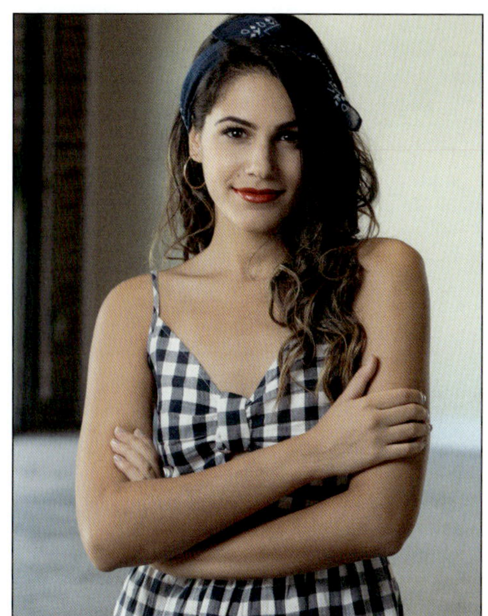

Letztendlich lassen sich alle beschriebenen Maßnahmen auf ein großes Geheimnis herunterbrechen, das gleichzeitig die wichtigste von Ihnen zu beherrschende Technik ist: Sie müssen ein ausgewogenes Verhältnis zwischen dem Licht Ihres Blitzes und dem Umgebungslicht schaffen. Wenn Sie diese beiden Parameter ausbalancieren können, dann sieht ein Blitz am Ende auch nicht mehr nach Blitz aus, sondern wie natürliches Licht. Alles greift auf ansprechendste Weise ineinander, und Sie werden nie wieder eines Ihrer Bilder ansehen und denken: »Sieht nach Blitz aus.«. Denn es ist wirklich so: Wenn jemand, der nicht fotografiert, einen Blick auf Ihr Bild wirft und sagt »Oh, Sie haben einen Blitz verwendet«, dann haben Sie wahrscheinlich etwas falsch gemacht.

Wie also schafft man diese Ausgewogenheit beim Licht? Was ist der Trick? Nun, diese Balance gelingt Ihnen am besten mithilfe der Einstellung für die Verschlusszeit (zum Betonen oder Abschwächen des im Raum vorhandenen Lichts) und der Leistungseinstellung an Ihrem Blitz. Suchen Sie nach der richtigen Blitzhelligkeit, sodass das Bild nicht zu hell wirkt und das Licht sich in den Hintergrund einfügt – so als ob Ihr Modell an einem Fenster steht, durch das natürliches Licht in den Raum fließt. Ich versuche anfangs die Blitzleistung so einzustellen, dass es »nicht zu sehr nach Blitz aussieht«. Danach verlängere ich die Verschlusszeit (von 1/125 auf vielleicht 1/80) und mache dann eine Testaufnahme, um zu sehen, ob alles schon passt oder der Blitz immer noch ins Auge sticht. Ist dies der Fall, dann verlängere ich die Verschlusszeit weiter auf 1/60 und probiere es noch mal. Danach muss ich die Blitzleistung unter Umständen noch einmal nachregeln, bis es wirklich gut aussieht. Dieses »Tänzchen« muss man einige Male machen, bis es einem in Fleisch und Blut übergegangen ist.

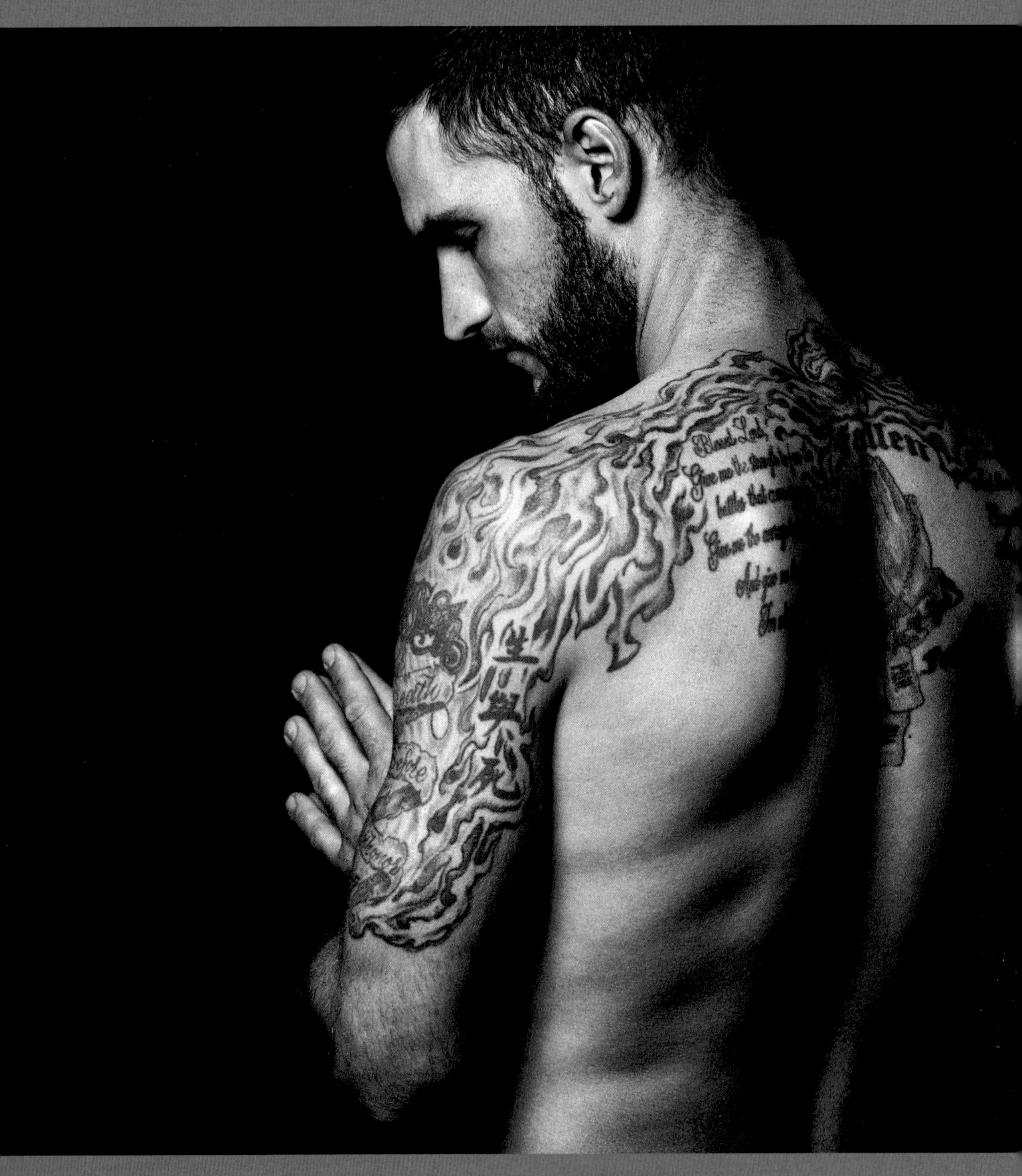

Kapitel 4

Mit Blitz Porträts gestalten

Wie man Menschen einfach schöner macht

Wünschen Sie sich, dass eines Tages der Geldtransporter bei Ihnen vorfährt und zwei bewaffnete Wächter reihenweise weiße Säcke mit einem großen aufgedruckten Eurozeichen ins Haus schleppen? Dann müssen Sie nichts weiter tun als zu lernen, wie Sie ganz normale Menschen auf Fotos fantastisch aussehen lassen. Wenn Sie diesen Dreh heraushaben, werden die Leute Sie aufsuchen und auf Knien darum bitten, von Ihnen abgelichtet zu werden. Sie werden dann »der Aufhübscher«, »der Schönmacher« oder einfach »der Eric« genannt werden. Doch egal, welchen Namen die Menschen dann für Sie parat haben: Das wird Ihre Eintrittskarte in ein Leben in Luxus und Reichtum, von dem andere nur zu träumen wagen. Wie auch immer: Es gibt einen legitimen Grund dafür, warum Menschen heute mehr als je zuvor auf Fotos richtig gut aussehen müssen: Facebook. Hier will jeder mindestens 300 % besser aussehen als in natura, denn diese Leute möchten die Chance haben, andere Menschen auf Facebook zu treffen (die wiederum auf ihren Profilfotos 300 % besser aussehen als in natura). Weswegen das so wichtig ist? Wenn sich einer dieser Nutzer, für den Sie ein unrealistisch gut aussehendes Foto gemacht haben, auf Facebook in jemand anderen verguckt und einen galanten Post vom Stapel lässt, um ins Gespräch zu kommen (etwas in der Art von »Ich möchte dich grün anmalen und dir dann den Hintern versohlen, wie es sich für eine ungehorsame Avocado gehört.«), dann flirtet derjenige nicht mit einem echten Menschen, sondern mit der attraktiven Person auf dem von Ihnen gemachten Foto. Und sobald dieser Flirt losgeht, wird das Profilfoto mit Freunden geteilt, und diese Freunde denken dann: »OMG, so ein süßer Fratz!«. Der Fratz sieht in Wirklichkeit natürlich eher aus wie Shrek, aber das weiß der oder die Betroffene nicht, bis, ja, bis man sich dann spät abends auf dem Parkplatz eines Supermarkts trifft. Und dann ist es zu spät, man ist bereits verbandelt und vielleicht sogar schon verlobt. Deswegen ein guter Tipp: Bestehen Sie auf Vorkasse!

Entfesseln Sie Ihren Blitz!

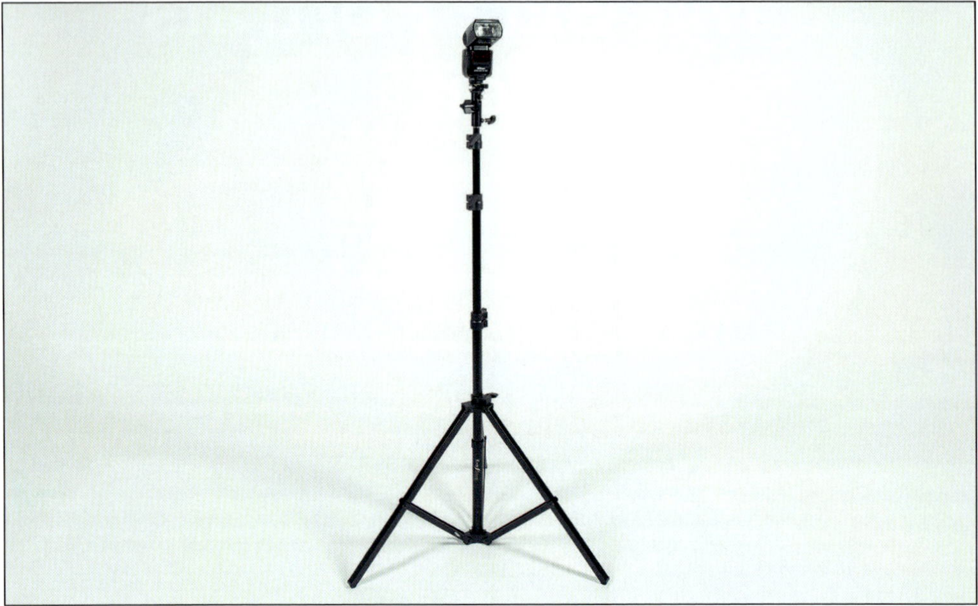

Wie ich in Kapitel 1 bereits erwähnt habe, darf der Blitz keinesfalls oben auf Ihrer Kamera sitzen! Wenn Sie schöne Porträtaufnahmen machen möchten, dann brauchen Sie Schatten, Tiefe und Räumlichkeit. Zu diesem Zweck müssen Sie Ihren Blitz aus dem Blitzschuh nehmen und auf ein Stativ setzen (oder einen Kumpel bitten, ihn mal kurz zu halten). Das ist auch der Grund dafür, warum ich die ganze Zeit von Funksendern und ähnlichem Zeug spreche, denn wenn Sie nicht gerade Eventfotografie machen (z. B. Schnappschüsse von Hochzeitsgesellschaften), dann ist ein Blitz auf der Kamera so ungefähr das Grausamste, was Sie Ihrem Modell antun können. So entstehen nämlich Aufnahmen mit der Grazie und Anmut eines Passfotos, verbunden mit dem künstlerischen Flair eines Fahndungsplakats. Wenn Sie also ansprechende Porträts mit Ihrem Blitz machen wollen, dann sollten Sie das Konzept des sogenannten »entfesselten Blitzens« verinnerlichen (mehr dazu in Kürze). »Runter von der Kamera mit dem Blitz!« heißt nun die Parole. Bevor Sie weiterblättern, suchen Sie sich einen bequemen Platz und meditieren Sie über den Gedanken, dass »entfesseltes Blitzen« von Stund an Ihr normaler *Modus Operandi* sein wird. Lassen Sie die ganze Welt mit Blitzen in ihren Blitzschuhen hinter sich. Denn hinterm Horizont geht's weiter. Dort werden Sie so richtig Freunde – für die Ewigkeit, das ist doch klar ('tschuldigung, der musste jetzt sein). Kurz gesagt: Ab jetzt werden Sie nur noch entfesselte Funkblitze einsetzen. Akzeptieren Sie's.

»Sanft und schön« ist das Ziel

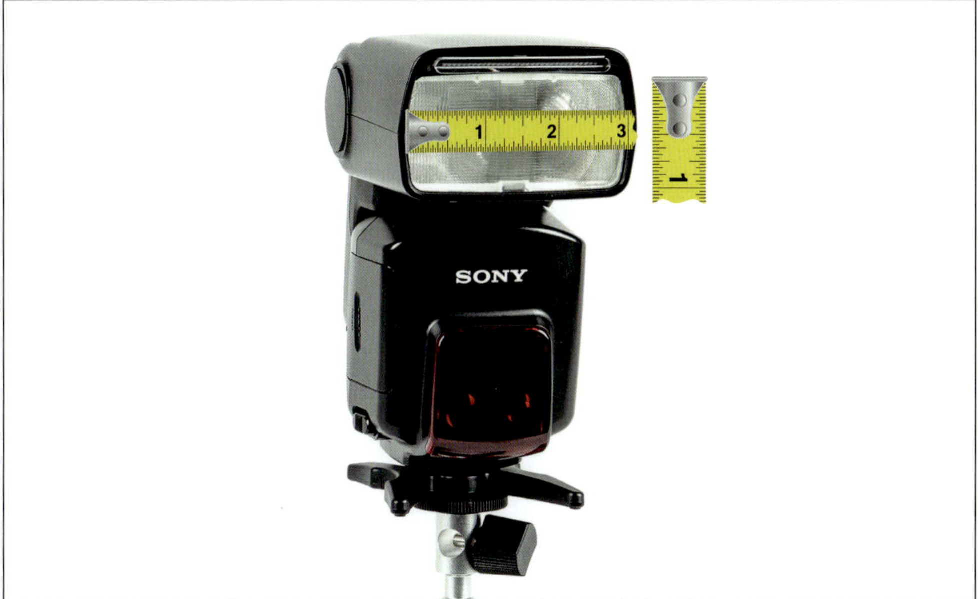

Das Licht, das Ihr Blitz aussendet, ist verdammt grell. Überlegen Sie mal: Der Blitzkopf selbst (also die Stelle, an der das Licht austritt) hat eine Abstrahlfläche von etwa 7×2 cm. Und er erzeugt einen richtig hässlichen hellen Lichtblitz, der Sie sekundenlang blendet, wenn Sie hineinsehen, und an dem wirklich nichts Schönes ist. In diesem Kapitel erfahren Sie eine ganze Menge darüber, wie Sie dieses ungehobelte, böse und tückische kleine Licht zähmen, um daraus einen lieblichen, weichen, umhüllenden Hauch zu formen, der Ihr Modell umschmeichelt. Dazu müssen wir etwas zwischen den Blitz und das Modell stellen, um das Licht weicher zu machen, es zu streuen, sodass es angenehm aussieht. Und genau das ist der Punkt: etwas vor den Blitz zu setzen, damit weiches Licht und sanfte Schatten entstehen, mit denen der abgebildete Mensch einfach nur gut aussieht. Mehr ist gar nicht notwendig. Dabei dreht sich alles nur um ein einziges Schlüsselkonzept: Das Licht muss *gestreut* werden. Ein Grund für die Härte und Rauheit des Blitzes sind ja seine geringen physischen Abmessungen (siehe oben). Es gilt: Je kleiner die Lichtquelle, desto greller und hässlicher ist das Licht. Nehmen wir beispielsweise die Sonne. Sie ist von uns recht weit entfernt und sieht deswegen bezogen auf die Himmelsfläche sehr klein aus. Und weil sie so klein ist, ist das erzeugte Licht extrem hell. Deswegen sieht ein Modell, das im direkten Sonnenlicht steht, beinahe ebenso schlimm aus wie eines, das Sie mit einem auf die Kamera aufgesteckten Blitz fotografieren: Es wird grell und unschön, und die Schatten sind einfach hart und scheußlich! Schiebt sich nun eine Wolke vor die Sonne, dann wird das Licht plötzlich viel sanfter und die Schatten werden ganz weich. Durch die Wolke befindet sich nämlich jetzt etwas zwischen der Lichtquelle (der Sonne) und dem Modell, und die Wolke fungiert wie ein riesiger Diffusor, der das Sonnenlicht streut und es weicher macht.

Keine Softbox, aber besser als nichts

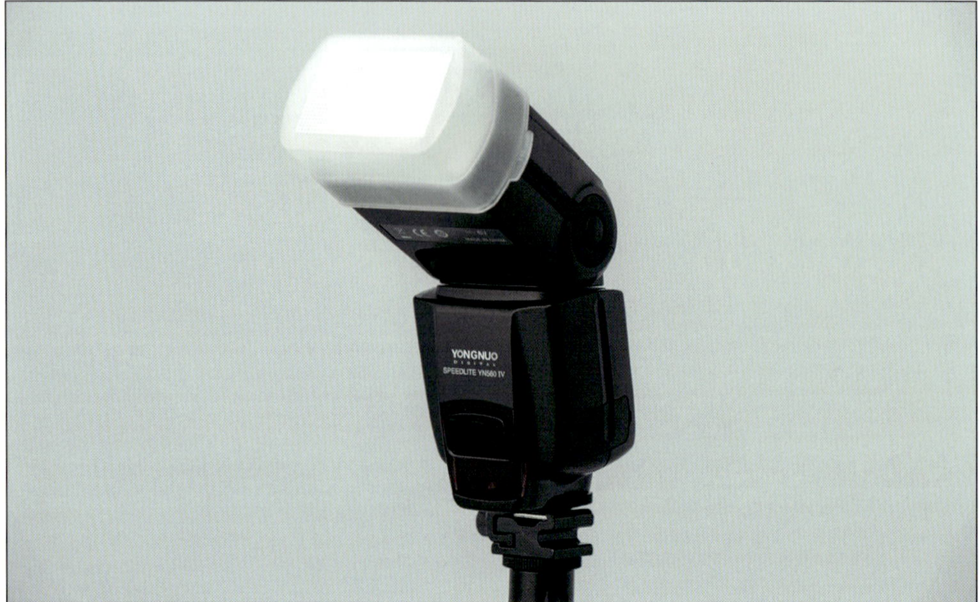

Warum bringt ein Diffusoraufsatz eigentlich nicht viel? Ganz klar: Er ist auch nicht größer als der Blitz. Da er sich eng um Ihren Blitz schmiegt, führt er nicht zu einer Vergrößerung der Lichtquelle. Gäbe es einen Diffusoraufsatz mit einem Durchmesser von einem Meter (gibt es nicht, aber nur gesetzt den Fall) und Sie würden diesen in einem Abstand von 20, 30 Zentimetern vor Ihren Blitz setzen, dann hätte der Lichtblitz Platz, um sich auszubreiten. Denn es gilt: Je weiter das Licht sich ausbreiten kann, desto breiter wird der Lichtstrahl und dieser würde dann den einen Meter messenden Aufsatz mit Licht füllen. Das wäre dann kein 2 cm × 7 cm kleiner hässlicher Lichtstrahl, sondern eine ein Meter große diffuse Lichtquelle. Dabei gilt: Je größer, desto weicher, diffuser und schmeichelhafter ist das Licht. Verstehen Sie, worauf ich hier hinaus will? Es geht nicht nur darum, irgendetwas vor den Blitz zu setzen, sondern es muss etwas *Großes* sein, das sich in einem größeren Abstand zu Ihrem Blitz befindet, denn nur so kann das Licht streuen und schön werden.

TIPP

WARUM EINE BLITZSCHIENE KEINE GUTE IDEE IST

Vielleicht denken Sie darüber nach, eine Blitzschiene zu verwenden, wenn der Blitz schon nicht auf die Kamera gesteckt werden darf. Ich halte das aber für keine gute Idee. Wenn Sie Ihren Blitz nur ein paar Zentimeter über Ihrem Objektiv anordnen, dann reduzieren Sie zwar rote Augen, aber Sie dürfen nicht mit weichem Licht rechnen. Solches Zubehör überlassen Sie besser den Kollegen der Journalistenzunft, denn mit praktisch jeder in diesem Kapitel beschriebenen Technik erzielen Sie deutlich bessere Ergebnisse.

Die beste Softbox für Blitze (finde ich)

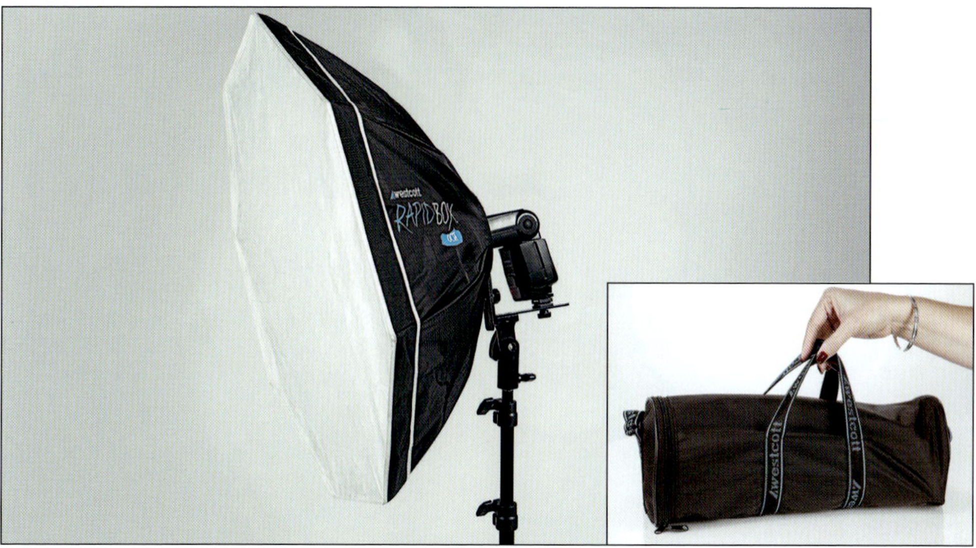

Seit einem guten Jahr ist die Rapid Box von Westcott meine Softbox der Wahl. Obwohl ich schon jahrelang Artikel dieses Herstellers einsetze, ist das meiner Meinung nach sowohl optisch als auch von der Konstruktion her das beste Zubehörteil, das Westcott je gebaut hat. Zunächst einmal ist die Rapid Box geradezu lächerlich klein und leicht: Sie lässt sich wie ein Schirm zusammenfalten, und das ganze Set passt in eine einzige winzige Tasche, was alleine schon toll ist. Diese Tasche enthält die Softbox, die schwenkbare Blitzhalterung (zur Montage auf einem Stativ) und den Diffusor, der an der Vorderseite befestigt wird. Meine Grundausstattung umfasst demzufolge nur diese kleine Tasche, ein kleines und leichtes Stativ (siehe Seite 134) und meinen Blitz. Das ist alles! Das ganze Setup ist in höchstens zwei Minuten zusammengebaut: Man nimmt die Softbox aus der Tasche, greift hinein, zieht den angebrachten kleinen Metallring über die Mittelstange und schon entfaltet sich das Teil wie gewünscht. Nun noch geschwind den Diffusor an der Vorderseite (an der er sich bequem anbringen lässt) und den Halter an der Rückseite befestigt – was alles ohne Werkzeug funktioniert, die Komponenten rasten einfach ein –, den Blitz an die richtige Stelle geschoben und schon kann's losgehen. Die Rapid Boxes sind relativ kostengünstig. So liegt etwa die Rapid Box Octa (66 cm) bei ca. 200 €. Wenn Sie besonders weiches Licht wollen, sollten Sie auch gleich noch den Westcott Beauty Dish Deflektor dazu bestellen, mit dem das Blitzlicht zunächst auf die Rückseite der Softbox zurückgeworfen wird, von wo es dann erst auf Ihr Modell reflektiert wird. Kostenpunkt etwa 30 €. Wenn Sie mich mal treffen und ich gerade mit Blitz fotografiere, dann mit an Sicherheit grenzender Wahrscheinlichkeit mit dieser Softbox. Denn die ist jeden Cent wert! (Und nein, ich bekomme von Westcott weder eine Provision noch Bestechungsgelder, was ich eigentlich sehr schade finde. ;-))

Schönes Licht für 35 €

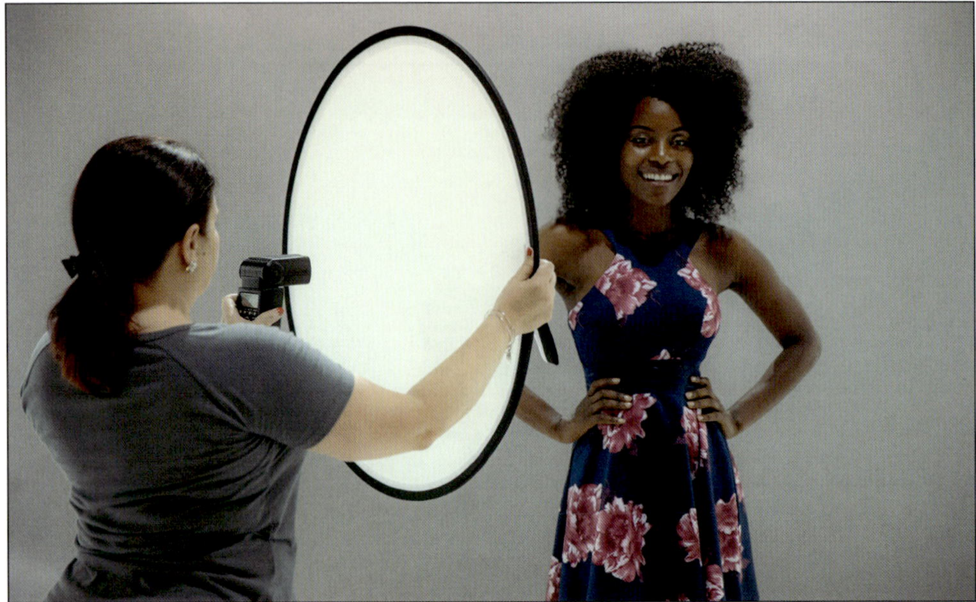

Das ist doch richtig billig, oder? Keine Frage. Schnappen Sie sich einen zusammenklappbaren 76-cm-Universaldiffusor von Westcott für ca. 35 €, halten Sie diesen vor Ihren Blitz, und Sie sind im Geschäft (hm, möglicherweise sollte vielleicht doch ein alter Kumpel den Diffusor für Sie vor den Blitz halten – aber eigentlich können Sie sogar Ihren Blitz in der einen Hand und den Diffusor mit der anderen davorhalten und können dabei genügend Abstand zwischen die beiden bringen, damit der Blitzstrahl gestreut wird und jenes weiche, diffuse und schöne Licht erzeugt).

Nicht mal 40 € – mehr steht einem sehr viel besseren Blitzresultat nicht im Wege.

TIPP

EINE PREISWERTE ALTERNATIVE ZUR SOFTBOX

Bevor ich mich für die Westcott-Softbox entschied, hatte ich jahrelang die Impact Quikbox (60 cm × 60 cm) mit Halterung für den Blitzschuh im Einsatz, denn sie ist leicht und extrem preisgünstig. Diese Aufklappsoftbox lässt sich flach zusammenlegen. Im Lieferumgang ist eine eigene Blitzhalterung enthalten, und der gesamte Aufbau kostet im Fachhandel nur um die 100 Dollar (ja, Dollar, denn der deutschsprachige Fachhandel scheint sie noch nicht entdeckt zu haben). Auch wenn die Westcott-Komponenten eine höhere Fertigungsqualität aufweisen und kompakter sind, ist dieses Preis-Leistungs-Verhältnis unschlagbar.

Niemand, der mal eben hilft? Dann holen Sie Ihre Kreditkarte raus!

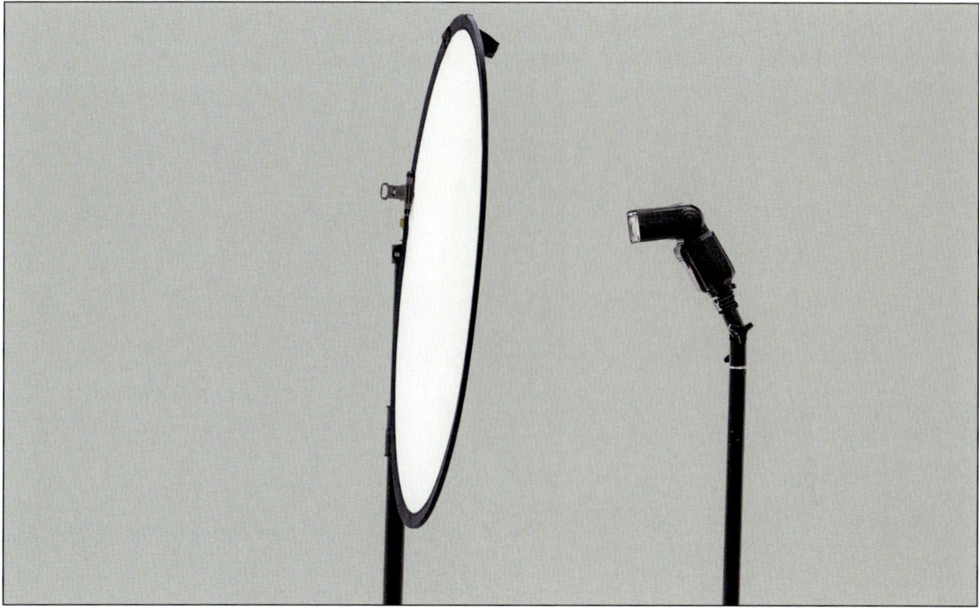

Wenn Sie niemanden dabei haben, der Ihnen den Blitz und den Diffusor halten könnte, dann wird es ein bisschen komplizierter. Bitte nehmen Sie Ihre Kreditkarte zur Hand. Sie müssen Ihren Blitz nämlich in diesem Fall oben auf einem Lichtstativ montieren (dieses bekommen Sie von Impact in einer leichten Ausführung mit einer Höhe von ca. 1,80 m für ungefähr 50 €, es gibt auch preiswertere Fabrikate, etwa von Walimex). Außerdem brauchen Sie eine neigbare Halterung mit einer Klemme für den Blitz (die sind unverschämt teuer), Sie können alternativ aber auch den beliebten Schirmschwenkkopf US-A3 von Phottix verwenden, der für nicht mal 30 € einen eigenen Miniaturkugelkopf mitbringt (eine echt coole Sache, wenn ich das anmerken darf). Das alles brauchen Sie, um den Blitz hinzustellen, aber wir sind noch nicht fertig. Als Nächstes benötigen Sie ein weiteres Stativ, um den Diffusor vor Ihren Blitz zu stellen (noch mal 50 €) und eine Klemme für den Diffusor selbst (z. B. den Halter für zusammenlegbare Reflektoren von Impact oder ein Modell von Walimex für ca. 40 €). Ich möchte ganz offen sein: Weil Sie Ihre Freundschaften nicht gepflegt haben, ist jetzt niemand da, der Blitz und Diffusor hält, und das kostet Sie nun satte 170 €. Ich wollte das zwar nicht so unverblümt sagen, aber irgendwer muss es ja tun.

Striplight als zweite Lichtquelle

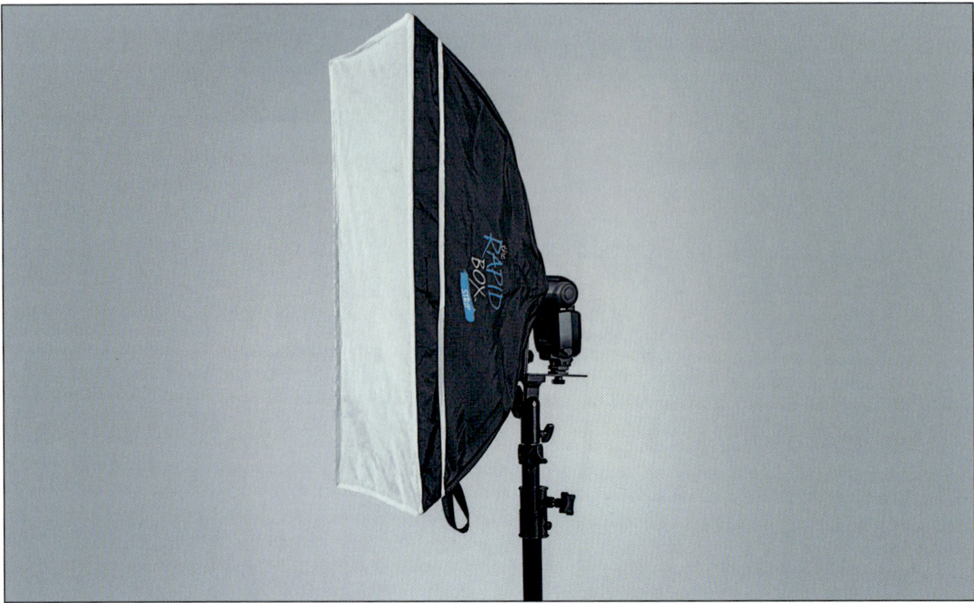

Wenn ich eine zweite Lichtquelle hinzufüge, dann normalerweise für ein so genanntes »Streiflicht«. Das ist dann ein Blitz, der leicht zu einer Seite hin versetzt hinter dem Modell steht. Hiermit erreiche ich eine einseitige Betonung von Haaren, Gesicht, Arm usw. Für ein solches Streiflicht verwende ich normalerweise die Westcott Rapid Box Strip (25 cm × 61 cm): eine lange und schmale Softbox, die einen, nun ja, langen und schmalen Lichtstrahl absetzt, der sich für eine solche gezielte Betonung hervorragend eignet. Die Rapid Box Strip funktioniert genau so wie die auf Seite 61 erwähnte Rapid Box Octa: Sie ist in maximal zwei Minuten zusammengebaut, und schon können Sie Aufnahmen mit einer zweiten Lichtquelle machen. Ich stelle diese Softbox gewöhnlich hinter mein Modell, und zwar direkt gegenüber von meinem Hauptblitz (ein Beispiel für mein Setup finden Sie auf Seite 78). Übrigens ist der im Lieferumfang enthaltene Blitzhalter nicht nur neigbar, sondern auch drehbar. So können Sie das Striplight mit einem Griff von »hoch« auf »breit« umstellen. Diese Strips eignen sich mit ihren langen und hohen Reflexionen und Highlights hervorragend für Produktfotografie. Am besten funktioniert das bei kleineren Artikeln; wenn Sie größere Produkte aufnehmen möchten wie Gitarren, Motorräder oder Möbel, dann sind die größeren Westcott Apollo-Strips besser geeignet.

Mehr Fokus und Drama mit Waben

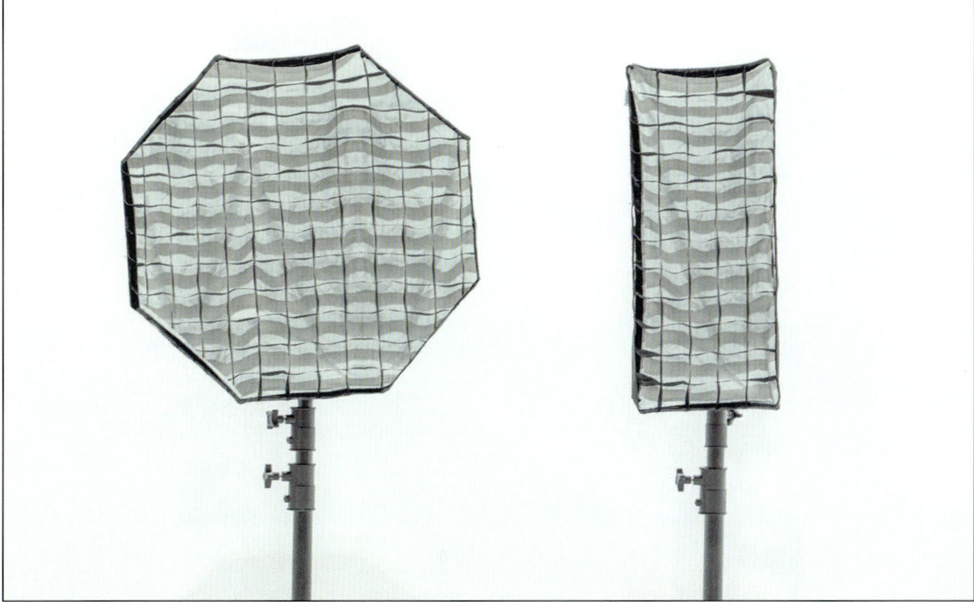

Wenn Sie eine Softbox verwenden, dann wird ihr Licht unabhängig von deren Form immer umfassend gestreut, sobald es aus der Softbox austritt. Bei einer der großen alten Softboxen fließt das Licht genau an Ihrem Modell vorbei und beleuchtet auch den Hintergrund (was insbesondere dann gut ist, wenn Sie nur einen einzigen Blitz verwenden und etwas Licht auf dem Hintergrund benötigen). Aber wie gehen Sie vor, wenn Sie eine genau definierte und gebündelte Lichtmenge benötigen, die andere Teile des Bildbereichs nicht ausleuchtet? Nun, in diesem Fall könnten Sie das auf der vorherigen Seite beschriebene Striplight zur Hand nehmen, denn mit diesem erhalten Sie einen höheren und schmaleren Lichtstrahl als bei einer großen quadratischen Softbox. Allerdings könnte auch hier ein wenig unerwünschtes Licht in andere Bereiche streuen. Möchten Sie Ihr Blitzlicht wirklich klar abgrenzen und Ihre Aufnahme etwas dramatischer gestalten, dann sollten Sie eine Wabe vor Ihre Softbox hängen. An der Vorderseite der Softbox befestigt, fokussieren diese Waben das Licht zu einem konzentrierten Strahl in Form der verwendeten Softbox. Viele Fotografen haben einen Narren an solchen Waben gefressen, und sobald Sie mal eine eingesetzt haben, werden Sie das Gefühl haben, nicht mehr ohne zu können. Sie bekommen Waben für Octas, Striplights und sogar Beauty-Dishes, die Ihr Licht auf sehr fokussierte und gerichtete Weise und ohne jede Streuung abstrahlen. Ihren Nachteil will ich allerdings auch nicht verschweigen: Sie als »nicht billig« zu bezeichnen ist noch freundlich ausgedrückt. Häufig sind sie sogar teurer als die Softboxen, auf denen sie montiert werden. Aber wenn Sie Ihre Aufnahmen wirklich spektakulär gestalten möchten und stark fokussiertes Licht benötigen, kommen Sie daran nicht vorbei.

Starke Fokussierung durch Metallwaben

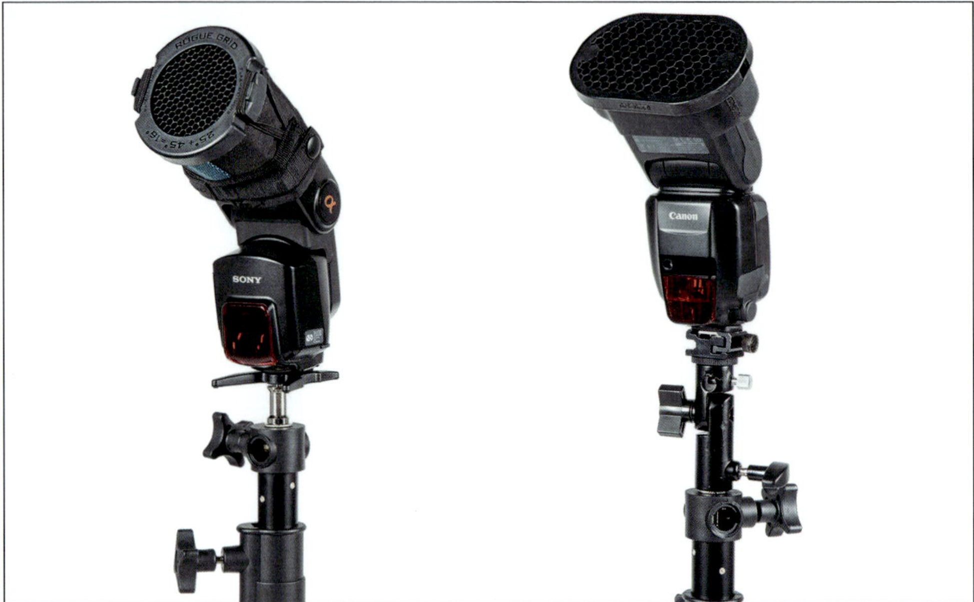

Meine Wabenaufsätze setze ich ein, wenn ich mein Blitzlicht streuungsfrei bündeln möchte, es aber trotzdem immer noch weich und ansprechend aussehen soll. Wenn ich aber beispielsweise Sportlerporträts mache, dann brauche ich hartes und kantiges (und eben nicht schmeichelndes) Licht. In diesem Fall setze ich auf einen nackten Blitz mit davor montierter Metallwabe (ohne Softbox). Der Effekt ähnelt einem Spotlighteffekt im Theater. Ich empfehle zwei Unternehmen, die solche Waben herstellen. Die eine Firma heißt Rogue, und sie ist bei professionellen Blitznutzern sehr beliebt. Rogue stellt eine ganze Reihe von Blitzzubehörteilen her, und dazu gehören auch Metallwaben. Die Rogue-Waben (oben links gezeigt) funktionieren wie folgt: Sie stülpen eine kurze schwarze Hülle über die Ränder Ihres Blitzkopfs und befestigen dann die kleine Wabe am oberen Ende. Mehr brauchen Sie nicht zu tun, um stark gebündeltes Licht mit sehr wenig Streuung zu erhalten. Das Rogue 3-in-1 Flash Grid Starter-Kit enthält zwei verschiedene Waben: eine mit einem stärker und eine andere mit einem weniger stark fokussierten Strahl, wobei Sie durch Übereinandersetzen der beiden Waben ein drittes Setup mit superstarker Bündelung schaffen können. Hinzu kommen drei Filterfolien für verschiedene Farbeffekte. Alles zusammen kostet etwa 50 €. Das andere Unternehmen, das nette Wabensets produziert, heißt MagMod. Dort nutzt man einen anderen Ansatz (oben rechts gezeigt) mit einer Gummimanschette, die über das Ende des Blitzes gezogen wird, und einem cleveren Magnetsystem: Sie legen die Wabe darauf, und der Magnet hält sie an Ort und Stelle. Das funktioniert super, und die Fertigungsqualität ist auch erste Sahne. Die MagMod-Kits starten bei 100 €. Meine Meinung: Das MagMod ist besser verarbeitet, aber hier erhalten Sie nur eine Wabe, während es beim Rogue zwei Waben (mit drei Nutzungsvarianten) und ein paar Filterfolien sind.

Das Licht mit einem Schirm abschwächen (funktioniert, aber ich rate ab)

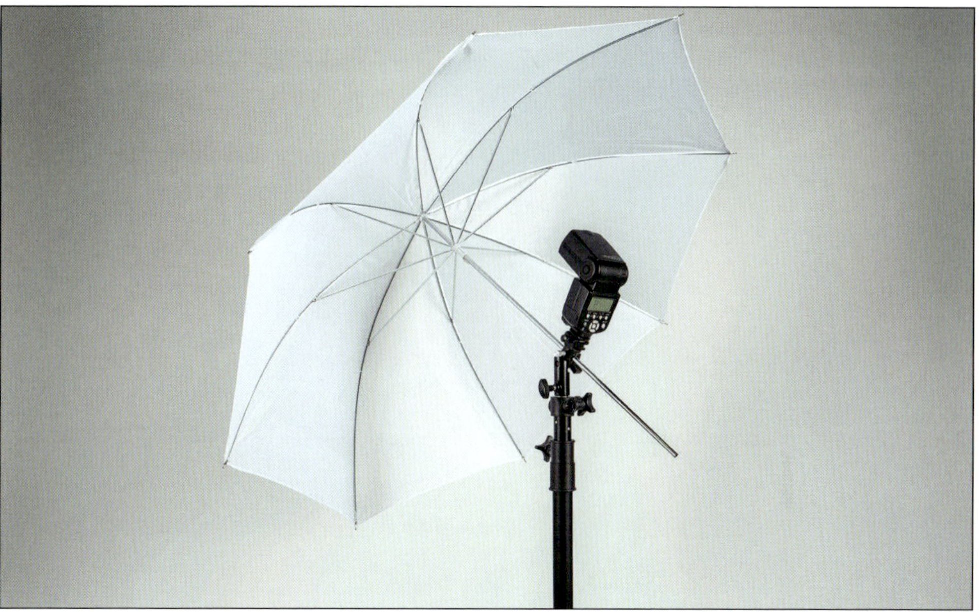

Es gab mal eine Zeit, als der Einsatz eines Schirms als »Weichmacher« fürs Blitzlicht durchaus eine akzeptable Option war, denn damals gab es nur wenige Softboxen für den Blitzschuh, und die waren entweder teuer, unhandlich, schwierig zu transportieren oder alles zusammen. Der Grund dafür, dass ich kein Freund von Schirmen bin, ist, dass die Lichtregelung hiermit deutlich komplizierter ist, denn das Licht streut überallhin. Zwar ist so ein Schirm wirklich spottbillig (Sie sind bei Walimex schon ab 20 € dabei), aber toll sind sie nun wirklich nicht. Dazu Folgendes: Wenn Sie gegenwärtig noch gar nichts verwenden, um Ihr Blitzlicht zu streuen, und etwa den Schirm von Walimex bestellt haben, dann sind das wahrscheinlich die am besten angelegten 20 € des Jahres, denn damit sehen Ihre Aufnahmen wirklich drastisch besser aus. Aber, auch wenn so ein Schirm superleicht, klappbar, einfach einzurichten und benutzerfreundlich ist und nicht mehr kostet als zwei Monate Netflix, würde ich einem Freund den Einsatz nicht empfehlen. Ich würde es einfach nicht tun. Denn ich möchte, dass meine Freunde erfolgreich sind, und um ihre Chancen auf Erfolg zu erhöhen, würde ich ihnen eher eine kleine Softbox empfehlen, die unkompliziert in der Handhabung ist und eine einfachere Lichtlenkung gestattet.

TIPP

WIE MAN EINEN BLITZ IN EINEM SCHIRM ANORDNET

Damit der Blitz einen möglichst großen Teil des Schirms ausfüllt, positionieren Sie ihn möglichst weit weg von der Schirmstange, d. h. der Abstand zwischen Schirm und Blitz muss möglichst groß sein. So ist Platz vorhanden, damit das Licht sich ausbreiten kann und die Konzentration in der Mitte reduziert wird.

Großes und schönes Licht mit großen Softboxen

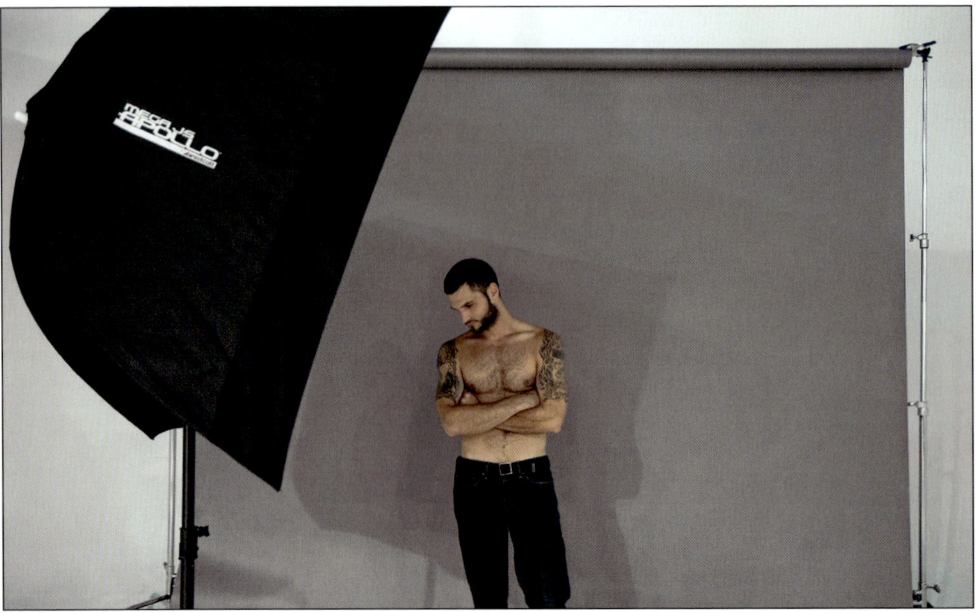

Wenn Sie wirklich großes und schönes Licht brauchen – etwa für superweiche und elegante Porträts oder zur Beleuchtung von Modestrecken oder Gruppen, dann benötigen Sie eine wirklich große Softbox. Und je größer die ist, desto weicher, umhüllender und schöner ist das Licht. In Situationen wie den genannten entscheide ich mich für die Westcott Apollo JS Softbox mit versenkter Vorderseite und einer Kantenlänge von 127 cm. Die heißt »Softbox«, sieht so aus und verhält sich auch so, aber in Wirklichkeit ist das ein ausgesprochen pfiffig designter Schirm, der nach dem Öffnen nicht die Form eines Schirms, sondern die einer riesigen Softbox annimmt. Ihr Blitz wird dann tatsächlich durch eine Öffnung im Boden mit Reißverschluss in dieser Softbox montiert – und zwar vom Motiv abgewandt, damit das Licht noch weicher wird. Das Licht Ihres Blitzes trifft dann auf die silberfarbenen Innenseiten der Softbox, prallt von dort zurück und fällt sanft und weich auf Ihr Modell – wie Tautropfen auf einem Grashalm an einem Frühlingsmorgen ... (okay, Kopfkino aus, Shooting beginnen). Und obwohl diese Box so groß und so toll ist, liegt der Preis bei immer noch recht preiswerten 260 €. Nachteile? Nun, anders als die Rapid Box-Modelle, bei denen Sie uneingeschränkten Zugriff auf den Blitz haben (weil er sich hinter der Softbox befindet), ist der Blitz hier im Innern der Box angeordnet. Wenn Sie also etwas am Blitz ändern müssen (beispielsweise Akkus wechseln oder eine Einstellung ändern, die über den Funkcontroller nicht zugänglich ist), dann müssen Sie entweder die vorderseitige Stoffbahn entfernen (die unkomplizierter Weise nur mit Klettband befestigt ist), um hineingreifen zu können, oder Sie öffnen einen der seitlichen Reißverschlüsse, was allerdings einen ziemlichen Blindflug bedeutet. Der einfache Zugang bei laufender Session ist also nicht die starke Seite dieser Softbox.

Der wahre Jakob für kleines Geld

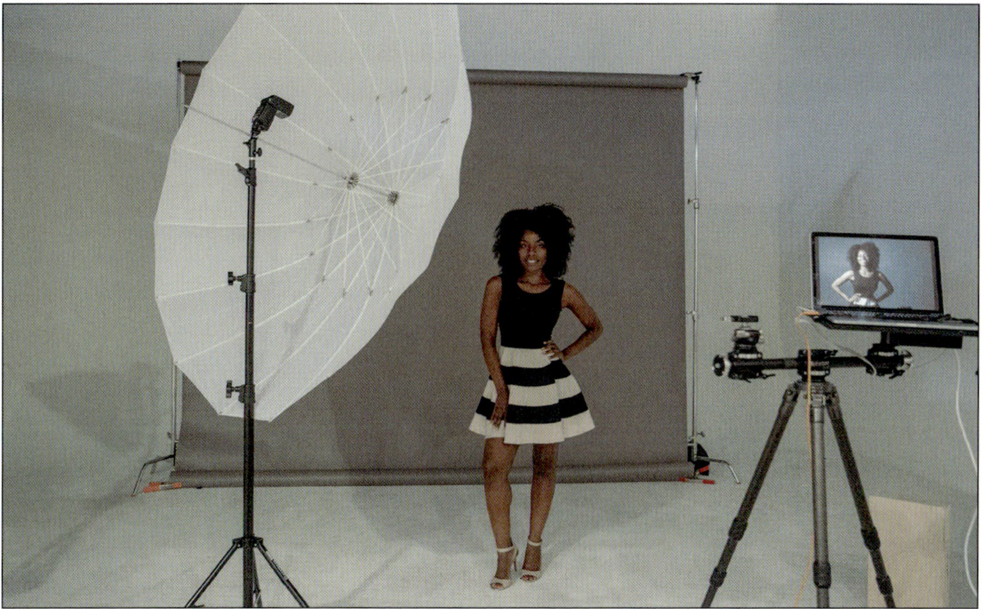

Angenommen, Sie brauchen einen wirklich großen Diffusor für extrem sanftes und umhüllendes Licht, haben aber eigentlich gar kein Geld. In diesem Fall sollten Sie die Anschaffung eines Westcott-Parabolschirms mit einem Durchmesser von 213 cm in Betracht ziehen. Der ist riesig, kostet aber nur etwas über 100 € und lässt sich wie ein Schirm zusammenfalten, weil ... nun, es ist halt ein Schirm. Aufgestellt ist er in etwa 30 Sekunden: Sie öffnen den Schirm und schieben ihn in eine neigbare Klemme (die nicht im Lieferumfang enthalten ist, weswegen Sie – etwa für ein Modell von Walimex – zusätzlich knapp 40 € budgetieren müssen). Das ganze Arrangement landet dann auf einem Stativ (noch mal 50 € dazu), und schon kann's losgehen. »Aber Scott, haben Sie denn nicht vor ein paar Seiten geschrieben, dass Sie von Schirmen abraten?« Nun, im Allgemeinen empfehle ich sie nicht. Ich persönlich bevorzuge eine bessere Kontrolle über meine Blitze, und deswegen rate ich stattdessen zu Softboxen. Wenn ich 200 € übrig hätte, würde ich sie immer noch eher für die 66-cm-Version der Rapid Box Octa ausgeben, sofern (und dieses »sofern« ist zweimal dick unterstrichen) ich nicht gerade eine Modestrecke fotografiere, bei der mein Modell von Kopf bis Fuß ausgeleuchtet sein muss, oder ich kleine Gruppen aufnehme. In diesem Fall nämlich bräuchte ich etwas sehr viel Größeres als eine 66-cm-Softbox, und dieser gigantische Schirm mit mehr als zwei Meter Durchmesser wäre da genau das Richtige. Übrigens: Wenn Sie sich für diesen Ansatz entscheiden, dann nehmen Sie die Durchlichtvariante. Damit blitzen Sie nämlich direkt durch den Schirm auf Ihr Modell. Das ist nicht so komplex wie das reguläre Verfahren, bei dem Sie den Blitz auf die Innenseite des Schirms richten, der von Ihrem Modell abgewandt ist. Das wäre nämlich, ich erwähnte es schon, das Blitzäquivalent zur »Mutter aller Bomben«.

Schnelles Setup für Gesichtsporträts

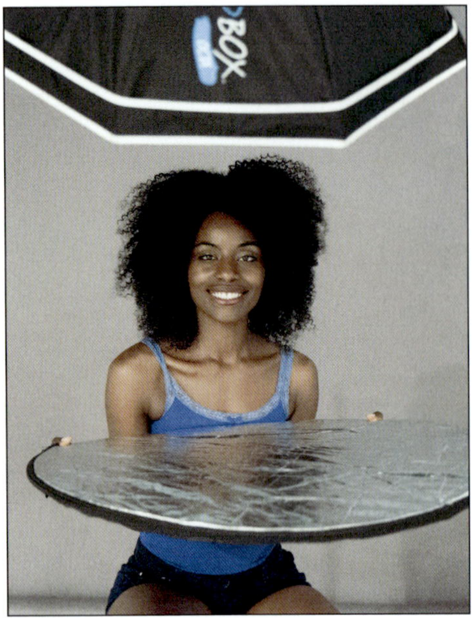

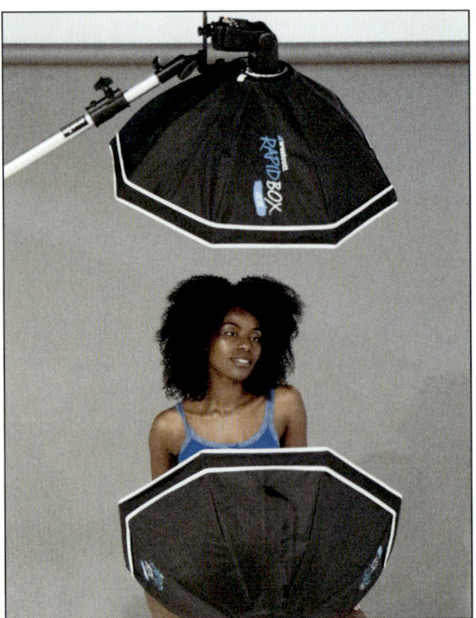

Wenn Sie Business- oder Stilporträts machen möchten, können Sie die Rapid Box Octa (66 cm) oder irgendeine andere kleine Softbox für den Hauptblitz verwenden, um Ihr Modell auszuleuchten. Sie platzieren die Softbox dazu direkt vor dem Modell und richten Sie im 45°-Winkel nach unten (zu diesem Zweck muss sie natürlich an einem Galgenständer montiert werden, denn andernfalls stünde ein Stativ buchstäblich im Zentrum Ihrer Aufnahmen). Geben Sie Ihrem Modell dann einen Reflektor in die Hand, den es auf Brusthöhe halten soll (siehe Abbildung oben links), um die Schatten unter den Augen und am Hals zu kaschieren. Das wirkt Wunder! Ich lasse mein Modell den Reflektor so weit anheben, bis ich die Kante des Rahmens sehen kann; dann wird der Reflektor ganz langsam abgesenkt, bis er vollständig aus dem Bild verschwunden ist. Das ist wohl der »Sweet Spot«. Natürlich kann auch ein Freund den Reflektor halten, oder Sie können ein Lichtstativ mit speziellen Klemmen kaufen (ich habe mich für einen klappbaren Teleskophalter von Impact zum Kurs von ca. 90 € entschieden). Übrigens: Wenn nur ein bisschen Licht auf Ihr Modell reflektiert werden soll, dann sorgen Sie dafür, dass die weiße Seite des Reflektors nach oben weist. Ich selbst bevorzuge in der Regel die silberne Seite, die mehr Licht reflektiert und die schattigen Bereiche so besser ausfüllt. Um diesen Ansatz auf die Spitze zu treiben, können Sie anstelle eines Reflektors auch einfach einen zweiten Blitz mit einer weiteren Rapid Box Octa (66 cm) wie oben rechts gezeigt im Winkel von 45° vor dem Modell anordnen. Dann können Sie die von unten kommende Lichtmenge genau dosieren. Wenn Sie über zwei Blitze verfügen, empfehle ich Ihnen dieses Vorgehen. Achten Sie aber darauf, dass die Helligkeitseinstellung beim oberen Blitz um 2/3 bis 1/3 höher ist als beim unteren (sonst sieht das Resultat schlimm aus).

Die beste Position für Ihren Blitz

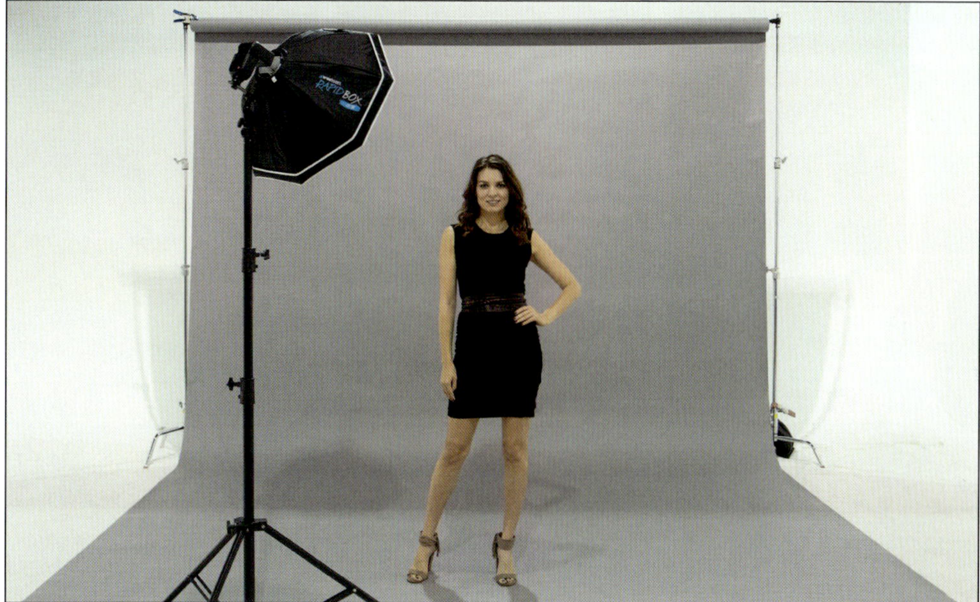

Bei Porträts ist die beste Position für Ihren Blitz etwa in einem 45°-Winkel zu Ihrem Modell. Das liegt daran, dass das Licht hierbei einerseits dem Modell schmeichelt, andererseits aber ein paar weiche Schatten entstehen, die Tiefe und Räumlichkeit schaffen (zumindest, wenn Sie das Licht mit einer Softbox beliebiger Art abschwächen). Veranschaulichen Sie sich diese Position wie folgt: Wenn Ihr Modell in der Mitte eines gedachten Ziffernblatts einer Uhr steht und Sie sich vor ihm in der 12-Uhr-Position befinden, dann stellen Sie Ihren Blitz etwa auf halber Strecke zwischen der 1-Uhr- und der 2-Uhr-Position auf (bzw. bei Beleuchtung von der anderen Seite auf halber Strecke zwischen der 10-Uhr- und der 11-Uhr-Position). Natürlich wird bei einer solchen Anordnung die eine Seite des Gesichts voll ausgeleuchtet, während in der anderen ein paar Schatten auftreten, aber genau das wollen wir ja, und deswegen ist das kein Problem (mehr hierzu auf der nächsten Seite).

So bekommen Sie mehr Schatten (oder auch weniger)

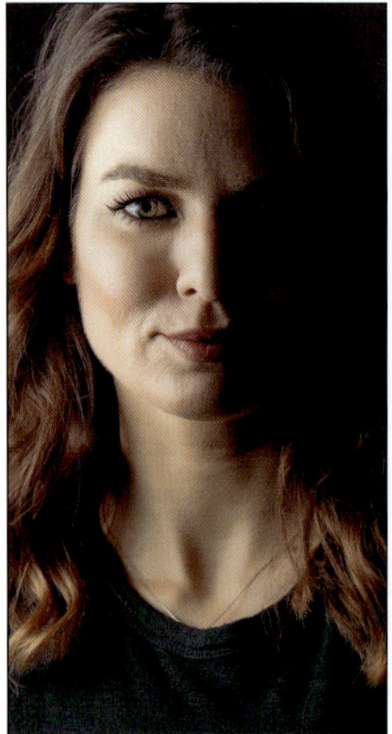

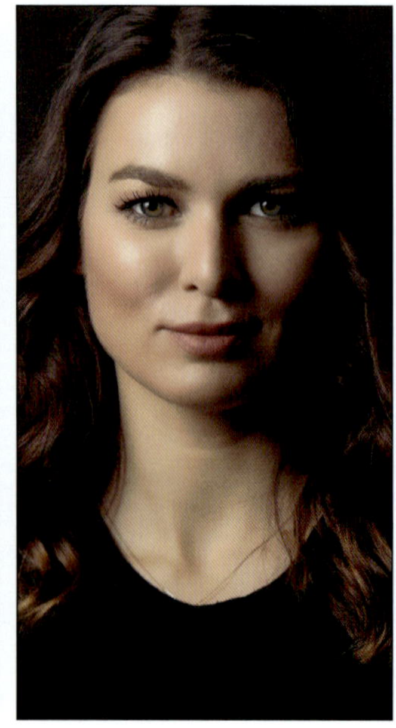

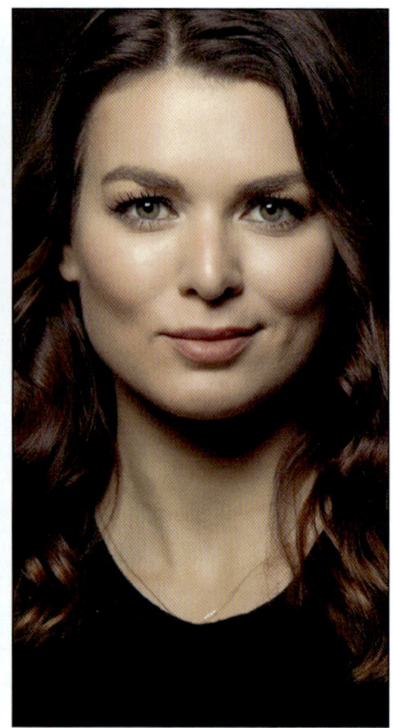

Jetzt geht der Spaß erst richtig los. Wenn Sie nämlich Ihren Blitz im 45°-Winkel zu Ihrem Modell aufgestellt haben, können Sie ihn entweder dort stehen lassen, oder Sie können die Position ändern, damit das Bild entweder dramatischer wirkt, wenn das Gesicht stärker im Schatten liegt, oder durch weniger Schatten heller und flacher aussieht. Hierzu wird der Blitz in einem Kreisbogen vor dem Modell bewegt. Ein Beispiel: Wenn Sie Ihren Blitz direkt neben dem Modell aufstellen – also in der 3-Uhr-Position –, dann erfolgt die Ausleuchtung von der Seite, d. h. die eine Gesichtshälfte (nämlich die dem Blitz zugewandte) liegt im Licht und die andere vollständig im Schatten. Wenn Sie den Blitz nun auf diesem Kreisbogen (der – wie gesagt – das Ziffernblatt einer Uhr imitiert) weiterbewegen, gelangen Sie zur 2-Uhr-Position. Dort fällt bereits ein wenig Licht auf die andere Gesichtshälfte, vor allem auf die Wange. Das ist eine wirklich ansprechende und spektakuläre Ausleuchtung, die gern bei Hollywood-Filmplakaten verwendet wird. Bewegen Sie den Blitz nun weiter auf dem Kreisbogen, dann passieren Sie den 45°-Winkel, d. h. jene Position zwischen 1 Uhr und 2 Uhr, auf der einerseits genügend Licht auf die zweite Gesichtshälfte fällt, andererseits aber auch noch Schatten vorhanden sind – etwa neben der Nase und im hinteren Teil der entfernten Gesichtshälfte (das ist die Ausleuchtung, wie ich sie auf der vorhergehenden Seite beschrieben habe). Wenn Sie den Blitz nun weiter auf dem Bogen bewegen, werden die Schatten umso weniger, je näher er der Kameraposition kommt. Erreicht er die 12-Uhr-Position, ist er also direkt vor/hinter/über der Kamera angeordnet, dann ist eigentlich nur noch unterhalb des Kinns ein bisschen Schatten vorhanden. Die Auswahl der passenden »Schattenmenge« ist eine Frage des persönlichen Geschmacks, aber jetzt wissen Sie zumindest, wie Sie dies steuern können.

Noch weicheres Licht durch »Feathern«

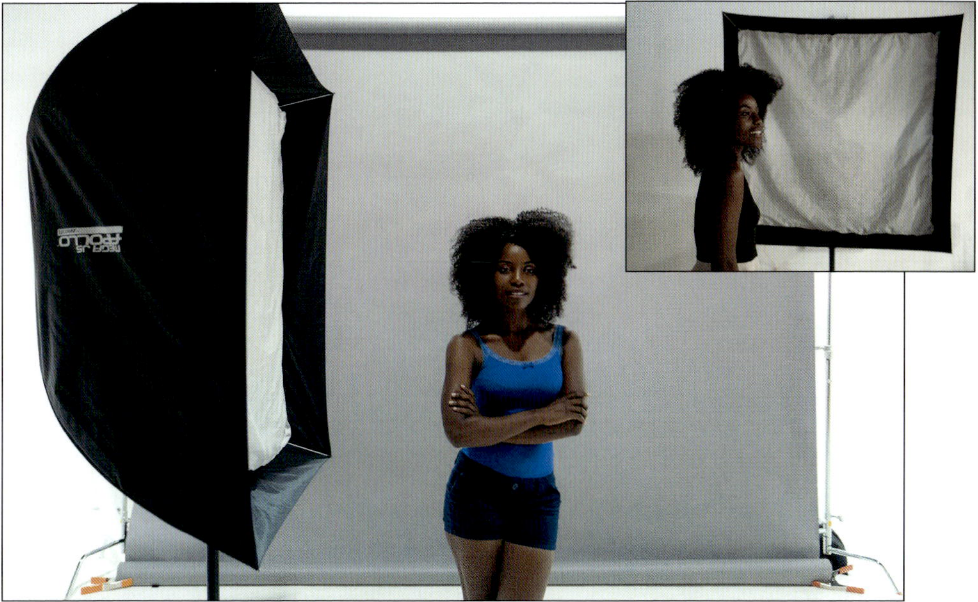

Wenn Sie eine Softbox vor Ihren Blitz setzen, ist Ihr Blitz bezogen auf die Box normalerweise mittig angeordnet. Insofern liegt es nahe, dass das Licht in der Mitte Ihrer Softbox am hellsten ist; wandern Sie in Richtung Rand, dann wird die Streuung des Lichts stärker. Lassen Sie sich das noch mal einen Moment lang durch den Kopf gehen: Der hellste Bereich – der »Hot Spot« – befindet sich in der Mitte, und nach außen hin nimmt die Lichtstärke ab, und das Licht wird weicher. Ja. Erkennen Sie, worauf ich hinauswill? Wenn das Licht an den Rändern weicher ist, können wir uns dies zunutze machen, um noch weicheres Licht zu bekommen, indem wir unsere Softbox nämlich nicht direkt auf unser Modell richten (denn dadurch entsteht, wie wir wissen, grelleres Licht). Ich stelle mein Modell vielmehr so auf, dass es vom Licht aus dem hinteren Teil der Softbox getroffen wird, und das mache ich natürlich mit einer wirklich großen Softbox wie der Mega JS Apollo (127 cm) statt mit einer kleinen. Denn wenn ich eine richtig große Softbox habe, dann doch vor allem, weil ich wirklich sanftes Licht machen will. Und jetzt kann ich das noch sanfter machen - so sanft wie eine Feder (deshalb nennt man diese Technik auch »feathern«). Natürlich hat die ganze Sache auch eine Kehrseite: Das Licht an den Rändern der Softbox ist weicher und weniger hell als in der Mitte, weswegen Sie die Blitzleistung zur Kompensierung ein wenig hochregeln müssen.

Wie hoch muss der Blitz stehen?

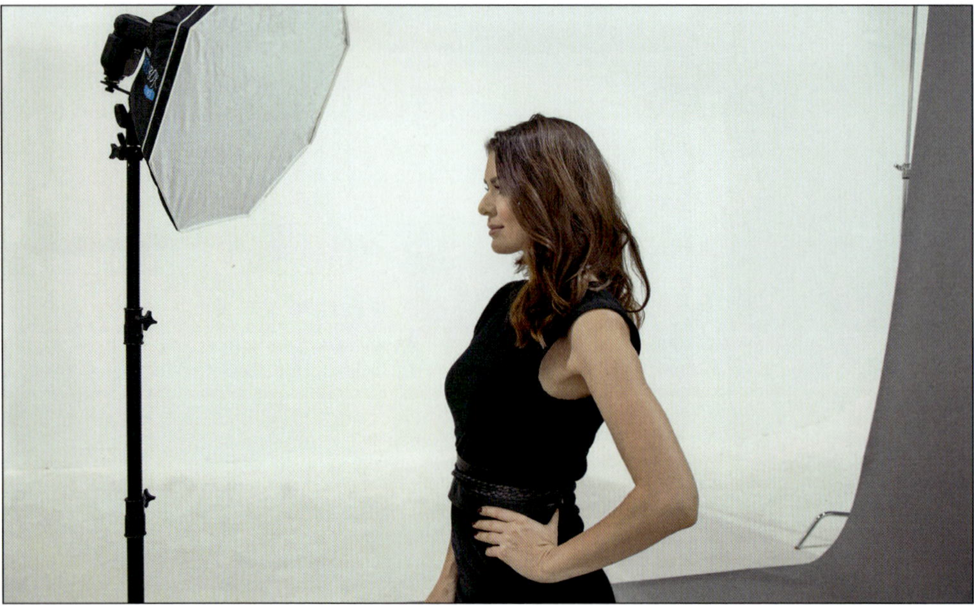

Unser Ziel ist die Simulation natürlichen Lichts, und natürliches Licht kommt vom Himmel. Sie sollten Ihren Blitz also möglichst oberhalb des Kopfs Ihres Modells anordnen und angewinkelt herableuchten lassen. Ein geeigneter Ausgangspunkt ist ein Leuchtwinkel von ca. 45°. Das war jetzt aber echt einfach, oder?

TIPP

WEICHES LICHT HÄNGT VON ZWEIERLEI AB

Erstens: von den physischen Abmessungen der Softbox (je größer, desto weicher). Zweitens: vom Abstand der Softbox zu Ihrem Modell (je näher, desto weicher). Wobei »Zweitens« im Grunde genommen eine Fortschreibung von »Erstens« ist, denn wenn Sie die Softbox näher an Ihr Modell heranstellen, nimmt ihre relative Größe bezogen auf das Modell zu.

Wie nah muss die Softbox stehen?

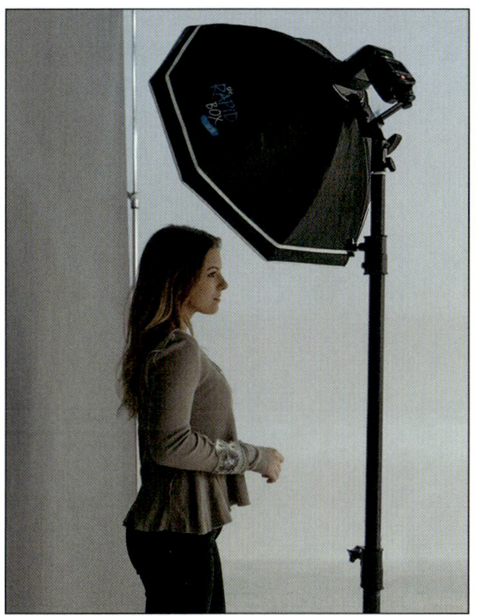

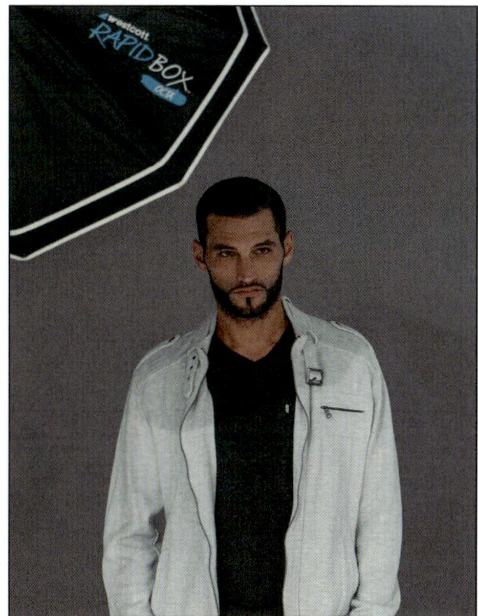

Das ist ganz simpel: Je näher sich die Softbox am Modell befindet, desto weicher wird das Licht. Wenn ich also richtig weiches Licht will, dann stelle ich die Softbox so nah wie möglich beim Modell auf, so dass sie gerade eben nicht im Bild erscheint. Natürlich wird das Licht auch heller, wenn Sie die Softbox näher an das Modell heranschieben. Deswegen müssen Sie, wenn Sie den Abstand extrem verkürzen, auch die Blitzleistung zurücknehmen, sonst wird es zu grell. Brauche ich hingegen härteres und kantenbetonendes Licht (das häufig bei Herrenporträts gefragt ist), dann schiebe ich die Softbox weiter nach hinten. Simpel, nicht wahr?

TIPP

WIE WEIT SOLL MAN VOM MODELL ENTFERNT STEHEN?

Wenn Sie nicht gerade indirekt blitzen, dann können Sie mit Ihrer Kamera auch hundert Meter vom Modell entfernt stehen. Denn wichtig ist nicht, wie weit Sie, sondern wie weit Ihr Blitz vom Modell entfernt ist (siehe oben).

Schlankheitskur per Blitzlicht

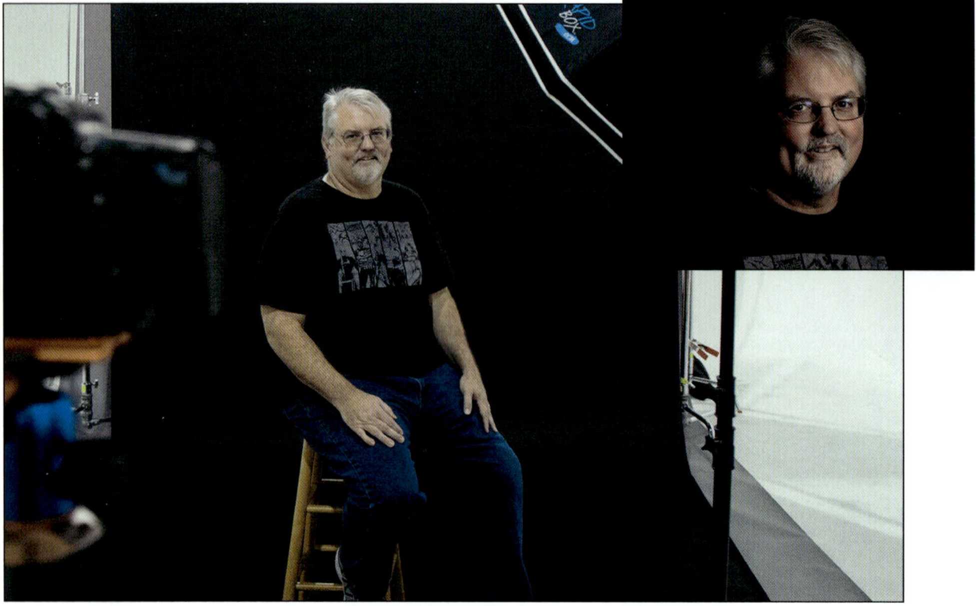

Es gibt einen Blitztrick, den wir verwenden, wenn unser Modell ein breites oder rundliches Gesicht hat. Mit diesem so genannten »kurzen Licht« können wir das Gesicht nämlich schmaler machen und etwas in die Länge ziehen. Der Trick ist seit langem bekannt, deswegen betreten wir bei dieser Technik kein Neuland, aber es spricht etwas für ihn: Er funktioniert! Gehen Sie dabei wie folgt vor: Stellen Sie Ihr Modell zunächst im 45°-Winkel auf, sodass es nicht in die Kamera blickt. Die Schultern sollten herunterhängen und nicht hochgezogen werden. Bereits diese Maßnahmen lassen die meisten Modelle deutlich hübscher aussehen. Ihren Blitz lassen Sie wie üblich im 45°-Winkel stehen. Der eigentliche Kniff besteht bei dieser Technik aber darin, zu wissen, wie Sie Ihr Modell für das kurze Licht drehen müssen. Das ist ganz einfach: Der Körper muss in einem bestimmten Winkel zur Lichtquelle stehen. Nehmen wir also an, Sie stellen Ihre Softbox von der Kameraposition gesehen rechts von sich auf. Dann drehen Sie das Modell in Richtung der Lichtquelle. Die hintere Schulter ist dabei am weitesten von Ihnen entfernt. Und schon ist alles fertig für das kurze Licht. Ein Blick auf die fertige Aufnahme zeigt viele Schatten und ein wenig Licht auf der der Kamera zugewandten Wange, dann die Nase und schließlich die von der Kamera abgewandte helle Gesichtshälfte.

Indirektes Blitzen als Lebensretter

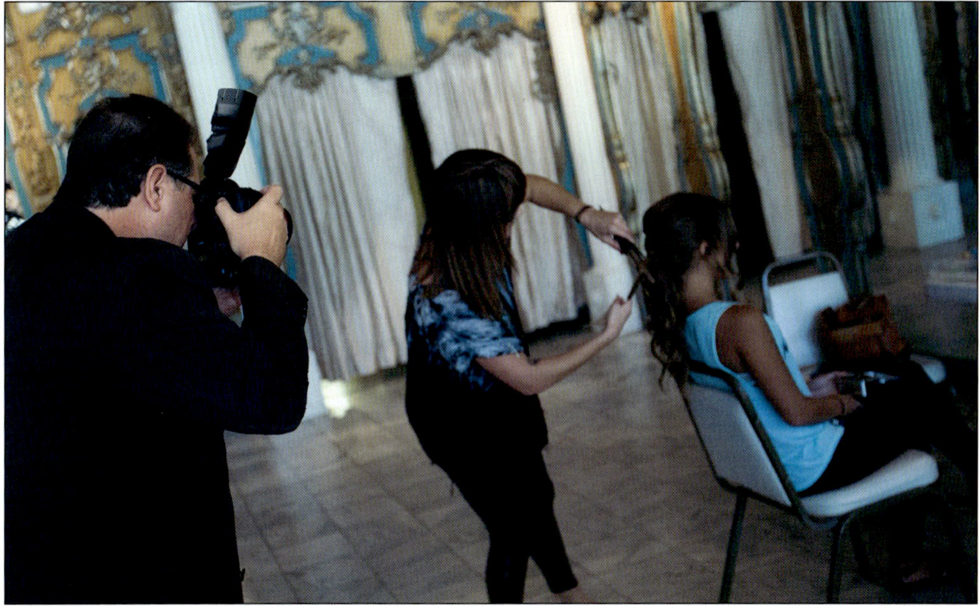

Auch in Situationen, in denen Sie keine Softbox verwenden können oder dies einfach unpraktisch wäre – beispielsweise bei einer Veranstaltung oder (bei einer Hochzeit) im Ankleideraum der Braut –, können Sie Ihr Blitzlicht streuen und sanfter machen. Hierzu nutzen Sie die Technik des indirekten Blitzens. Wenn Sie es richtig machen, funktioniert das überraschend gut (klar, nicht so gut wie mit einer Softbox, aber auf jeden Fall besser und mit ansprechenderen Ergebnissen als direktes Blitzen). Im Wesentlichen geht es darum, den Blitz im 45°-Winkel nach oben zu richten. Das Licht trifft dann auf die Decke, es wird gestreut und weicher und wird schließlich von der Decke im selben Winkel auf Ihr Modell reflektiert. (Denken Sie an den Spielball beim Billard, der so gestoßen wird, dass er in einem bestimmten Winkel von der Bande zurückgeworfen wird, um eine andere Kugel zu treffen.) Damit das indirekte Blitzen richtig funktioniert, benötigen Sie zweierlei: Sie brauchen zunächst eine Zimmerdecke, von der das Blitzlicht reflektiert werden kann. Diese darf natürlich nicht zu hoch sein: In einem Ballsaal mit einer Deckenhöhe von 15 Metern funktioniert das Ganze nicht. Die Decke sollte sehr viel niedriger sein, auch wenn ich schon Fotografen dabei beobachtet habe, wie sie die Blitzleistung bis an den Anschlag hochregeln und so auch höhere Decken nutzen. (Zur Erinnerung: Wenn Sie immer nur mit Vollleistung blitzen, sollten Sie stets genügend Ersatzakkus dabeihaben.) Der zweite wichtige Faktor: Die Decke muss weiß sein, zumindest aber eine neutrale Farbe aufweisen. Das ist wesentlich, weil das Licht die Farbe der Fläche annimmt, auf die sie auftrifft. Wenn Sie also Fotos in einem Empfangsraum mit roter Decke machen, dann ist das zurückgeworfene Licht rötlich. Ist die Decke blau, dann ist das reflektierte Licht blau. Und von einer schwarzen Decke wird Licht gar nicht erst zurückgeworfen.

Ein zweiter Blitz

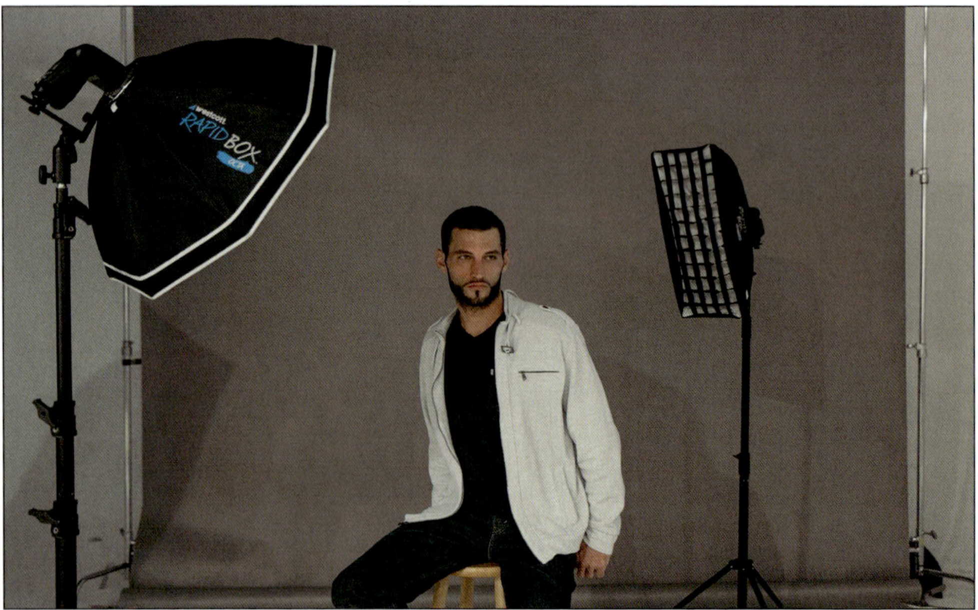

Wenn Sie den Eindruck haben, einen zweiten Blitz hinzufügen zu müssen (etwa zur Ausleuchtung des Hintergrunds oder der Frisur oder als Spitzlicht zur Abhebung von einem dunklen Hintergrund), dann ist das eigentlich nicht schwierig. Aber Sie müssen dabei einen Aspekt beachten, mit dem der Einsatz eines zweiten Blitzes steht und fällt. Sehen wir uns zunächst an, wie Sie den zweiten Blitz aufstellen: Erst einmal müssen Sie entscheiden, ob Sie diesen Blitz separat von Ihrem Hauptblitz regeln müssen (im Zweifelsfall ja). In diesem Fall sollten Sie ihn einer eigenen Gruppe zuweisen (wir haben das auf Seite 28 behandelt). Danach (also wenn Sie den zweiten Blitz etwa der Gruppe B zugeordnet haben) kommt der springende Punkt: Wenn Ihr Einsatz mehrerer Blitze von Erfolg gekrönt sein soll, müssen Sie alle Blitze nacheinander und einzeln platzieren und testen. Haben Sie also den Zweitblitz eingerichtet – bei mir wäre das wie erwähnt ein Striplight, und zwar entweder die kleine Westcott Rapid Box Strip (25 cm × 61 cm) oder die größere Westcott Apollo Strip (40 cm × 76 cm) –, dann schalten Sie den Hauptblitz *aus*, denn nur so können Sie sehen, was Ihr zweiter Blitz für sich genommen veranstaltet. Ist er hell genug? Ist er so ausgerichtet, dass es gut aussieht? Das zu entscheiden ist ungemein schwer, wenn beide Blitze gleichzeitig auslösen. Deswegen ist das Abschalten des ersten Blitzes Pflicht. Erst wenn Sie den zweiten Blitz perfekt eingestellt haben (Helligkeit, Winkel usw.), schalten Sie beide Blitze ein. Und dann kann's losgehen.

Professionellere Porträts mit Lichtabfall

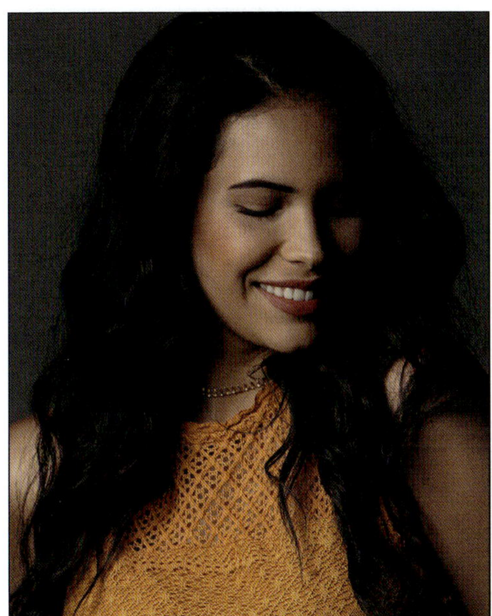

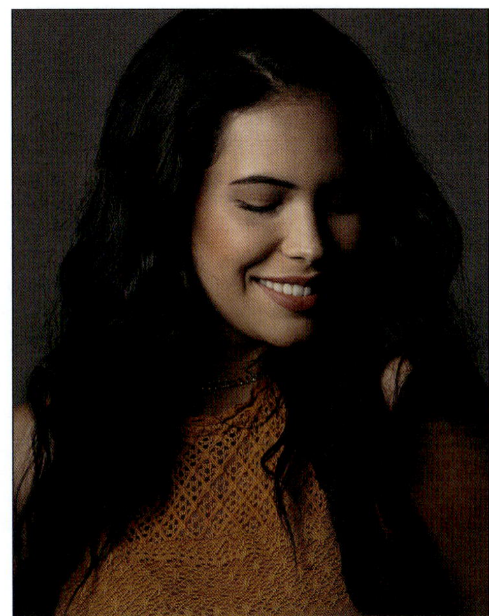

Wenn Sie nicht gerade Modestrecken fotografieren, wo die Kleider selbst die Hauptrolle spielen, ist es vor allem wichtig, das Gesicht des Modells als hellsten Teil des Bildes herauszuarbeiten. Unser Blick fällt stets unvermittelt auf den hellsten Bereich eines Fotos, und deswegen ist diese Vorgabe so wichtig. Von dort aus sollte ein Lichtabfall (auch »Falloff« genannt) erfolgen, d. h. der Brustbereich sollte ein bisschen dunkler sein, Bauch und Hüften noch dunkler usw., bis der Rand des Blitzbereichs erreicht ist. Bei Aufnahmen vor Ort kann der Abfall zum umgebenden Raum- bzw. Sonnenlicht hin erfolgen, im Studio in Richtung Schwarz, falls das gewünscht ist. Das Wichtigste aber ist der Lichtabfall selbst. Es gibt für die Erzeugung eines Falloffs zwei Methoden. Die natürlichere besteht darin, Ihre Softbox sehr nah bei Ihrem Modell aufzustellen. (Die manuelle Vorgehensweise beschreiben wir auf der nächsten Seite.) Je geringer der Abstand zwischen Softbox und Modell ist, desto schneller fällt das Licht zu den Schatten hin ab. Sie können es sich so vorstellen: Wenn die Softbox sehr nah am Modell steht, dann erhalten Sie einen engen und hellen Lichteinfall direkt auf das Modell; bewegen Sie die Softbox hingegen weiter weg, dann deckt das Licht einen wesentlich größeren Bereich ab und fällt nicht so stark ab, sondern verteilt sich überallhin. Damit kennen Sie den Trick für einen schnellen Lichtabfall: gute Vorbereitung und ein geringer Abstand zum Modell.

Lichtabfall mit Flags künstlich herbeiführen

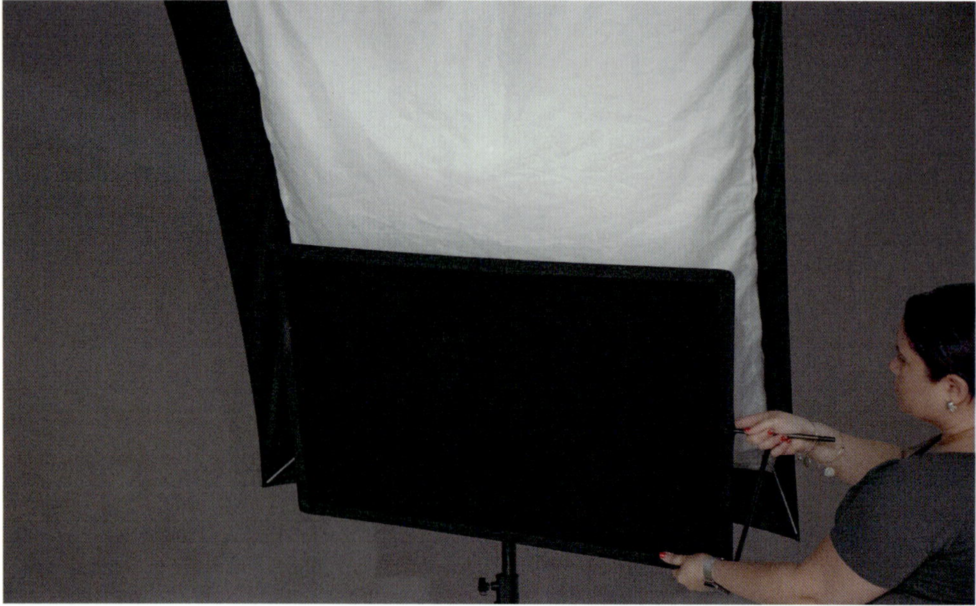

Der Lichtabfall lässt sich nicht nur auf natürliche Weise erzeugen (indem man nämlich die Lichtquelle möglichst nah an das Modell heranführt), sondern auch künstlich. Hierzu können Sie Flags so vor Ihren Softboxen platzieren, dass der untere Teil abgedeckt wird und deswegen ein Teil des Lichts nicht auf das Modell fällt. Möchten Sie also Kleidung oder Brustbereich nicht ausleuchten, dann ist dies eine Möglichkeit. Die hierfür verwendeten Maskierungskomponenten nennt man »Flags«. Flags finden Sie hierzulande nur im echten Fachhandel – Calumet etwa hat einige Modelle von Manfrotto im Programm, die dem oben gezeigten Modell von Matthew ähneln. In der gezeigten Größe kostet ein Manfrotto-Flag um die 75 € und saugt das Licht aus dem abgedeckten Teil der Softbox quasi rückstandsfrei auf. Also keine Panik, wenn Sie das untere Drittel oder sogar die untere Hälfte der Softbox abdecken möchten: Das funktioniert einwandfrei. Sie können das Flag auf einem Lichtstativ oder irgend einem anderen Ständer mit Schwerlastklemme befestigen und es auch verwenden, um z. B. Licht eines Blitzes hinter dem Modell, das in Ihre Kamera fällt, zu blockieren und auf diese Weise Blendenflecke zu vermeiden. Eigentlich sollte man Flags immer dabei haben. Wenn Sie Geld sparen möchten, reicht auch etwas schwarze Hartschaumplatte, die Sie normalerweise im Baumarkt oder im Bastelladen bekommen. Eigentlich würde sogar ein Bogen schwarzer Bastelkarton schon reichen, aber eine tiefschwarze Oberfläche wie bei einer Hartschaumplatte funktioniert in jedem Fall besser und erschwinglich ist diese Lösung auch.

Kantenlicht mit drei Blitzen

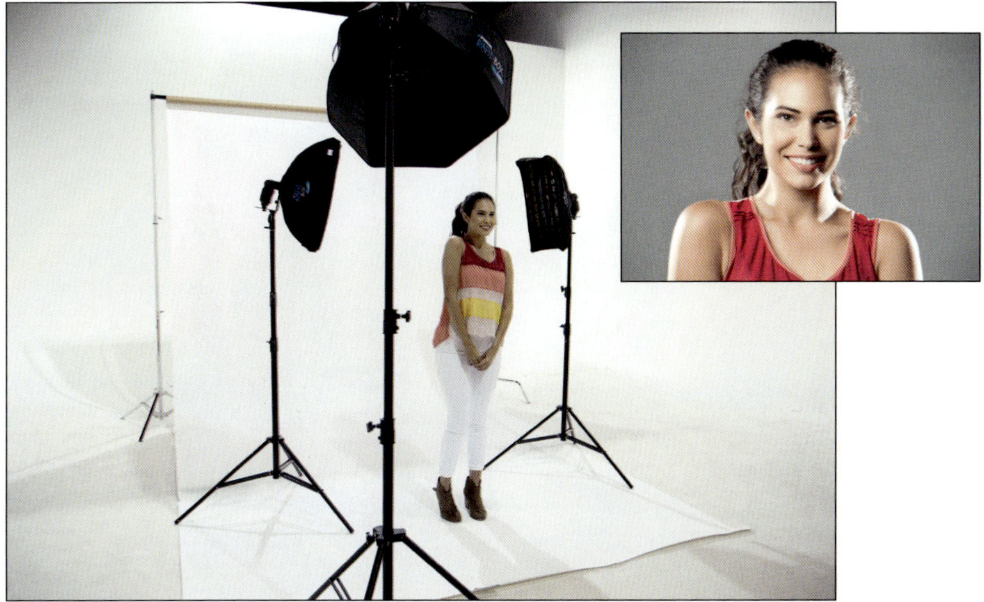

Dieser Aufbau ist heutzutage ziemlich beliebt, und man sieht ihn häufig bei Werbeporträts. Interessant ist hierbei die Tatsache, dass der Hauptblitz hinter dem Modell steht, während der vordere Sekundärblitz in erster Linie die Bereiche ausleuchtet, die der Hauptblitz nicht erreicht. Der Aufbau erfolgt so: 1. Stellen Sie je einen Blitz etwa im 45°-Winkel seitlich hinter dem Modell auf. Jeder dieser beiden Blitze leuchtet je eine Seite des Modells – Haare, Gesichtshälfte usw. – aus. Dabei entsteht ein Streiflicht, das sich den Körper hinab fortsetzt. Wählen Sie hier helles und druckvolles Licht, aber vermeiden Sie Blendenflecken (denn die Blitze strahlen ja zum Teil auch nach vorne ab). Bessere Ergebnisse erhalten Sie, wenn Sie entweder wie hier gezeigt Striplights mit Waben verwenden (siehe Seite 65) oder eine Rogue- oder MagMod-Wabe einsetzen (siehe Seite 66). Nun stellen Sie bei diesen beiden hinteren Blitzen eine hohe Blitzleistung ein, damit sie hell und kraftvoll daherkommen. Lassen Sie Ihren Blitz auf der Vorderseite zunächst einmal abgeschaltet, um sehen zu können, wie sich die rückwärtigen Lichter machen. Ordnen Sie sie so an, dass sie die jeweilige Gesichtshälfte Ihres Modells gerade eben beleuchten, aber kein Licht über Wangen oder Nase hinaus auf die andere Seite fällt. Ist dies der Fall, dann schieben Sie den betreffenden Blitz ein wenig nach hinten. 2. Wenn Sie mit der Aufstellung der hinteren Blitze zufrieden sind, können Sie sich an den Blitz auf der Vorderseite machen. Diesen können Sie entweder – natürlich mit einer Softbox versehen – im 45°-Winkel zum Modell aufstellen (siehe Abbildung) oder ihn frontal positionieren, wobei er dann deutlich erhöht aufzubauen ist und wiederum im 45°-Winkel nach unten leuchtet. Abschließend müssen Sie für Ihren vorderen Blitz im Vergleich zu den hinteren eine etwas niedrigere Leistung festlegen: Die hinter dem Modell angeordneten Hauptblitze müssen bei solchen Aufnahmen stets die hellsten Lichtquellen sein.

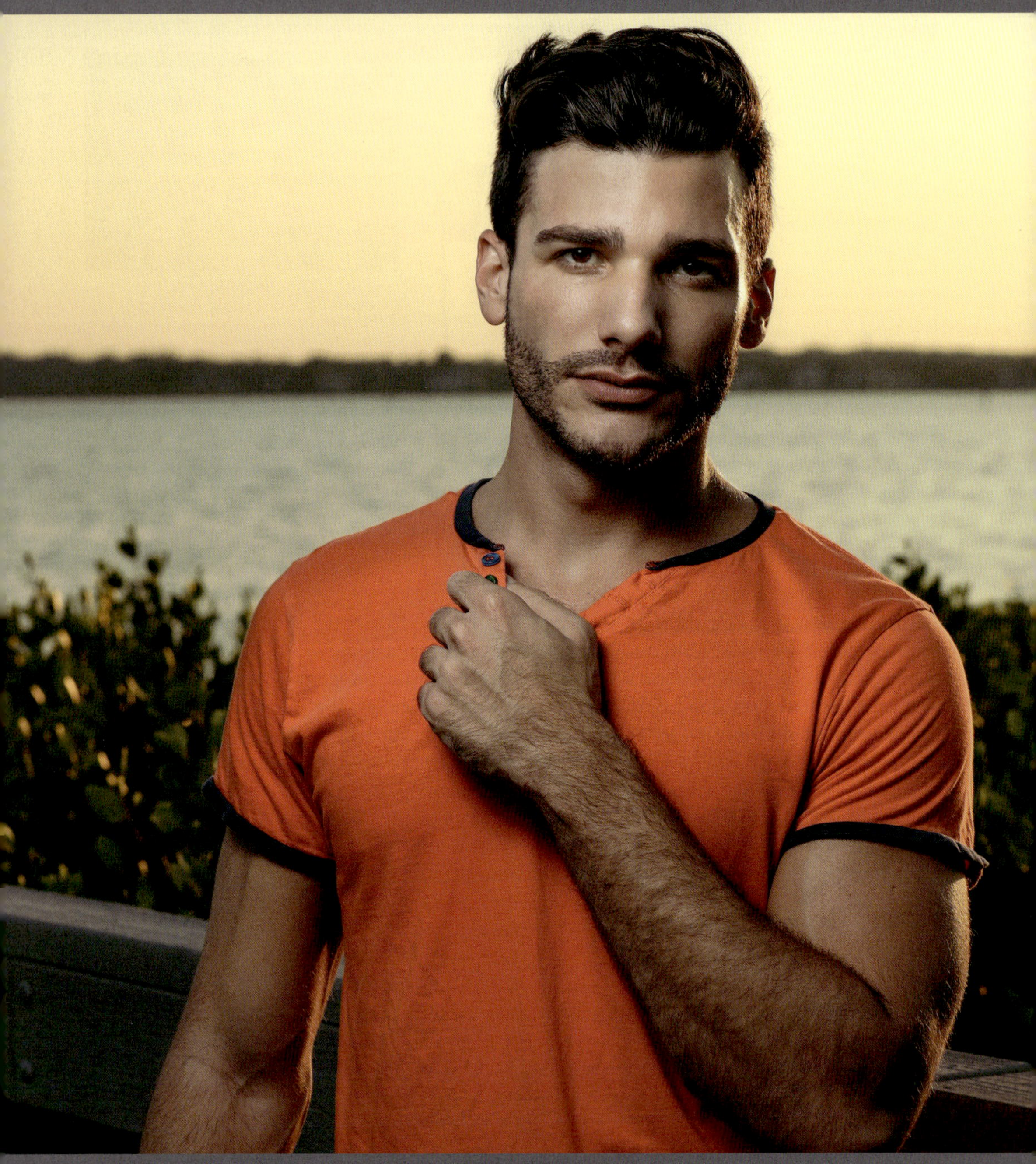

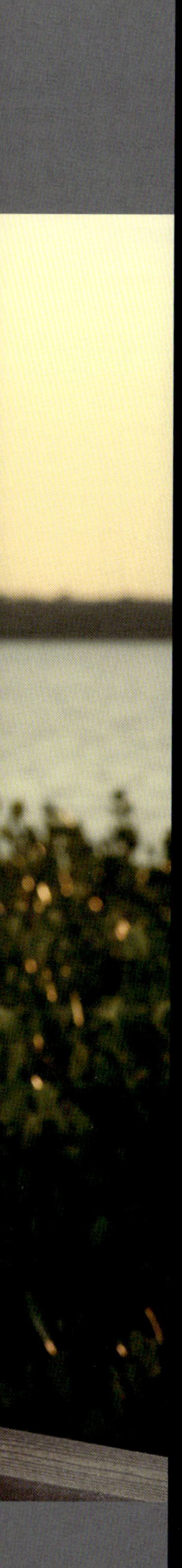

Kapitel 5
Blitzen on location

Was hier folgt, ist ganz schlimm. Vielleicht sollten Sie es überspringen ...

Also ist das, was in diesem Kapitel besprochen wird, wirklich so schlimm, dass Sie es überspringen sollten? Nein, natürlich nicht! Ich wende hier lediglich die alte Werbemaxime an, derzufolge man jemanden auffordern muss, etwas nicht zu tun, damit er genau dies tut. Wenn ich Ihnen also sage »Kaufen Sie keinesfalls mein Buch *Wie mache ich das in Lightroom?*« (erschienen bei dpunkt und erhältlich im gut sortierten Buchhandel), dann wird bei Ihnen eine große Menge Serotonin freigesetzt – ein Neurotransmitter und genau der Stoff, der bei erwachsenen Menschen dafür sorgt, dass sie den Song »Safety Dance« von Men Without Hats mögen, denn dafür kann es einfach keinen anderen Grund geben als eine unheilige Allianz dieser Chemikalie mit Thiaminmononitrat, das übrigens – hätten Sie's gewusst? – in US-amerikanischen Cerealien wie Cap'n Crunch enthalten ist. Okay, um es kurz zu machen: Der Grund dafür, dass ich Ihnen oben riet, dieses Kapitel nicht zu lesen, war natürlich der, dass ich sichergehen wollte, dass Sie genau dies tun, denn das hier ist ein bisschen komplexer als Innenaufnahmen, und wenn ich Sie da einfach so reinrennen ließe, würden Sie womöglich mittendrin das Weite suchen. Und psychologische Tricks wenden auch andere Autoren an, auch Hemingway oder Oscar Wilde, und da hat sich schließlich auch keiner beschwert. Allerdings muss ich zugeben, dass ich ein Fan von Oscar Wilde bin, seit er zusammen mit Oprah Winfrey ein Kochbuch geschrieben hat. Sein Beitrag war das Rezept einer heiß servierten und scharfen Glutensuppe mit Laktose und Geschmacksverstärker. Es hat mich schwer in den Fingern gejuckt, die noch mal auszuprobieren. Haben Sie aufgepasst? Ich schrieb »gejuckt« – wie bei einer Allergie! Ach, vergessen Sie's. Sie sind noch nicht weit genug für derlei Witze. Sehen Sie, ich hab's schon wieder getan!

Warum wir bei On-Location-Shootings Filterfolien vor unseren Blitzen brauchen

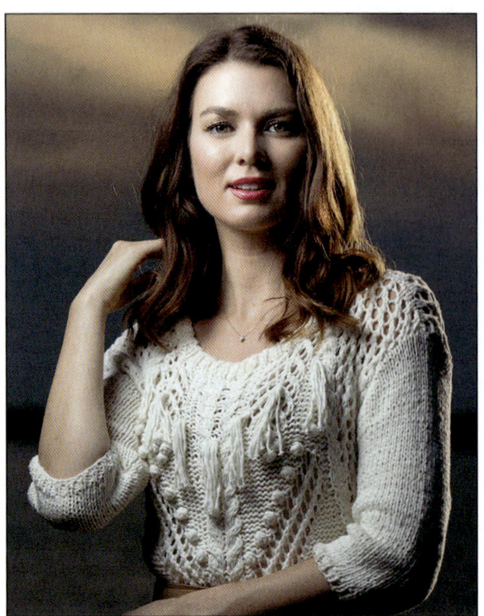

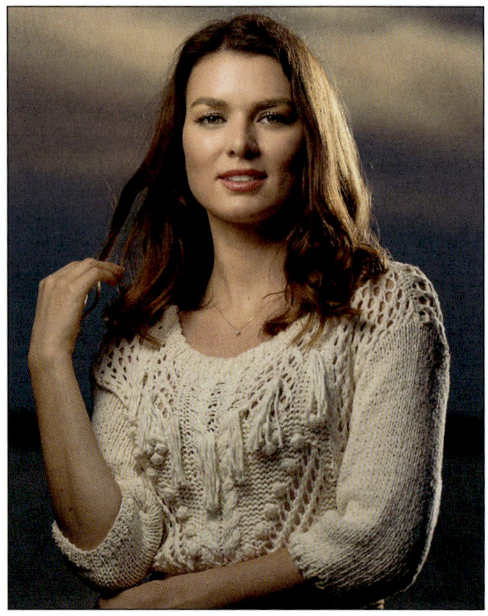

Wenn Menschen Bilder betrachten, die in einem Studio aufgenommen wurden, dann ist das Blitzlicht weiß, und wir sind bei Innenaufnahmen an diese Art von Licht so sehr gewöhnt, dass wir uns überhaupt keine Gedanken mehr darüber machen. Bei On-Location-Aufnahmen (und vor allem Außenaufnahmen) erwarten wir hingegen nicht, dass das Sonnenlicht weiß ist, sondern gehen von einem etwas wärmeren Ton aus, der ein wenig ins Orangefarbene spielt. Wenn wir bei in der freien Natur gemachten Aufnahmen weißes Licht sehen, erkennen wir: hier wurde beleuchtet. Dieses Problem beheben wir, indem wir ein passendes Stück dünner orangefarbener Filterfolie vor den Blitzkopf setzen (siehe Seite 86). Diese Filterfolie wird von allen coolen Kids, die sich für das Fotografieren (und Blitzen) begeistern können, als »CTO« bezeichnet. Diese Abkürzung steht für »Color Temperature Orange« (Farbtemperatur Orange) oder auch für »Chinesisches Tomatenomelette« (passt auch). Diese Folie macht das Blitzlicht wärmer und sorgt dafür, dass Ihr On-Location-Blitz natürlicher aussieht. Zudem wirken die abgebildeten Menschen gesünder und weniger verfroren, was zum positiven Eindruck beiträgt. Nun gut, also wie viel Folie müssen wir vor unseren Blitz setzen? Wir beginnen mit einer Stärke, die als 1/4-CTO bezeichnet wird. Wenn Sie mir also sagen würden, sie bräuchten »eine Viertel-CTO«, dann könnte ich dem entnehmen, dass Sie eine sehr helle orangefarbene Filterfolie benötigen. Es gibt in der Blitzszene eine Menge Profis, die beim Aufnehmen von Porträts die ganze Zeit eine 1/4-CTO vor Ihrem Blitz lassen – egal ob drinnen oder draußen –, denn sie wissen, dass die abgebildeten Personen auf diese Weise besser aussehen, und ein 1/4-CTO ist eine relativ helle Folie. Sie sorgt nicht dafür, dass das Licht tatsächlich orangefarben wirkt, sondern es sieht einfach ein bisschen wärmer als weiß aus – drinnen wie draußen.

So meistern Sie problematisches Raumlicht

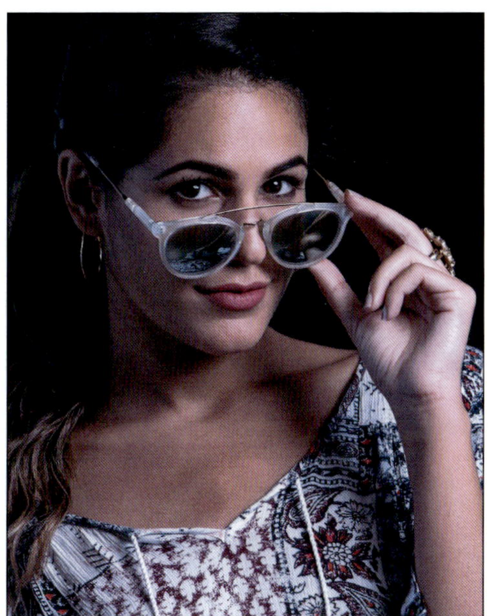

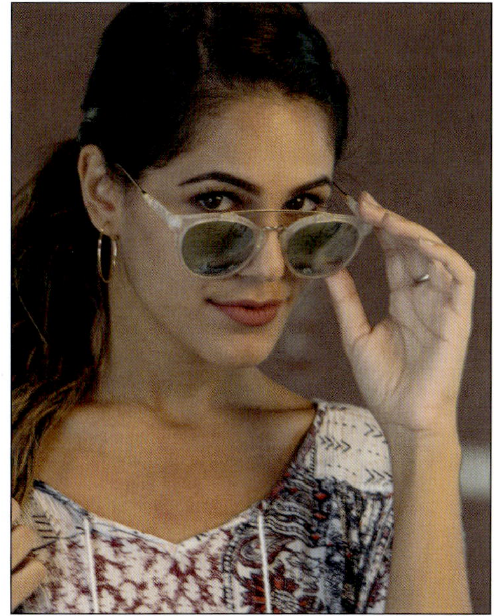

Das Fotografieren von Menschen und Gegenständen in geschlossenen Räumen ist manchmal etwas knifflig, denn das Licht dort ist oft von Leuchtstoffröhren oder Glühlampen erzeugtes Kunstlicht. Ersteres verleiht dem Foto einen Grünstich, Letzteres einen starken Gelbstich (was man gut auf Aufnahmen in Restaurants, Kirchen usw. sehen kann). Aus diesem Grund sind im Lieferumfang verschiedener Blitze spezielle Farbkorrekturfolien enthalten, die Ihnen dabei helfen sollen, das weiße Licht Ihres Blitzes mit dem Neon- oder Kunstlicht im Raum zu verschmelzen (sonst würde das weiße Licht Ihres Blitzes eine Schneise in Ihr ansonsten warm ausgeleuchtetes Motiv schlagen). Sind solche Korrekturfolien bei Ihrem Blitz nicht dabei, dann können Sie sie im Fachhandel kaufen und selbst zurechtschneiden (weitere Informationen dazu auf der nächsten Seite). Wenn Sie dann eine solche Folie vor Ihren Blitz setzen, passt sich das Blitzlicht wesentlich besser in die Beleuchtungsfarbe des Raumes ein. Bei Glühlampen beispielsweise setzen Sie zur Farbkorrektur eine orangefarbene CTO-Folie vor den Blitz. Einfacher geht's doch kaum. Da das Licht in jedem Raum ein bisschen anders ist, gibt es keine hundertprozentige Übereinstimmung, aber sie ist allemal ausreichend. (Außerdem produzieren verschiedene Beleuchtungsstärken unterschiedliche Farben. So hat etwa gedämpftes Kunstlicht in einem Restaurant eine andere Farbe als helle Glühlampen in einem Konferenzraum.) Wenn Sie in einem Büro (oder grundsätzlich in einem Raum mit Neonröhren) Aufnahmen machen, dann verwenden Sie grüne Filterfolie, um eine Balance des Blitzlichts zum vorhandenen Licht zu erhalten. Aber ähnlich wie Glühlampen gibt es heutzutage auch fluoreszierendes Licht in einer Vielzahl von Farbnuancen. Insofern sollten Sie nicht überrascht sein, wenn keine hundertprozentige Übereinstimmung zu erzielen ist.

So montieren Sie eine Folie vor Ihren Blitz

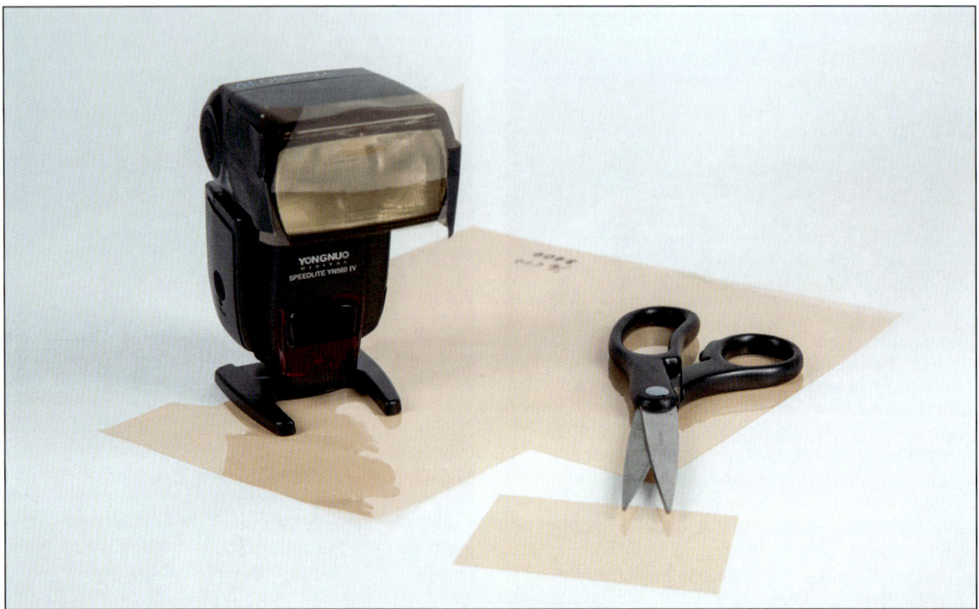

Einzelne CTO-Bögen sind für um die 8 € für einen Bogen der Größe 50 cm × 122 cm (wie die 1/4 CTO-Folien von Rosco (hier die #3409)) recht kostengünstig. Angesichts der Größe sollten Sie sich mit einer Schere bewaffnen und möglichst viele Schnipsel von der Größe Ihres Blitzkopfs aus diesem Bogen erstellen. Theoretisch sollte es Ihnen gelingen, etwa 60 Folienstücke von der Größe Ihres Blitzkopfs aus einem Bogen zu schneiden. Auf diese Weise kostet ein Schnipsel etwa 10 Cent (Wenn Sie allerdings so geschickt mit einer Schere umgehen können wie ich, werden es nur 14 Stücke zu je 46 Cent. An einem guten Tag.). Außerdem sollten Sie sich eine Rolle Gaffertape (hierzulande auch »Gewebeband« genannt) zulegen (z. B. 5 cm breit, 11 m lang für irgendwas um die 6 € im Fachhandel erhältlich). Das Zeug ist großartig! Ich weiß, der Begriff ist überstrapaziert, aber in diesem Fall absolut berechtigt. Was Gaffertape so großartig macht (und warum es etwa in Hollywood ein Standardtool ist), ist die Tatsache, dass es sich um ein belastbares Gewebeklebeband handelt, dass man rückstandsfrei und ohne Beeinträchtigung für Farben und Lackierungen wieder entfernen kann. Als Fotograf werden Sie dafür etwa hundert Millionen Einsatzgebiete finden, aber jetzt reißen Sie erst einmal ein paar dünne Streifen ab, um die CTO-Folie oben an ihrem Blitz zu befestigen. Wie oben abgebildet kleben Sie die Gafferstreifen dabei seitlich auf den Blitzkopf. Das können Sie tun – weil es ja Gaffertape ist – ohne fürchten zu müssen, dass Sie beim späteren Abziehen Ihr Blitzgehäuse beschädigen.

Filterfoliensets – vorgestanzt und stets einsatzbereit

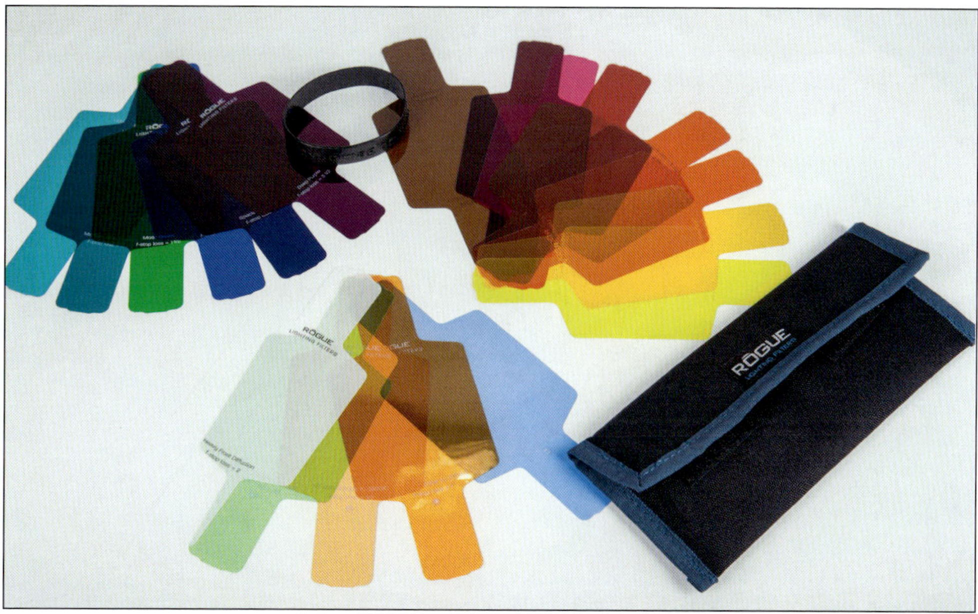

Wenn das Zerschneiden von Folienbögen so gar nicht ihre Sache ist, dann können Sie zum Glück auch vorgefertigte Folien kaufen, die sich unkompliziert an Ihrem Blitzsystem befestigen lassen – ohne Ausschneiden, ohne Aufkleben, ohne Pipapo. Ein sehr beliebtes Exemplar ist das Rogue Flash Gels Color Correction-Kit von ExpoImaging. Dieses Kit enthält insgesamt 18 Folien: neun CTOs in verschiedenen Stärken (1/4,1/2 und 1/1) sowie Dreiersets für die Farben Blau, Grün und Heavy Frost. Die Folien werden mit einem dicken Gummiband (in der Art solcher Armbänder, wie sie viele Leute unter 24 tragen) am Blitz befestigt, und das funktioniert auch ziemlich gut. Sie legen die Folie auf die Vorderseite Ihres Blitzes, falten die dünnen Laschen an den Seiten entlang nach unten und schieben das Band dann darüber. Eigentlich ist das fast zu einfach. Im Lieferumfang enthalten ist ein optisch recht ansprechendes dünnes Etui, in dem die Folienschnipsel sortiert abgelegt werden können. Das Kit kostet knapp 30 €. Nicht schlecht, oder? Wenn Sie allerdings als Hedgefondsmanager an der Frankfurter Börse arbeiten, werden Sie wahrscheinlich den Mercedes unter den Foliensystemen bevorzugen, und der kommt von MagMod. Deren Color Kit-Bundle bietet ein Sortiment stabiler Kunststofffolien, die in einen sehr schlanken Magnethalter passen, d.h., die Filter (und andere Zubehörteile) sind magnetisch befestigt und lassen sich kinderleicht wieder entfernen. Das ist das schnellste und einfachste System, das ich je verwendet habe. (Das System ist zudem nicht auf Filter beschränkt – es gibt auch Waben, Snoots und Diffusoren. Ein ganzes Ökosystem ist um das Konzept magnetisch einrastender Komponenten gestrickt. Sehr beeindruckend.) Das Color-Kit ist allerdings mit etwa 230 € recht kostspielig und wie es aussieht, müssen Sie es im Ausland bestellen – mit einem Händlernachweis für den deutschsprachigen Raum kann ich leider nicht aufwarten.

On-Location-Blitzen leicht gemacht
Schritt 1: Modell positionieren

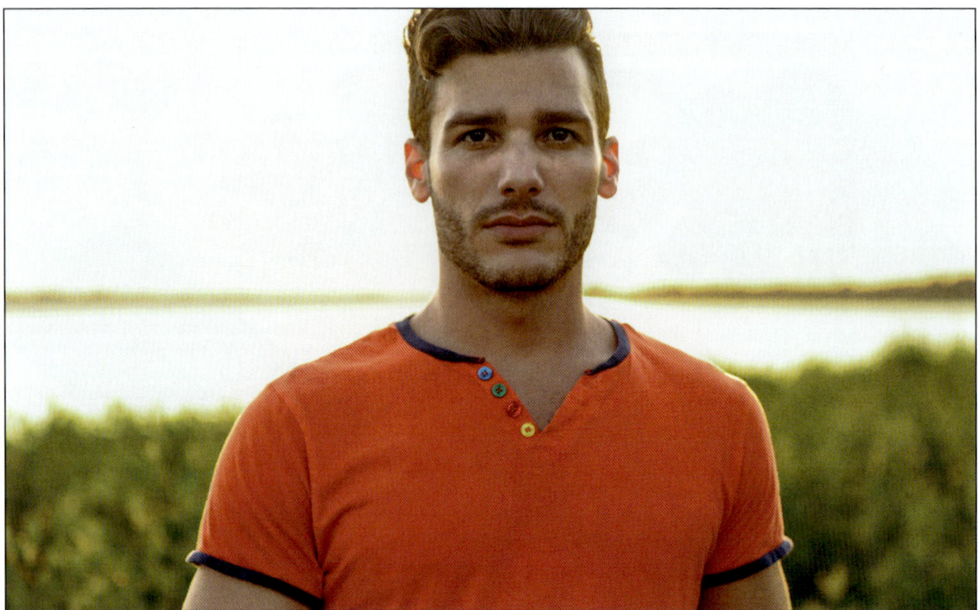

Ich habe ein sieben Schritte umfassendes Rezept für den Blitzeinsatz bei Außenaufnahmen ersonnen, das wirklich leicht umzusetzen ist und trotzdem zu tollen Ergebnissen führt. Mache ich Aufnahmen unter freiem Himmel, dann versuche ich mein Modell zunächst so positionieren, dass es die Sonne im Rücken hat, und versetze es dann ein wenig zur Seite. (Normalerweise sollte die Sonne nicht direkt hinter dem Modell zu sehen sein, denn dieser riesige Lichtball direkt über dem Gesicht würde die gesamte Aufmerksamkeit des Betrachters auf sich ziehen.) Eine solche Positionierung des Modells sorgt dafür, dass das Sonnenlicht wie ein Streiflicht wirkt und den Körper von hinten konturiert. Das sieht dann so aus, als ob Sie einen zweiten Blitz verwenden würden (und der Einsatz der Sonne als zweite Lichtquelle ist zudem deutlich preisgünstiger als die Nutzung eines Reflektors).

On-Location-Blitzen leicht gemacht
Schritt 2: Belichtung messen

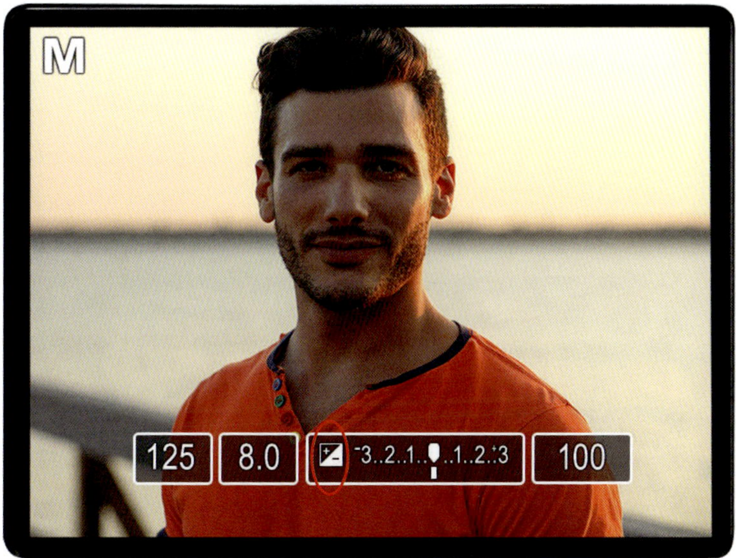

Als Nächstes wollen wir einmal so tun, als hätten Sie überhaupt keinen Blitz zur Hand. Schalten Sie ihn also erst einmal aus, denn jetzt müssen wir ein paar Messungen durchführen (keine Sorge, das ist nicht schwer). Wie üblich müssen wir dafür den manuellen Modus aktivieren, denn am Anfang steht eine Verschlusszeit von 1/125 (nehmen Sie diese Einstellung ggf. vor). Nun stellen Sie das Modell bei weiterhin abgeschaltetem Blitz scharf, und betrachten Sie dann die Werte des integrierten Messsystems, die *im Sucher* angezeigt werden. Bei einigen Kameras sind diese Messwerte im Sucher rechts zu sehen, bei anderen am unteren Rand. Nehmen Sie sich also einen Moment Zeit, um die Sucheranzeige zu studieren. Sie sollten eine waagerechte oder senkrechte Skala mit negativen und positiven Werten von 1 bis 3 und einer größeren Markierung in der Skalenmitte sehen. Ändern Sie nun die Blende, bis die kleine bewegliche Zeigermarkierung genau in der Mitte zu stehen kommt. Nun haben Sie die passende Belichtung für das vorhandene Licht eingestellt. (Das ist zwar noch nicht die von uns ausgewählte endgültige Belichtung, aber wir erhalten so einen Einstiegspunkt. Deswegen legen wir die Belichtung mithilfe der Messung so fest, als ob wir gar nicht vorhätten, einen Blitz zu verwenden.) Zur Erinnerung: Wagen Sie es nicht, die Verschlusszeit zu verstellen! Die muss auf jeden Fall bei 1/125 bleiben, weswegen Sie nur den Blendenwert ändern dürfen. Finden Sie keinen Blendenwert, bei dem der Messzeiger in der Skalenmitte landet, dann können Sie alternativ den ISO-Wert erhöhen, bis der Zeiger in der Mitte der Skala steht. Von hier aus tasten wir uns nun weiter vor.

On-Location-Blitzen leicht gemacht
Schritt 3: Licht ausbalancieren

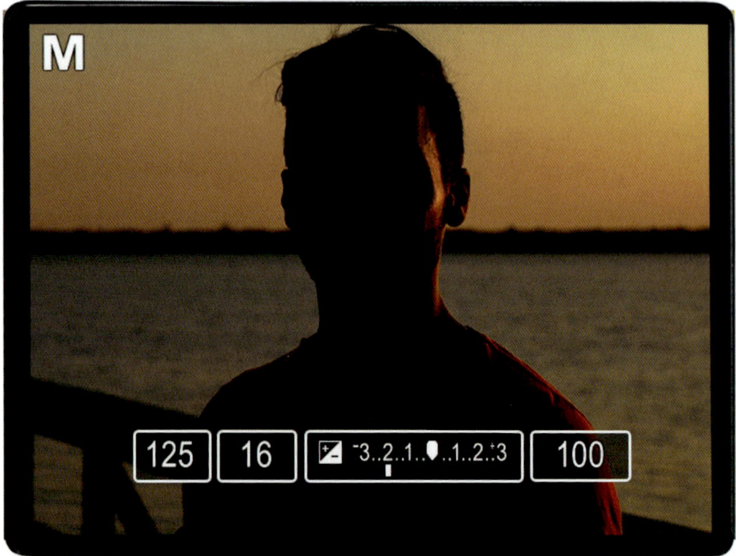

Habe ich die passende Belichtung gefunden, dann dunkle ich die gesamte Szene um ein oder zwei Blendenwerte ab (oder manchmal auch noch mehr, wenn die Sonne gerade untergeht). Nehmen wir an, Sie sollen ein Businessporträt mit einer Büroumgebung im Hintergrund aufnehmen und haben die Messung mit dem Blendenwert f/8 für die passende Belichtung ohne Blitz abgeschlossen (siehe vorherige Seite). Um nun die Szene abzudunkeln, müssen Sie jetzt einen höheren Blendenwert einstellen – etwa f/11 oder bei Außenaufnahmen f/16. Hierdurch wird die gesamte Szene vor Ihnen dunkler, d. h. Ihr Modell wird später in erster Linie durch den Blitz ausgeleuchtet. Es darf aber auch nicht zu dunkel werden: Wir wollen eine Balance zwischen dem Umgebungslicht und dem Blitz herstellen. Allerdings müssen wir noch einige wenige Schritte durchführen, bis wir den endgültigen Blendenwert ermittelt haben. Machen wir also die Szene zunächst einmal um zwei Blendenwerte dunkler: Wenn der Wert bei passender Belichtung f/8 war, dann stellen Sie ihn nun auf f/16; lag er bei f/5.6, dann stellen Sie ihn auf f/11; lautete er hingegen f/4, dann stellen Sie ihn auf f/8.

On-Location-Blitzen leicht gemacht
Schritt 4: Blitz aufstellen

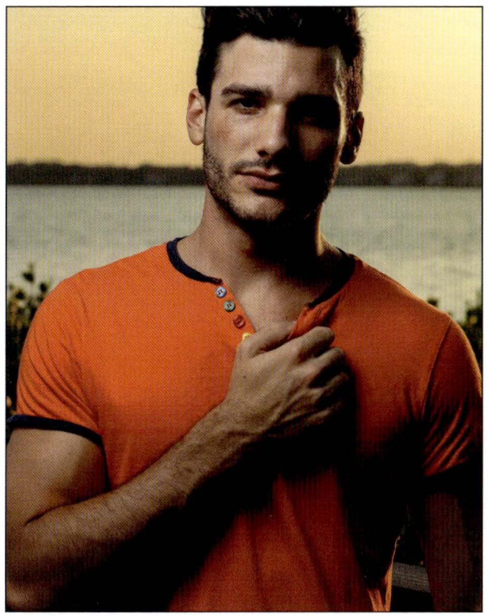

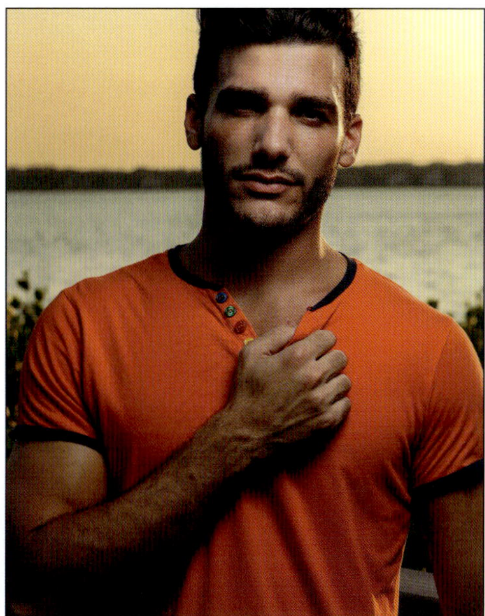

Beim On-Location-Shooting ist die richtige Position des Blitzes das A und O. Sie müssen Ihren Blitz auf dieselbe Seite stellen, von der her auch das Naturlicht kommt. Haben Sie Ihr Modell leicht versetzt mit der Sonne im Rücken aufgestellt, dann muss sich der Blitz auf derselben Seite befinden wie die natürliche Lichtquelle (und zwar auch dann, wenn Sie das Fotografieren mit dem Blitz auf der anderen Seite eigentlich bequemer fänden). Wenn der Ort des Geschehens ein geschlossener Raum mit einem Fenster ist, dann sollten Sie den Blitz auf derselben Seite wie dieses Fenster positionieren. Dafür gibt es zwei Gründe: 1. Wenn ein Betrachter auf Ihrem Foto erkennt, dass das Licht nicht aus einer Richtung kommt, aus der er es – unbewusst – erwarten würde, dann wird er dieses Bild irgendwie seltsam finden, auch wenn er keinen Grund dafür angeben kann. Er wird dann so etwas sagen wie: »Das sieht ganz gut aus, aber ich weiß nicht … irgendetwas ist da falsch.« Er wird nicht erkennen, welches Problem vorhanden ist, aber auf den ersten Blick sehen, *dass* es ein Problem gibt. Dieses Problem lässt sich zu einfach korrigieren, als dass wir es ignorieren könnten (denn sie müssen ja lediglich den Blitz auf die Seite stellen, auf der das Licht erwartet wird). Das müssen Sie auf jeden Fall tun. 2. Zudem kann, wenn der Blitz auf der falschen Seite steht, der Eindruck einer Fotomontage entstehen (d.h. es sieht so aus, als hätten Sie das Modell vor einem anderen Hintergrund fotografiert, dann in Photoshop freigestellt und vor diesen Hintergrund gesetzt). Wir sind es so gewohnt, Fotos mit natürlicher Beleuchtung zu sehen, dass wir ein ungutes Gefühl haben, wenn das Licht nicht aus der Richtung kommt, aus der wir es instinktiv erwarten würden. Das ist wichtiger, als Sie vielleicht denken.

On-Location-Blitzen leicht gemacht
Schritt 5: Filterfolie montieren

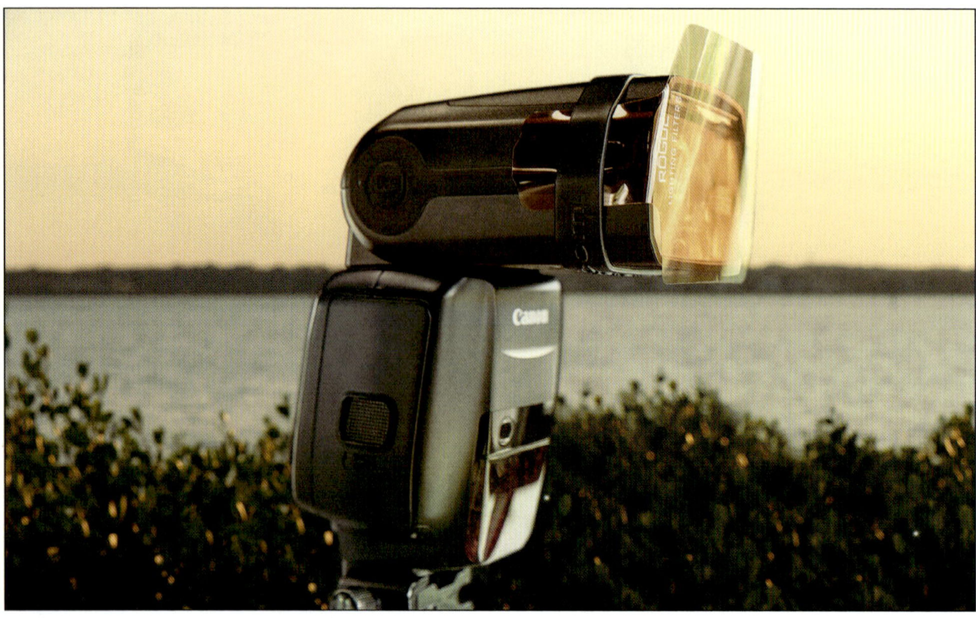

Auf Seite 84 in diesem Kapitel finden Sie eine Erläuterung dazu, warum wir eine orangefarbene Filterfolie beim On-Location-Shooting vor dem Blitz benötigen (und auf Seite 86 gibt es eine Beschreibung verschiedener Möglichkeiten zu deren Befestigung). Das Vorhandensein einer 1/4-CTO vor Ihrem Blitz ist nämlich bereits vor dem Einschalten zwingend erforderlich (Und wenn Sie jetzt fragen, was zum Teufel eine 1/4-CTO ist, dann blättern Sie bitte unverzüglich auf Seite 84 zurück und informieren Sie sich darüber, warum Filterfolien so wichtig sind.).

TIPP

KEINE FILTERFOLIEN DA? DANN MACHEN SIE DAS HIER!

Haben Sie gerade keine Filterfolien für Ihren Blitz zur Hand, dann wählen Sie für den Weißabgleich die Einstellung »Bewölkt«. Dadurch wird der Gesamteindruck des Bildes etwas wärmer, was dazu führt, dass das Blitzlicht nicht ganz so grell wirkt.

On-Location-Blitzen leicht gemacht
Schritt 6: Blitz einstellen

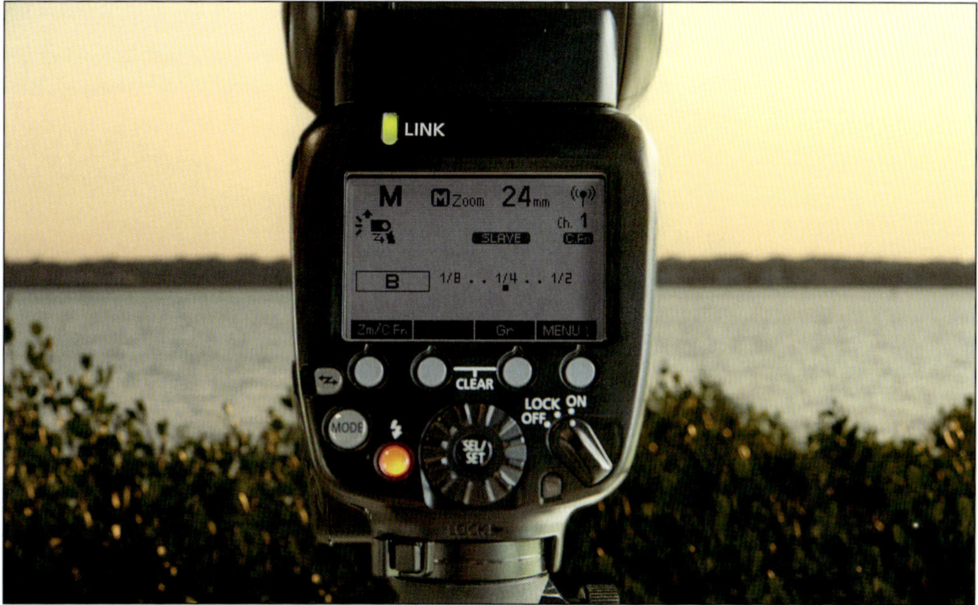

Sie dürfen Ihren Blitz jetzt einschalten. Bei On-Location-Sessions stelle ich den Blitz zunächst auf eine Leistung von 1/4. Zwar muss ich diese Leistung im Zweifelsfall nach ein oder zwei Testaufnahmen noch korrigieren (und zwar meistens reduzieren), aber als Ausgangspunkt bietet sich dieser Wert an (auch in geschlossenenen Räumen). Machen Sie nun eine Testaufnahme, um sich einen Überblick zu verschaffen. Mit hoher Wahrscheinlichkeit wird eines der folgenden beiden Probleme auftreten: Entweder ist der Blitz zu hell, oder der Hintergrund ist zu dunkel. Dies ist der Balanceakt, von dem bereits (in Kapitel 3 auf Seite 55) die Rede war: das Finden eines ausgewogenen Verhältnisses zwischen dem Umgebungslicht (das Sie ja gezielt dunkler gemacht haben) und dem Blitzlicht. Zunächst richte ich meinen Blitz direkt auf das Modell. Dieses soll nicht zu hell, sondern natürlich aussehen. Deswegen lasse ich die Kameraeinstellungen unangetastet und variiere lediglich die Blitzleistung, bis das Modell gut aussieht (Um das Verhältnis zum Umgebungslicht im Hintergrund kümmern wir uns im nächsten Schritt.). Haben wir dieses Ziel erreicht, dann beginnt der zweite Teil unseres Balanceakts: Ist der Hintergrund zu dunkel, dann verlängere ich die Verschlusszeit auf 1/80 und mache eine weitere Testaufnahme. Haben wir die gewünschte Hintergrundhelligkeit auf diese Weise immer noch nicht erreicht, dann verlängere ich die Verschlusszeit weiter, damit mehr Umgebungslicht auf der Aufnahme landet. Behalten Sie dabei immer im Hinterkopf, dass der Hintergrund zwar dunkler, aber nicht zappenduster sein soll. Machen Sie weitere Testaufnahmen, bis Sie am Ende bei jenem magischen Verhältnis gelandet sind, für das wir uns die Arbeit machen. Ist der Hintergrund zu hell, dann können Sie ihn durch Reduzieren der Verschlusszeit auf 1/200 oder vielleicht sogar 1/250 weiter abdunkeln.

On-Location-Blitzen leicht gemacht
Schritt 7: Hinzufügen weiterer Filterfolien

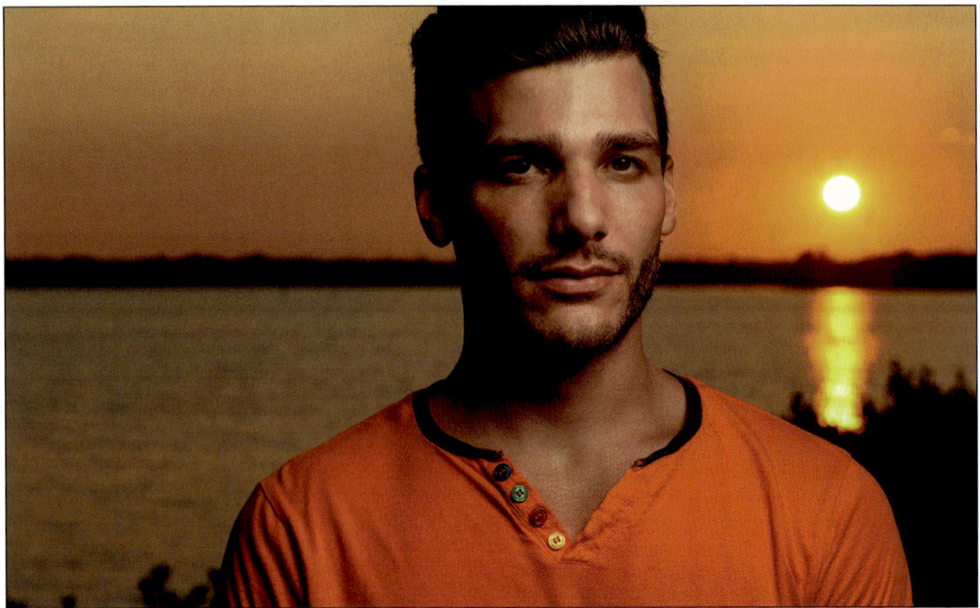

Wenn Sie Ihre Aufnahmen am späten Nachmittag machen, dann sinkt die Sonne im Verlauf Ihres Shootings immer tiefer und geht am Ende unter. Folglich wird es dunkler. Sie müssen also nicht nur flexibel Ihre Einstellungen ändern (indem Sie etwa die Verschlusszeit verlängern, um im Hintergrund noch etwas zu erkennen, oder die Blitzleistung nach und nach zurücknehmen, weil die gesamte Szenerie immer dunkler wird), sondern irgendwann kommt auch der Punkt, an dem die CTO, die zu Beginn der Session noch ein warmes orangefarbenes Licht erzeugte, ziemlich weiß wirkt, so als ob Sie Studioaufnahmen machten. Wenn Sie bemerken, dass Ihr Blitzlicht auf einmal weiß und künstlich aussieht, dann sollten Sie eine zusätzliche 1/4-CTO vor Ihren Blitz setzen (Sie erhalten so eine CTO mit der Stärke 1/2). Kleben Sie sie einfach über die erste CTO, um das ursprüngliche warme Licht zurückzuholen. Geht die Sonne dann tatsächlich unter, dann müssen Sie womöglich noch eine dritte 1/4-CTO obendrauf setzen oder den CTO-Stapel durch eine 1/1-CTO ersetzen. (Denken Sie in diesem Fall daran, dass Sie unter Umständen die Blitzleistung erhöhen müssen, weil die CTOs mehr Licht schlucken.) Aufnahmen bei Sonnenuntergang können heikel sein, weil sich das Umgebungslicht fortwährend ändert. Deswegen sollten Sie stets drei wichtige Aspekte im Blick behalten: 1. Fängt Ihr Blitz an, zu hell auszusehen? 2. Wird der Hintergrund zu dunkel? In diesem Fall müssen Sie die Verschlusszeit verlängern, um dies wieder auszugleichen. 3. Befindet sich die passende Anzahl Folienfilter vor Ihrem Blitz? Je später der Abend, desto mehr Folien werden Sie hinzufügen müssen, um mit dem Licht der sinkenden Sonne mithalten zu können. Das war's: sechs einfache Schritte (oder sieben, wenn der Tag sich im Verlauf des Shootings neigt). Sie werden feststellen, dass Sie erstaunlich wenig Übung brauchen, bis Sie diese Abfolge verinnerlicht haben.

Ein Reflektor als zweite Lichtquelle

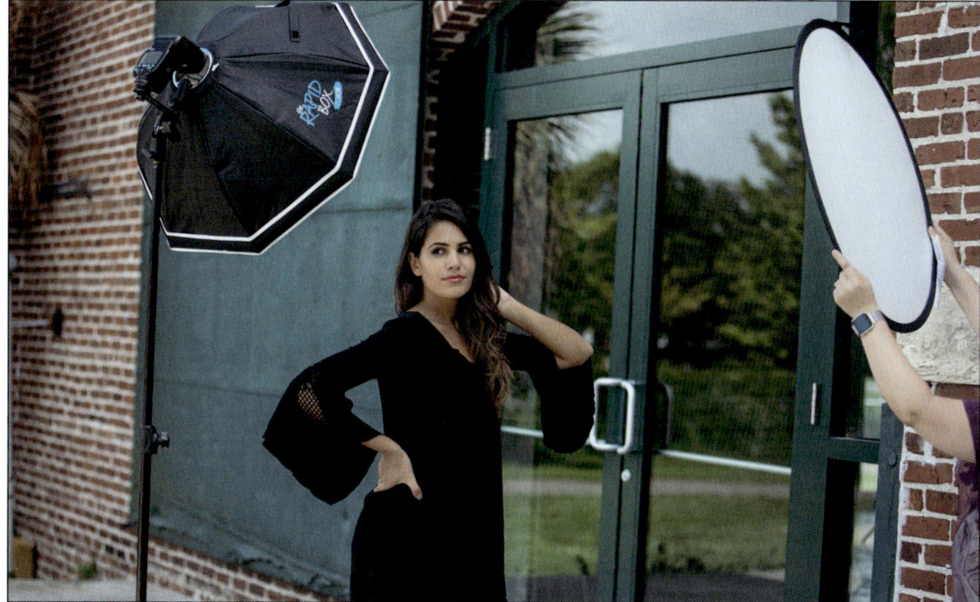

Wenn Sie keinen zweiten Blitz haben, dann greifen Sie zurück auf den wohl kostengünstigsten Zweitblitz: einen Reflektor. Wenn Sie diesen einsetzen, hat das die Wirkung eines zweiten Blitzes, denn der Reflektor wirft einen Großteil des auf ihn auftreffenden Lichts auf Ihr Modell zurück. Es gibt eine ganze Reihe beliebter Reflektorpositionen, die erste von ihnen auf Brusthöhe Ihres Modells (und bei der Sie dem Modell den Reflektor praktischerweise in die Hand drücken können). In diesem Fall wird das von Ihrem Blitz stammende Licht reflektiert und kaschiert so die Schatten unter den Augen und dem Kinn. Das funktioniert einwandfrei. Der Reflektor kann waagrecht gehalten oder – um eine stärkere Wirkung zu erzielen – im 45°-Winkel auf das Modell gerichtet werden. Weist Ihr Reflektor eine weiße und eine silberne Seite auf, dann probieren Sie zuerst die weiße Seite auf Brusthöhe aus. Weiß reflektiert weniger Licht, und das könnte die bessere Lösung sein, weil sich der Reflektor so nah an Ihrem Modell befindet. Ist die Reflexion zu stark, dann sollte das Modell den Reflektor ein bisschen niedriger halten. Die zweite Position, die sich für einen Reflektor anbietet, ist der Platz auf dem Boden direkt vor Ihrem Modell. In diesem Fall verwenden Sie jedoch die silberne Seite, denn sie strahlt wesentlich mehr Licht ab als die weiße. Aufgrund des großen Abstands zum Boden ist die Reflexion weniger stark, aber trotzdem bin ich häufig sehr überrascht, welch großartiger Effekt sich mit einem solchen Streiflicht erzielen lässt. Eine dritte Variante besteht darin, dass ein Freund oder Assistent den Reflektor (wie hier abgebildet) ganz hochhält und ihn dann langsam neigt, bis Sie das reflektierte Licht auf dem Gesicht Ihres Modells sehen. Sie müssen der betreffenden Person dabei Anweisungen geben, wie stark der Reflektor geneigt werden soll. Er darf dabei nicht zu niedrig gehalten werden, da die Ausleuchtung anderenfalls womöglich von unten erfolgt, wodurch der berüchtigte »Monsterlook« entsteht.

Ein bisschen Fülllicht ohne Softbox

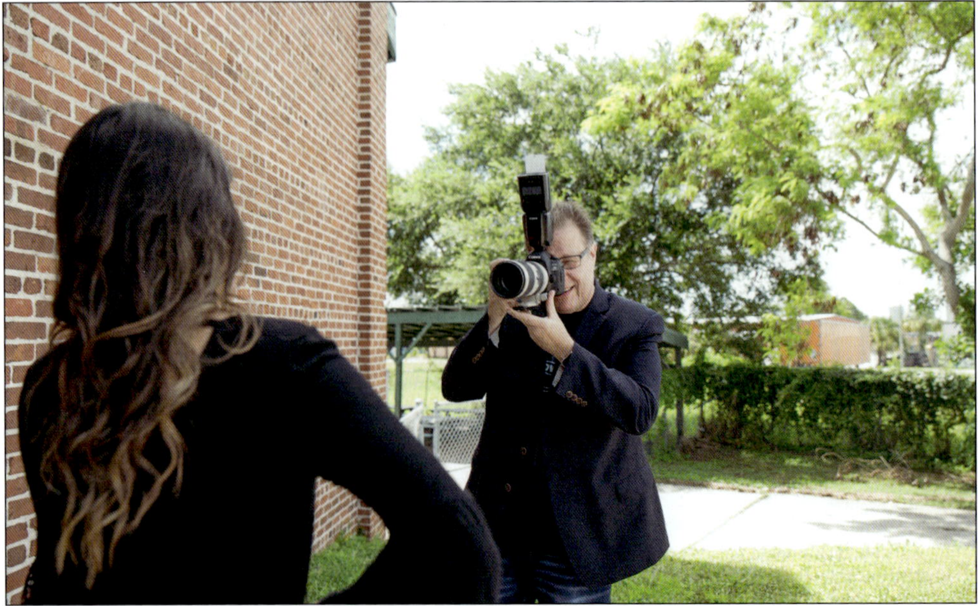

Es gibt Gelegenheiten, bei denen Sie das Modell für Außenaufnahmen nicht vollständig ausleuchten müssen; es ist lediglich notwendig, den Schatten aufzuhellen. Normalerweise können Sie unter freiem Himmel keinen indirekten Blitz nutzen, denn die Wolken sind dafür doch ein bisschen zu hoch. (Weitere Informationen zum Thema indirektes Blitzen finden Sie auf Seite 77.) Was Sie jedoch probieren können, ist, Ihren Blitz senkrecht nach oben zu richten und eine starke Blitzleistung einzustellen (verwenden Sie 1/2 als Ausgangspunkt). Gleichzeitig müssen Sie jedoch auch die weiße Bouncecard herausziehen, die über einen kleinen Schlitz im Blitzkopf zugänglich ist. Dadurch werden nämlich zwischen 15 % und 20 % des vom Blitz erzeugten Lichts auf Ihr Modell abgestrahlt (der Rest entschwindet ins optische Nirwana), und dies kann gerade genug sein, um die Schatten zu füllen, ohne gleich Softboxen oder mehr aufbauen zu müssen.

Bedeckt? Perfekt! Weiche Hintergründe mit weiten Blenden erzeugen

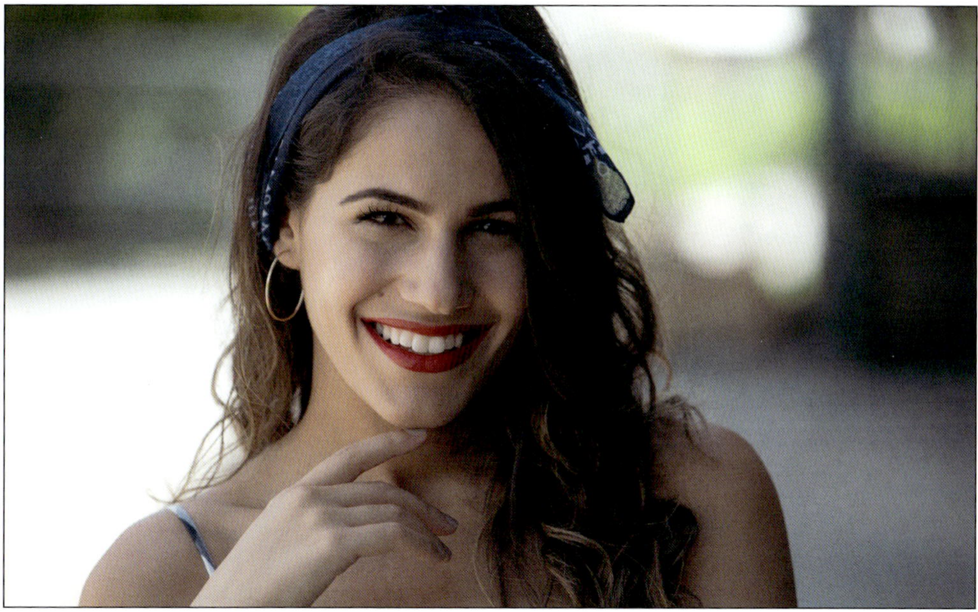

Aufsteckblitze sind wesentlich weniger leistungsstark als Studioblitze (einschließlich solcher, die batteriebetrieben sind und die Sie auch vor Ort einsetzen können). Das liegt daran, dass Aufsteckblitze im Allgemeinen eine Leistung von ca. 30 Watt haben, während Studioblitze eher im Bereich zwischen 500 und 1000 Watt liegen. Was auf den ersten Blick wie ein Nachteil wirkt – die niedrigere Leistung –, kann beim Beleuchten von Porträts im Schatten oder an einem bedeckten Tag durchaus von Vorteil sein, denn dadurch können wir mit weiter Blende (wie f/4 oder vielleicht sogar f/2.8) arbeiten. Wir können dann mit einem Teleobjektiv einzoomen und den Hintergrund unseres Modells weich und ansprechend unscharf gestalten, um beide Elemente voneinander abzuheben. Mit Studioblitzen ist das nicht möglich, weil sie auch bei niedrigster Einstellung viel zu leistungsstark sind und Sie nicht weiterkommen als bis f/9 oder f/8 (wenn Sie Glück haben). Es gibt zwar durchaus ein paar Tricks, um dieses Problem zu umgehen (beispielsweise die Verwendung eines ND-Filters auf Ihrem Objektiv, wodurch jedoch neue Schwierigkeiten entstehen können), aber zum Glück können wir bei unseren Blitzen eine wirklich niedrige Leistung festlegen (bis hinab zu 1/128). Wenn es also draußen bewölkt oder dämmrig ist, können Sie die Blitzleistung zurücknehmen und dann mit weit geöffneten Blenden jene weichen Hintergründe kreieren, die so typisch sind für Aufnahmen bei Naturlicht. Und das ist doch super, oder? Ist es dagegen draußen strahlend hell, dann müssen wir ein anderes Verfahren zur Anwendung bringen. Die Rede ist von High-Speed-Sync (HSS), dem wir uns bereits auf Seite 43 gewidmet haben.

Klein, aber wirksam: ein Trick für einfache und saubere Hintergründe

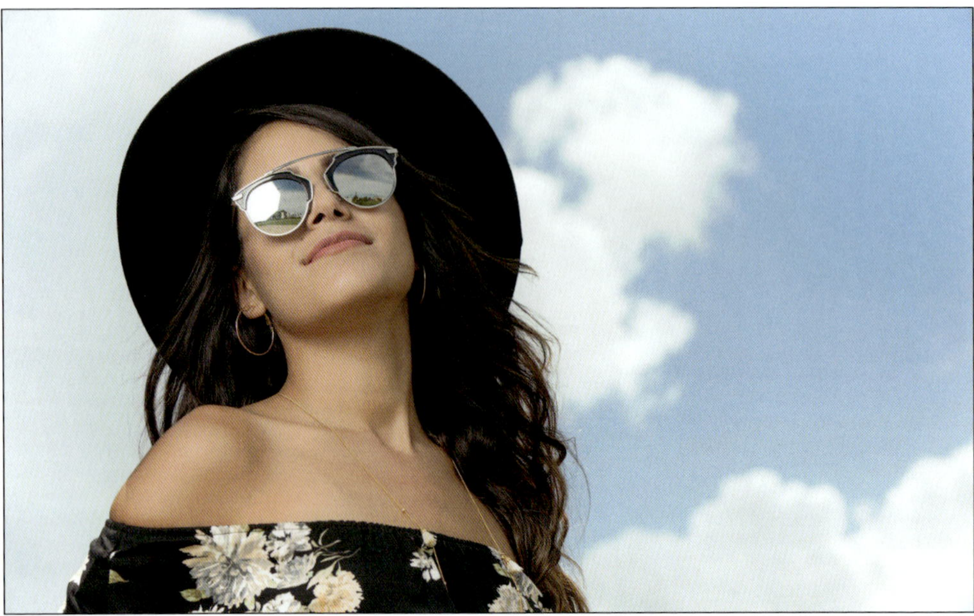

Das ist einer meiner Lieblingstricks, um bei Außenaufnahmen einen absolut sauberen und einfachen Hintergrund hinzubekommen. Denn manchmal ist die Suche nach einem solchen Hintergrund wie die Suche nach der berühmten Nadel im Heuhaufen. (Wenn Sie glauben, es sei leicht, einfache Hintergründe zu finden, werden Sie überrascht sein.) Dieser Trick besteht darin, das Modell von unten zu fotografieren, um dadurch den blauen Himmel als Hintergrund nutzen zu können (in und um Hamburg herum können Sie natürlich nur grauen Himmel als Hintergrund verwenden, was anderes gibt es da nicht. Nur Spaß!). Zu diesem Zweck lasse ich mich auf die Knie nieder oder lege mich sogar auf den Rücken. Allerdings ist zu beachten, dass nur Sie sich nach unten bewegen – Ihr Blitz bleibt, wo er ist, denn sonst erhält Ihr Modell Flutlicht von unten. Und das mache ich nur, wenn ich dafür sorgen möchte, dass ein Sportler (z. B. ein Footballspieler, Kampfkünstler oder Wrestler) fies und aggressiv aussieht. Deswegen bleibt der Blitz oben, nur Sie müssen nach unten, um den stahlblauen Himmel als Hintergrund nutzen zu können. Außer, Sie fotografieren in und um Hamburg herum. Denn ... aber das wissen Sie ja bereits.

Blitzen bei Innenaufnahmen

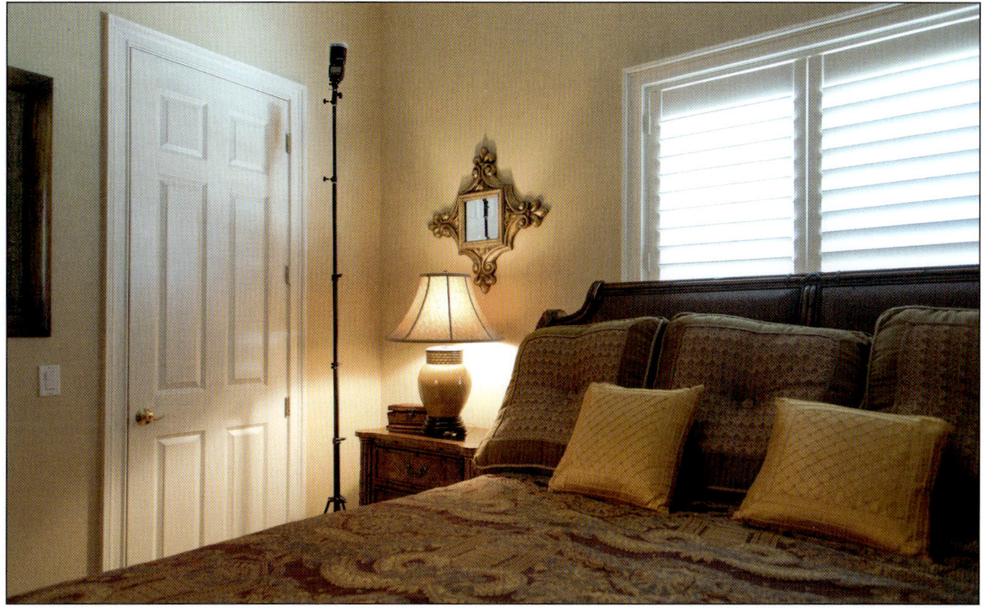

Wenn Sie Innenarchitektur oder Immobilien fotografieren, dann können Sie das Meiste des gerade zu Porträts Gesagten gleich wieder vergessen. Denn das ist eine ganz andere Baustelle. Zunächst einmal setzen Sie nur die nackten Blitzköpfe ein. Außerdem werden Sie die meiste Zeit mit Vollleistung arbeiten. Bringen Sie also genügend Ersatzakkus mit. Zwar können Sie Innenräume auch mit nur einem Blitz fotografieren, aber das gleichmäßige Ausleuchten des Raums ist dann wesentlich schwieriger. Deswegen nutzen Immobilienfotografen, die etwas auf sich halten, immer mindestens zwei Blitze. Diese Blitze werden oben auf Stativen befestigt (wobei ich eine Höhe von mindestens 2,50 m empfehle – siehe auch Seite 134), und Sie brauchen zu diesem Zweck zwei Blitzhalterungen. Nach dem Aufschrauben der Blitze auf die Halterungen fahren Sie die Stative aus (je nach Deckenhöhe knapp über 2 m oder höher), wobei die Blitze in einem Winkel auf die Decke gerichtet sind, damit das Licht reflektiert, streut und den Raum ausleuchtet. Sind die Decken zu hoch, dann müssen Sie stattdessen die Wände als Reflexionsfläche verwenden (wobei zu hoffen ist, dass sie weiß sind). Die Aufnahmen machen Sie im manuellen Modus, wobei Sie die Verschlusszeit etwas verlängern müssen, um mehr Umgebungslicht aufzunehmen. 1/30 hat sich hierfür als guter Einstiegswert erwiesen. Sie werden ohnehin meistens mit einem Kamerastativ arbeiten müssen. Weil alles scharf gestellt sein soll, verwenden Sie eine Blende wie f/8; bei wesentlich höheren Werten wird die Leistung Ihrer Blitze nämlich vollständig aufgesogen. Außerdem können Sie auch Ihren ISO-Wert etwas anheben (jedoch nicht höher als 400), um die Blitzleistung etwas besser nutzen zu können und die Helligkeit im Raum dort anzuheben, wo es sinnvoll ist (immer unter der Prämisse, dass potenzielle Immobilienkäufer auf hell ausgeleuchtete Räume stehen).

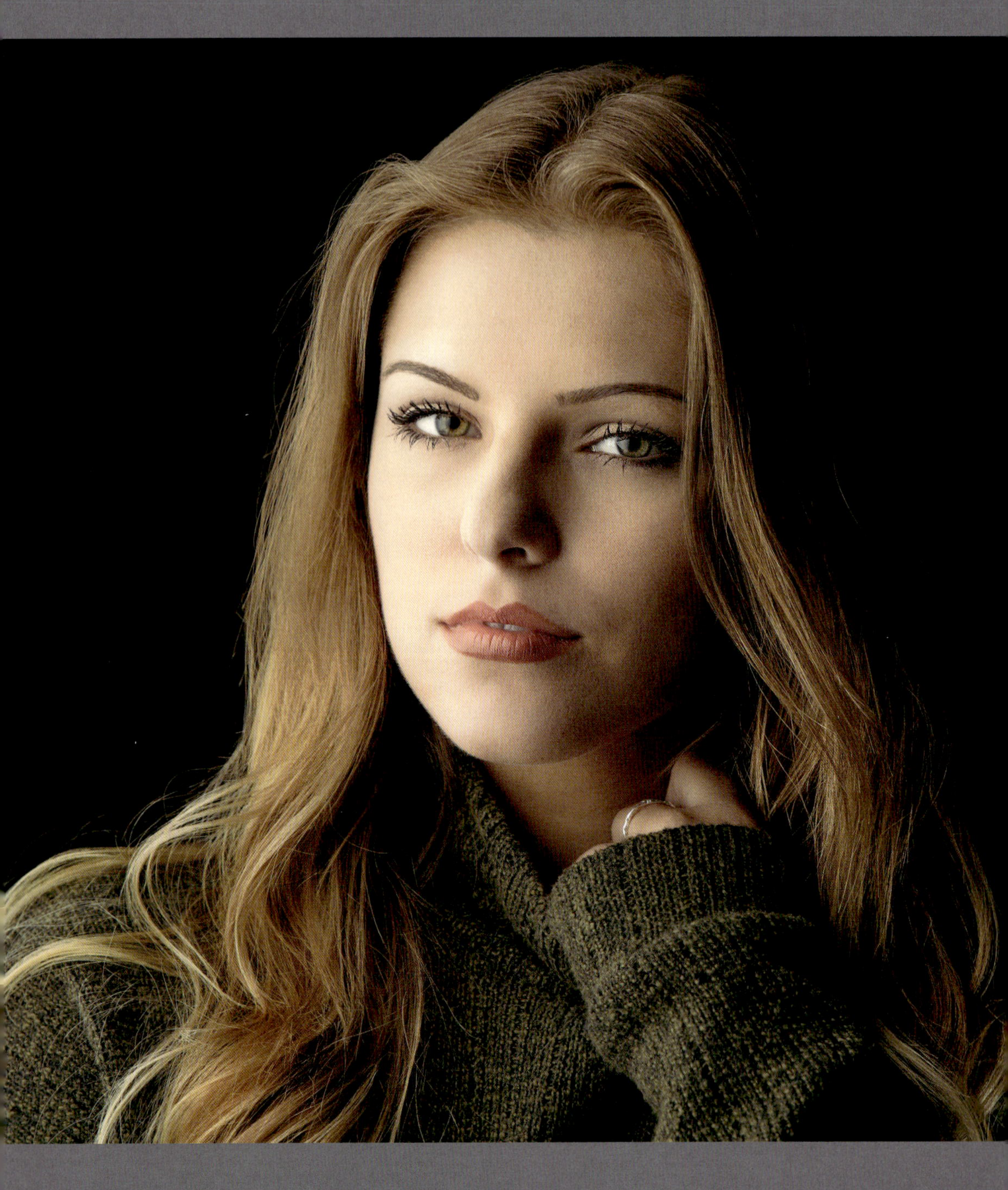

Kapitel 6

Hintergründe richtig beleuchten

Weil es professioneller aussieht!

Wissen Sie, was passiert, wenn Sie ein Porträt schießen und dabei den Hintergrund nicht ausleuchten? Ganz ehrlich – ich hab das schon mal gemacht, und ich kann Ihnen sagen: nichts. Richtig gelesen: Es passiert überhaupt nichts Schlimmes. Aber nehmen wir einmal an, Ihr Modell hätte sehr dunkles – vielleicht sogar tiefschwarzes – Haar, trägt ein schwarzes Hemd oder eine schwarze Bluse, und Sie möchten es vor einem pechschwarzen Papierhintergrund fotografieren, den Sie jedoch nicht beleuchten möchten. Und jetzt? Nun, am Ende kommt ein gruseliges Foto von einem schwebenden Kopf heraus. Genau das bekommen Sie zu sehen: einen gruseligen schwebenden Kopf. Und allein das ist der Grund dafür, warum ich meinen Studenten immer wieder sage, dass sie solche Dinge spätnachts im dunklen Studio nicht tun sollen – denn körperlose schwebende Köpfe haben schon für so manchen Herzkasper gesorgt. Ich weiß nicht, wie viele Studenten meine Vorlesungen an der Universität schon haben sausen lassen, nachdem sie herausgefunden hatten, dass ich keine Lehrerlaubnis für diese Universität – oder überhaupt irgendeine Universität – habe, und natürlich waren sie von dieser »Kopfsache« zu Tode erschrocken, was ich meinerseits für die Hauptursache dafür gehalten habe, dass sie meine Vorlesungen sausen ließen. In der Praxis jedenfalls passiert normalerweise eher Folgendes: Ihr Modell trägt einen roten Kapuzenpullover, hat hellblondes Haar und einen eher blassen Teint und weiße Hosen, und es hebt sich perfekt vom schwarzen Hintergrund ab. In diesem Fall gibt es überhaupt keinen Grund, das Modell vom Hintergrund zu separieren, weswegen Sie hier weder einen zweiten Blitz benötigen noch dieses Kapitel lesen müssen. Wenn ich Sie wäre, würde ich es überspringen. – Ehrlich gesagt, hätte ich nicht gedacht, dass Sie schon wieder auf diesen Trick hereinfallen. Sie würden einen tollen Stormtrooper abgeben.

Hintergründe ohne zweiten Blitz ausleuchten

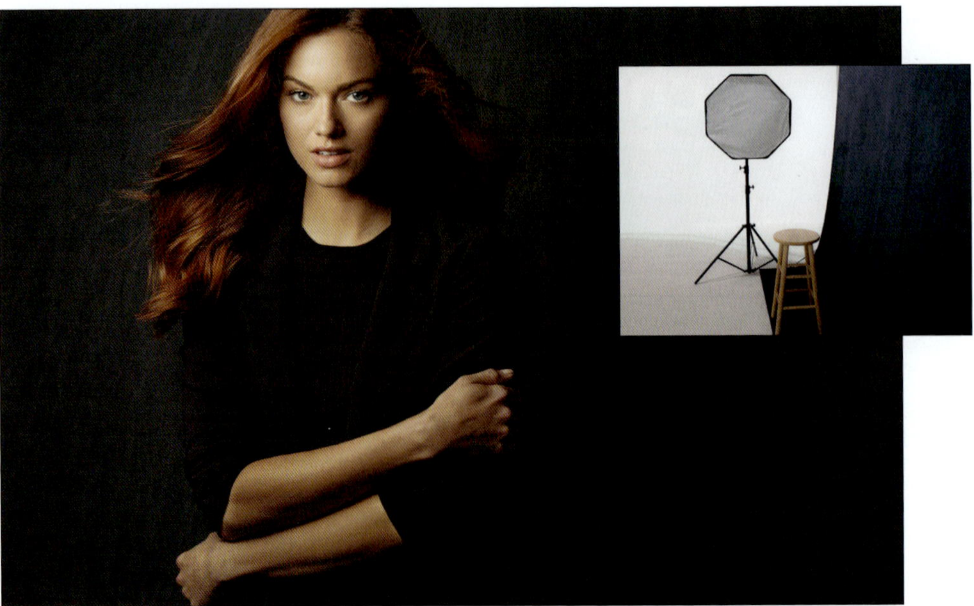

Normalerweise empfiehlt es sich, Modell und Hintergrund separat auszuleuchten. Das ist auch ein Grund dafür, warum wir immer versuchen sollten, das Modell in einem Abstand von zweieinhalb bis drei Metern vom Hintergrund entfernt aufzustellen. (Ein zweiter Grund besteht darin, dass der Schatten des Modells nicht auf den Hintergrund fallen soll, und durch diesen Abstand sorgen wir dafür, dass der Schatten auf dem Boden landet.) Wenn Sie den Hintergrund ausleuchten möchten, aber nur ein einziger Blitz vorhanden ist, dann müssen Sie diesen nah genug am Hintergrund positionieren, sodass das Blitzlicht ihn erreicht. In diesem Fall beleuchtet der Blitz nicht nur das Modell, sondern auch den Hintergrund – allerdings darf der Abstand zwischen beiden nicht zu groß sein. Das funktioniert am besten mit großen Softboxen wie der Westcott Mega Apollo JS-Softbox mit versenkter Vorderseite und einer Kantenlänge von 127 cm oder dem Durchlicht-Parabolschirm (213 cm) desselben Herstellers, weil diese durch ihre schiere Größe einen größeren Hintergrundbereich abdecken können. Aber auch mit kleineren Softboxen (wie der Westcott Rapid Box Duo, 81 cm) oder sogar mit der regulären Rapid Box (66 cm) lassen sich zufriedenstellende Ergebnisse erzielen. Wenn Sie also beim nächsten Mal nicht wissen, wie Sie das mit der Hintergrundbeleuchtung hinkriegen sollen, dann probieren Sie einmal, Ihren Blitz näher an den Hintergrund heranzuschieben (und ziehen Sie das Modell am besten einfach gleich mit). Dann kann der Blitz seine Doppelaufgabe besser erfüllen.

Am Anfang steht eine Entscheidung

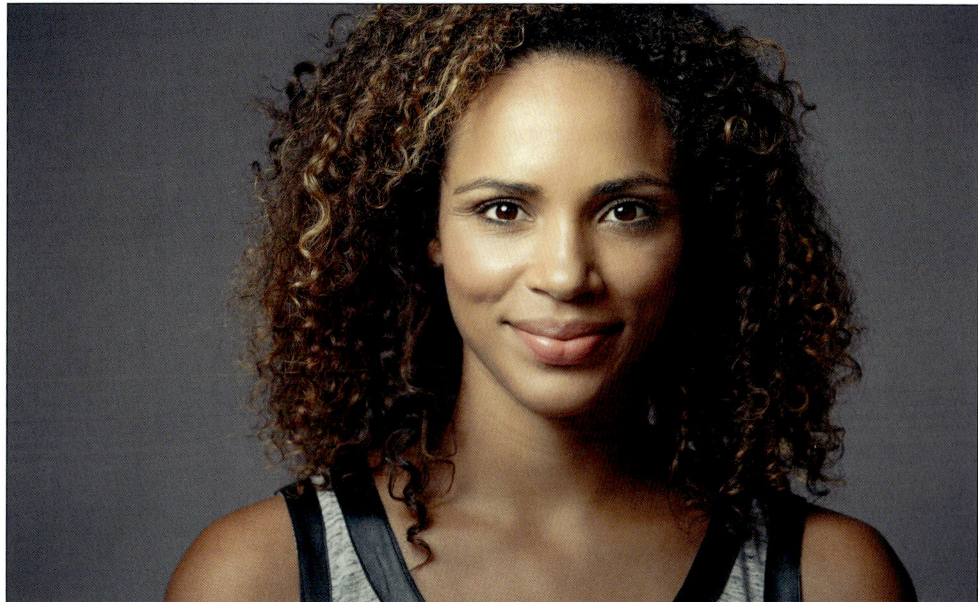

Zunächst müssen Sie entscheiden, wie Sie Ihren Hintergrund überhaupt gestalten möchten. Bevorzugen Sie einen gebündelten Spotlighteffekt, oder hätten Sie lieber einen weichen, breiten und verwaschenen Lichteinfall im Hintergrund, wie Sie ihn beispielsweise oben sehen? Davon hängt nämlich ab, welches Zubehör Sie ggf. zum Kreieren dieses Looks benötigen und wie weit Ihr Blitz vom Hintergrund entfernt sein muss. Hierdurch wird auch vorgegeben, ob Sie mit einem Blitz auskommen oder mehrere benötigen. Aber zunächst sollten wir uns erst einmal klarmachen, warum der Hintergrund überhaupt ausgeleuchtet werden soll. Der wahrscheinlich wichtigste Grund hierfür ist die Trennung zwischen Hintergrund und Motiv. Ziel ist ja, Porträts mit Tiefe zu schaffen und das Modell abzugrenzen. So sollte beispielsweise dunkles Haar nicht in einem gleichermaßen dunklen Hintergrund verschwinden. Indem wir eine solche Abgrenzung mithilfe von Blitzlicht schaffen, geben wir unseren Bildern mehr Tiefe. Ein weiterer Grund besteht darin, dass die Farben, die wir auf dem Set sehen, auch lebensnah auf das Foto übertragen werden sollen. Würde ich Ihnen etwa eine Rolle weißes Hintergrundpapier zeigen und fragen, welche Farben es hat, dann würden Sie natürlich nach einem flüchtigen Blick darauf sagen, dass es weiß ist. Hängen Sie jedoch dieses Papier auf und nutzen es als Hintergrund, dann werden Sie wahrscheinlich ziemlich überrascht sein festzustellen, dass die Farbe hinter Ihrem Modell keineswegs weiß ist: Ohne zusätzliche Beleuchtung erscheint es auf dem Bild grau. Das Gleiche gilt auch für farbiges Papier: Lassen Sie hellblaues Hintergrundpapier unbeleuchtet, dann hat es auf dem fertigen Bild ein sehr dunkles Blau. Sie müssen helle und bunte Hintergründe also ausleuchten, sonst sind sie später alles andere als hell und bunt. Der dritte Grund ist die Tatsache, dass beleuchtete Hintergründe schlicht »professioneller« wirken.

Erschwingliche Hintergründe

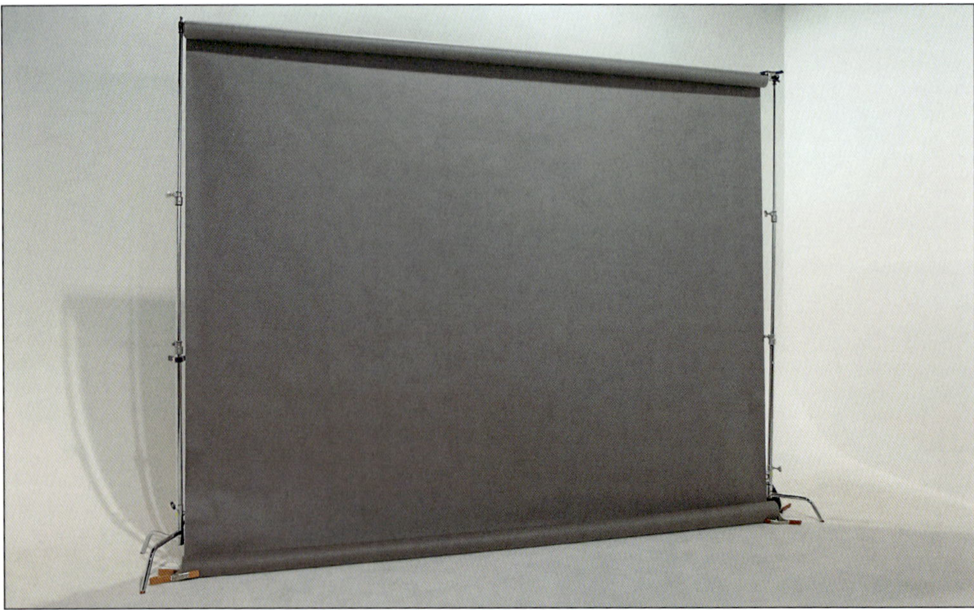

Hintergrundpapier auf Rollen gehört heutzutage zu den wohl beliebtesten Hintergründen, die im Studio als auch bei Außenaufnahmen eingesetzt werden. Solche Hintergründe gibt es schon ewig, und sie werden uns wohl noch eine ganze Zeit lang begleiten, denn sie sehen gut aus und sind wirklich kostengünstig. Für Gesichtsporträts können Sie sich eine Rolle weißes Hintergrundpapier besorgen. Hier bietet sich 135 cm breites Papier an, das auf 11 Meter langen gerollten Bahnen erhältlich ist (z. B. das Savage Widetone 01 Super White für ca. 40 € oder eine Rolle graues oder schwarzes Papier etwa zum gleichen Preis – Savage-Hintergründe werden hierzulande von Tetenal vertrieben und sind über den Fachhandel erhältlich). Der Preis ist wirklich ein Witz. Nun gut, jetzt haben Sie weißes Hintergrundpapier mit 135 cm Breite, aber das würde ich nur für Porträtaufnahmen verwenden. Für alles andere gibt es Rollen mit doppelter Breite (271 cm). Auch wenn diese mit ca. 150 € deutlich teurer sind, werden Sie mir für diesen Tipp noch dankbar sein. Wenn Sie nämlich hier an der falschen Stelle sparen, werden Sie große Schwierigkeiten bekommen, die Papierkanten aus Ihren Aufnahmen herauszuhalten, und müssen das später alles in Photoshop machen. Und dann werden Sie sich dafür verfluchen, nicht die breite Rolle gekauft zu haben. (Jedes Mal, wenn ich glaubte, am falschen Ende sparen zu können, und deswegen die schmale Bahn genommen habe, habe ich es hinterher bereut. Wirklich *jedes* Mal.) Zur Aufhängung der Papierrolle können Sie noch ein spezielles Stativsystem für Hintergrundpapier einsetzen, wie es etwa mit einer Breite bis zu 3 m bei Walimex schon ab 200 € erhältlich ist (beachten Sie, dass die breiten Rollen bis zu 25 kg wiegen können!). Das müssen Sie zum Glück nur einmal kaufen und können es dann für alle Hintergrundrollen verwenden.

Diese Hintergrundfarbe brauchen Sie als erste

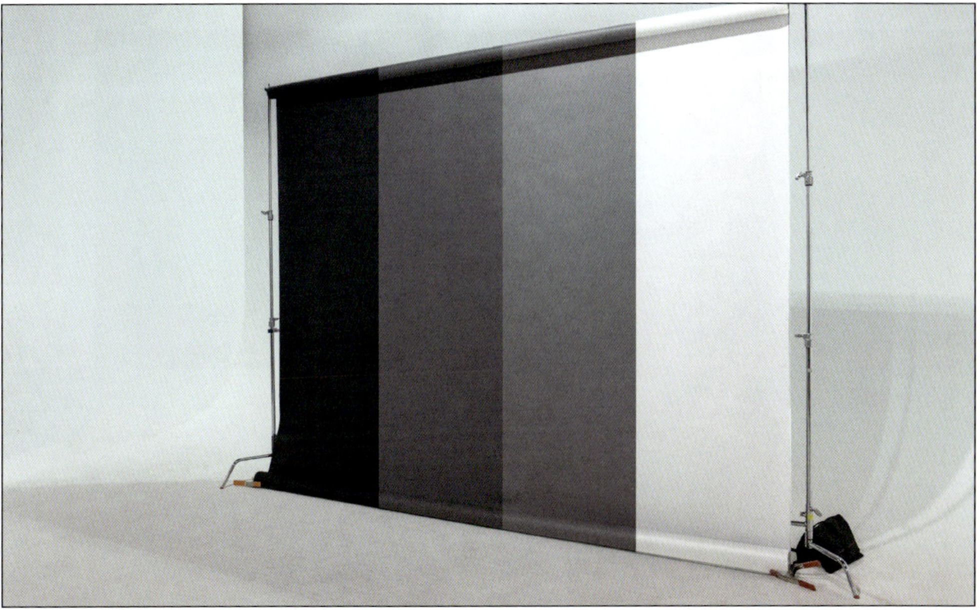

Wenn Sie Ihre erste Rolle kaufen, dann empfehle ich die Anschaffung von weißem Papier. Denn mit weißem Papier erhalten Sie nicht nur einen, sondern insgesamt vier Hintergründe. Und das geht so: 1. Wenn Sie einen richtig hellen Blitz auf diesen Hintergrund richten (siehe Seite 110), dann wird daraus ein einheitlich weißer Hintergrund. Das ist Ihre erste Farbe. Und ja, auch wenn dieses Papier einen kräftigen Weißton hat, sieht es grau aus, wenn Sie es nicht beleuchten. Was uns zur nächsten Farbe bringt. 2. Wenn Sie den Hintergrund nicht mit einem Blitz ausleuchten, dann gelangt auch eine gewisse Menge Licht von Ihrem Hauptblitz darauf, wodurch Sie einen hellgrauen Hintergrund erhalten. Das funktioniert, solange Ihre Softbox nicht zu weit vom Hintergrund entfernt ist – maximal anderthalb oder zwei Meter. 3. Platzieren Sie Ihre Softbox dagegen zweieinhalb oder drei Meter vom Hintergrund entfernt (das ist etwa der Abstand, den ich zwischen mein Modell und den Hintergrund bringe, damit – wie erwähnt – dessen Schatten auf den Boden und nicht auf den Hintergrund fällt), dann erhalten Sie einen dunkelgrauen Hintergrund. Sie verstehen schon, was hier abläuft, oder? Je weiter Ihre vordere Softbox vom Hintergrund entfernt ist, desto dunkler ist der Grauton, den der Hintergrund annimmt. 4. Wenn Sie schließlich Ihre Softbox weiter als drei Meter von ihrem Hintergrund entfernen oder aber Ihr Blitzstativ vollständig ausfahren und die Softbox ganz schräg stellen, dann gelangt kein Licht Ihres Blitzes mehr auf den Hintergrund, und dieser wird vollständig schwarz (Schwer zu glauben, aber probieren Sie es einmal aus und trauen Sie ihren Augen nicht, denn eigentlich haben Sie ja weiterhin eine Rolle weißes Papier vor sich. Aber zum Glück sieht das Ihre Kamera ganz anders.). Das war's – vier verschiedene Hintergründe mit nur einer Papierrolle. Nicht schlecht, oder?

Leinwand und bemalte Hintergründe

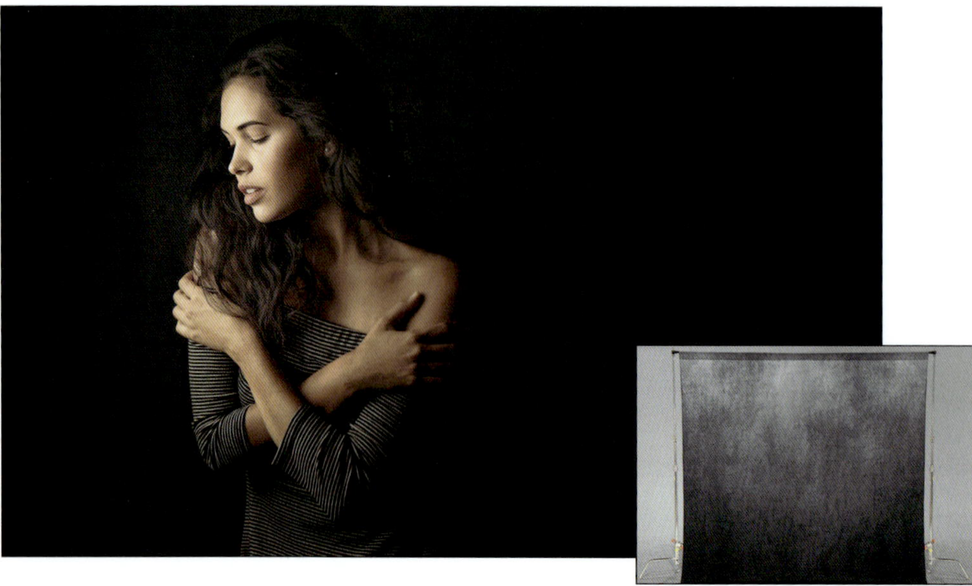

Wir haben bislang vor allem über unifarbenes Papier als Hintergrund für Innenaufnahmen gesprochen. Das liegt vor allem daran, dass es erstens sehr kostengünstig ist, zweitens eine Vielzahl von Farbtönen angeboten wird und Sie drittens mit ein und derselben Farbe unterschiedliche Hintergründe gestalten können, indem Sie den Hintergrund einfach unterschiedlich ausleuchten (siehe vorherige Seite). Allerdings könnten Sie, wenn Sie es auf die Spitze treiben möchten, die Anschaffung eines handbemalten Leinwandhintergrundes erwägen. Solche Hintergründe sind etwas teurer, aber wenn Sie ein bisschen suchen (Stichwort »Backdrop«), können Sie unglaubliche Schnäppchen machen. (Es gibt welche im Preisbereich um die 100 € und noch darunter.) Natürlich gilt: Je breiter der Hintergrund, desto kostspieliger wird die Angelegenheit, aber mit Etsy.com habe ich eine Quelle ausgemacht, auf der es in dieser Hinsicht Wahnsinns-Deals gibt. Dort finden Sie sogar ausgesprochen breite Hintergründe unter 100 €! Ein Tipp, den ich Ihnen mit auf den Weg geben will: Wenn Sie diesen Hintergrund häufig einsetzen wollen, dann sollten Sie sich für ein Produkt entscheiden, das relativ neutral wirkt (zum Beispiel eines in dunkel- oder hellgrauer Farbe). Bei zu auffälligen Backdrops mit hohem Wiedererkennungswert wirken alle Ihre Aufnahmen sehr ähnlich, und Sie bekommen ständig den Satz zu hören: »Oh, schon wieder dieser Hintergrund.« Hinzu kommt: Sie können die Farbe eines neutralen, klassischen Hintergrundes jederzeit mithilfe von Filterfolien (siehe Seite 116) oder sogar noch in der Nachbearbeitung ändern. Sie sehen den Backdrop, vor dem ich diese Aufnahme gemacht habe, auf dem rechten Foto oben. Wenn Sie allerdings den ebenfalls oben abgebildeten spektakulären Look nachstellen wollen, dann stellen Sie den Blitz direkt seitlich neben dem Modell auf, so wie Sie es auf Seite 102 gesehen haben.

Lichtstative für Hintergrundblitze

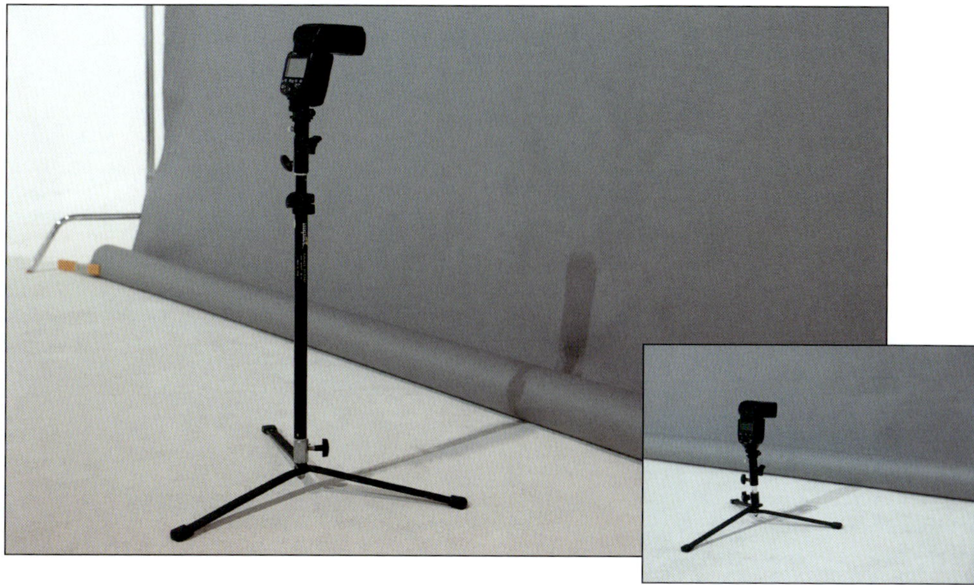

Es gibt eine Sache, mit der wir alle zu kämpfen haben, wenn wir direkt hinter unserem Modell einen Hintergrundblitz aufstellen: Wir müssen dafür sorgen, dass weder der Blitz noch das Stativ auf der Aufnahme zu sehen sind. Selbst wenn Sie ein ganz normales Lichtstativ nehmen und dieses so klein wie möglich machen, haben Sie, sobald Sie einen großen Blitz darauf setzen, während des ganzen Shootings damit zu tun, diesen aus dem Bild zu halten. Deswegen gibt es jetzt ganz besondere Stative speziell für Hintergrundblitze, die super niedrig sind und Ihnen das Leben leichter machen. Das Beste daran ist, dass ich das Rohr komplett abschrauben und nur den Dreifuß verwenden kann. Den Blitz schraube ich dann direkt auf den Sockel, der sich nur wenige Zentimeter über dem Boden befindet (siehe kleine Abbildung oben). Hierzu müssen Sie lediglich den Adapter oben von der Stange abschrauben; dieser passt genau in die Öffnung unten am Sockel. So lässt sich der Blitz wirklich *fast* ganz unten anbringen. Was hinzukommt: So ein Ständer kostet gerade einmal 20 €. Auch diese Investition wird Ihre Arbeit mit dem Blitz einfacher machen.

Warum der Abstand zwischen Blitz und Hintergrund so wichtig ist

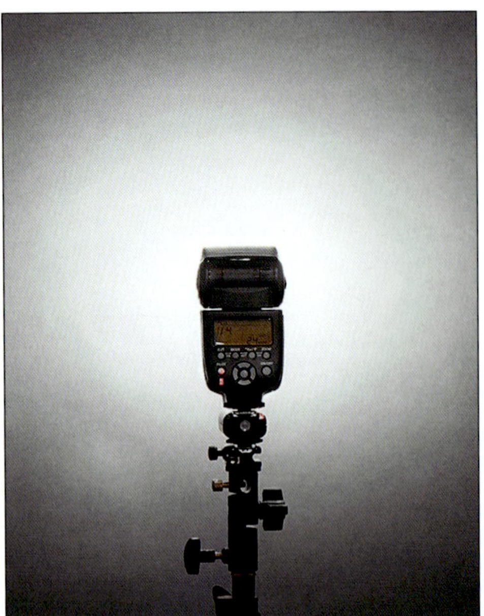

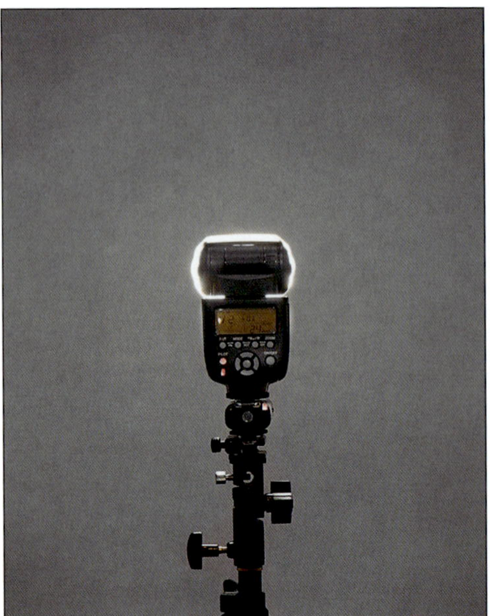

Vielleicht erscheint es Ihnen selbstverständlich, aber einfach gesagt ist es so, dass Spotlight und Lichtbündelung in der Mitte umso stärker werden, je näher Sie den Blitz an den Hintergrund heranschieben. Insofern gilt: Wollen Sie tatsächlich einen kleinen Spotlighteffekt hinter Ihrem Modell, dann platzieren Sie den Blitz näher am Hintergrund. Brauchen Sie hingegen einem größeren Lichtkreis, der einen Großteil des Hintergrunds ausfüllt? Dann muss der Blitz vom Hintergrund weg. Außerdem ist, wenn der Blitz nah am Hintergrund steht, dass Spotlight ziemlich klar abgegrenzt und fällt nach außen hin extrem schnell in die Hintergrundfarbe ab. Bewegen Sie den Blitz hingegen weiter weg, dann wird der Lichtkreis größer, und der Lichtabfall erfolgt sanfter und gleichmäßiger zu den dunklen Rändern hin, im Stil einer Vignettierung. Und was ist jetzt richtig? Das bleibt Ihnen und Ihrem persönlichen Geschmack überlassen. Allerdings wissen Sie jetzt, sofern Sie eine Variante bevorzugen, wie Sie sie umsetzen: näher zum Hintergrund für ein kleines Spotlight, weiter weg für einen größeren Lichtkreis.

Vor der Einrichtung des Hintergrundblitzes: Hauptblitz aus!

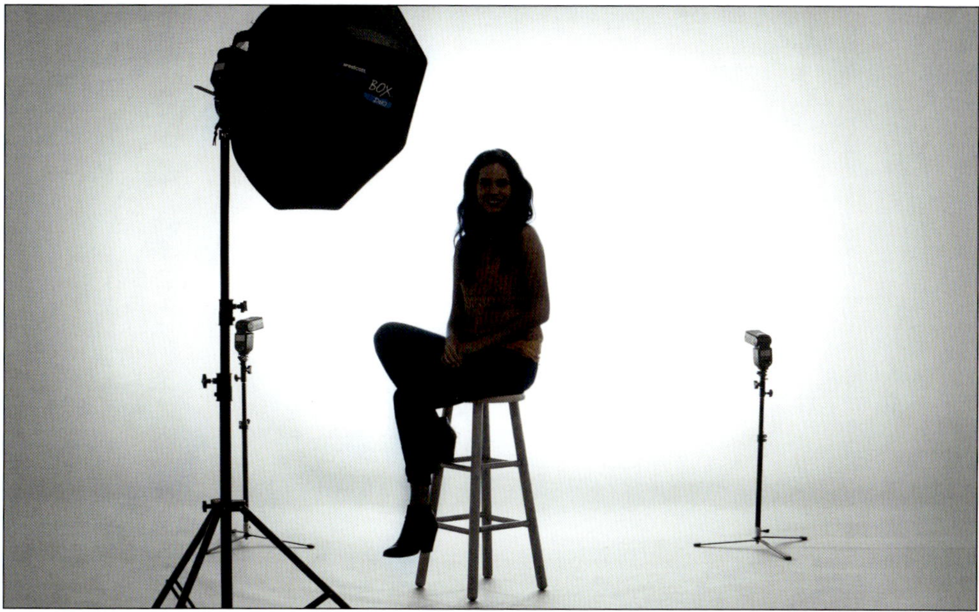

Vermeiden Sie diesen Anfängerfehler: Schalten Sie beim Einrichten mehrerer Blitze auf keinen Fall alle auf einmal ein. Denn wenn Sie eine Testaufnahme machen und die Beleuchtung nicht stimmig ist, dann werden Sie die Ursache nicht genau benennen können: Sie wissen, dass irgendetwas falsch ist, aber Sie wissen nicht, was. Die Zahl der Fotografen, die ich an dieser Stelle habe resignieren sehen, ist Legion. Richten Sie Ihr Licht statt dessen Blitz für Blitz ein. Dabei beginnen Sie am besten mit dem Hintergrundblitz: Sorgen Sie dafür, dass er genauso aussieht, wie Sie es sich vorstellen. Verwenden Sie zwei Blitze im Hintergrund, dann optimieren Sie erst die eine Seite und schalten den zweiten Blitz erst danach ein. Sieht der Hintergrund nun so aus, wie Sie es sich vorgestellt haben, dann schalten Sie Ihren vorderen Blitz ein und beginnen mit dessen Einrichtung. Behalten Sie dabei immer im Hinterkopf, dass zwei verschiedene Dinge ausgeleuchtet werden: Ihr Modell und der Hintergrund. Indem Sie alle Blitze nacheinander einrichten, können Sie jedes Licht einzeln betrachten und feststellen, wie es wirkt und ob es tut, was es soll. Sieht der erste Blitz gut aus, dann schalten Sie ihn ab und wenden sich dem zweiten Blitz zu. Sieht auch dieser gut aus, dann aktivieren Sie beide Hintergrundblitze und führen letzte Optimierungen durch. Jetzt schalten Sie den Hauptblitz ein und stellen diesen wie gewünscht ein. Indem Sie einen Schritt nach dem anderen durchführen, vermeiden Sie eine Menge Scherereien. Und auch wenn es so klingt, als dauere dies länger: Sie sind so viel schneller mit der Vorbereitung fertig, weil Sie keine Zeit mit der Fehlersuche verschwenden und nicht herausfinden müssen, warum Ihr Blitzaufbau »irgendwie nicht richtig« aussieht.

Einheitlich weißer Hintergrund

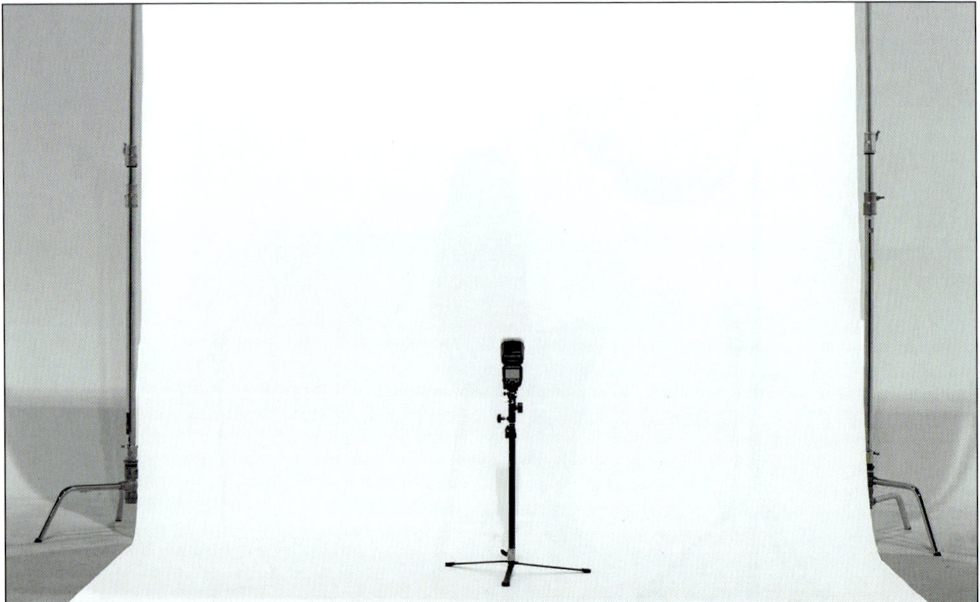

Das Geheimnis eines makellos weißen Hintergrundes besteht vor allem darin, ihn ordentlich auszuleuchten – neben der simplen Anforderung, weißes Hintergrundpapier zu verwenden. Mit viel Licht. *Sehr* viel Licht. Hierzu stellen wir den Blitz auf Vollleistung (1/1) und setzen einen Diffusoraufsatz auf, um das Licht etwas zu streuen. Befestigen Sie Ihren Blitz auf einem niedrigen Lichtstativ (wie dem hier abgebildeten), das nach oben auf den Hintergrund weist. Wenn ihr Hintergrund nicht zu groß ist (weil Sie vielleicht eine Porträtaufnahme machen), können Sie einen weißen Hintergrund mit nur einem einzigen Blitz ohne Probleme ausleuchten. Machen Sie hingegen Ganzkörperaufnahmen und müssen Sie dabei eine 2,70-m-Rolle Hintergrundpapier ausleuchten, dann müssen Sie wahrscheinlich zwei Blitze einsetzen. Der Hintergrundblitz muss zwar heller sein als der Blitz, mit dem Sie Ihr Modell beleuchten, aber der springende Punkt ist, dass Sie das Licht nicht so hell machen, dass die Haarspitzen Ihres Modells geschmolzen werden, so dass die Haare in Photoshop oder Lightroom Details eingebüßt haben und irgendwie angesengt aussehen. Wenn Sie also Ihren Blitz (oder Ihre Blitze) aufgestellt und überprüft haben, dass der Hintergrund reinweiß ist, platzieren Sie Ihr Modell und machen eine Testaufnahme. Danach vergrößern Sie diese Aufnahme auf Ihrem Kameradisplay und überprüfen, ob die Haare getoastet aussehen. Falls ja, müssen Sie die Leistung Ihres Hintergrundblitzes ein wenig zurücknehmen. Danach machen Sie eine weitere Probeaufnahme. Wenn der Hintergrund nach dem Herunterregeln der Leistung nicht mehr komplett weiß aussieht, vergrößern Sie den Abstand zum Hintergrund, sodass nicht zu viel Licht von dort auf das Modell zurückgeworfen wird. Danach regeln Sie die Blitzleistung wieder hoch, bis der Hintergrund wieder seine weiße Farbe hat.

Breiter, einheitlich weißer Hintergrund

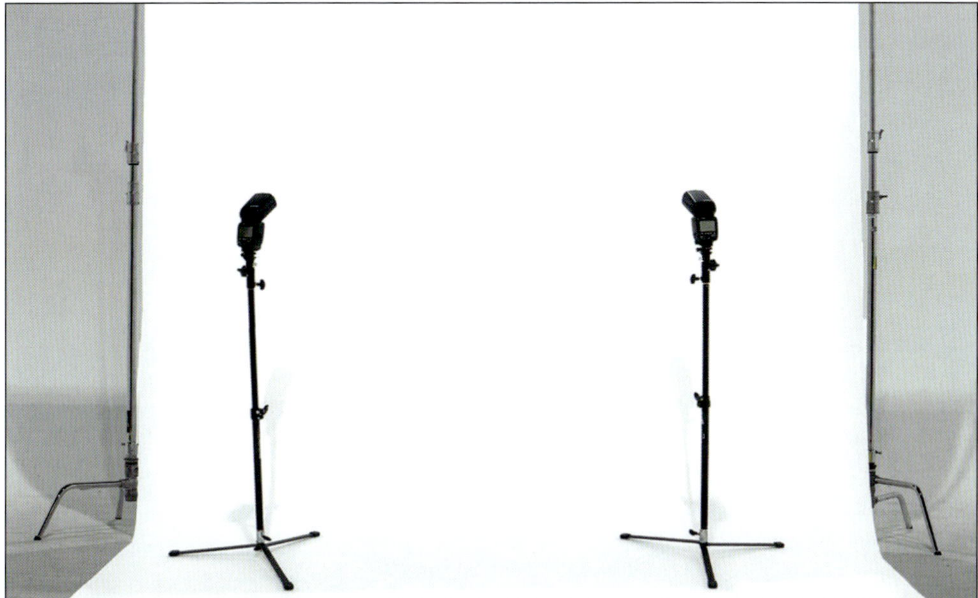

Wenn Sie Dreiviertel- oder Ganzkörperaufnahmen machen und dazu eine wirklich breite Rolle Hintergrundpapier ausleuchten müssen, werden Sie wahrscheinlich zwei Blitze einsetzen müssen. Sie können dann einen Aufbau wie den hier gezeigten verwenden, bei dem auf jeder Seite des Modells je ein Blitz seitlich hinter dem Modell angeordnet wird. Beide Blitze sind im 45°-Winkel auf den Hintergrund gerichtet. Bei Ganzkörperaufnahmen würden Sie die Stative auf der Aufnahme sehen. Um das zu vermeiden, ziehen Sie sie vom Papier weg, ändern aber ihre Ausrichtung nicht (Außerdem müssen Sie natürlich, weil die Blitze jetzt weiter vom Hintergrund entfernt sind, auch die Leistung ein bisschen anheben.). Übrigens: Mit zwei derart angeordneten Blitzen können Sie so viel Licht erzeugen, dass selbst hellgraues Papier einen vollständig weißenTon annimmt.

Wie Sie das Streuen von Blitzlicht auf den Hintergrund vermeiden

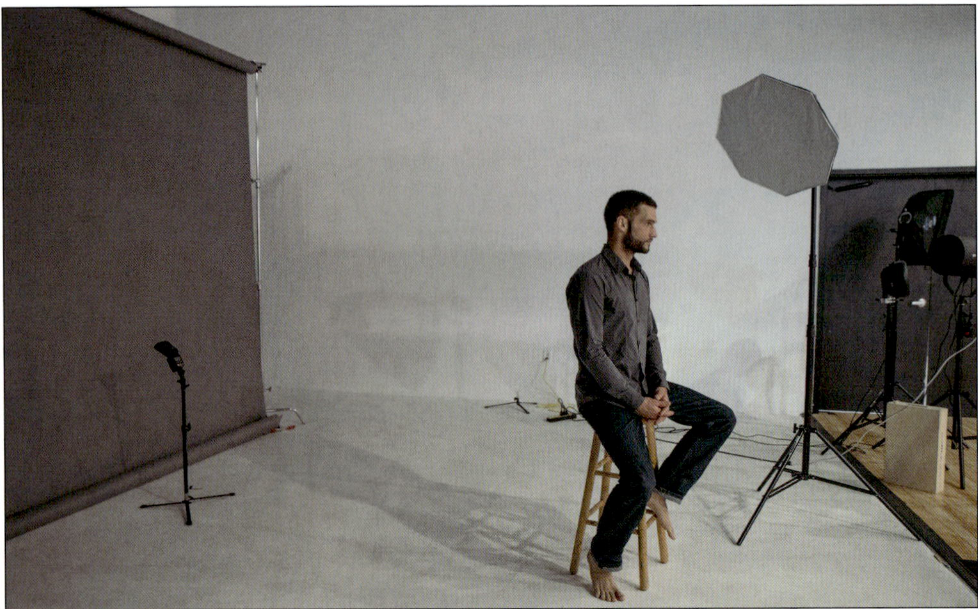

Wenn Sie Ihren Hintergrundblitz mit einer Farbfolie versehen (siehe Seite 116), dann wünschen Sie sich für Ihren Hintergrund natürlich eine ansprechende und lebhafte Farbe. Um sicherzustellen, dass Ihre Hintergrundfarbe diese Anforderungen auch erfüllt, müssen Sie dafür sorgen, dass kein Licht Ihres Frontblitzes (der ja zur Ausleuchtung des Modells dient) auf Ihren Hintergrund übertritt und die bunte Farbe dort ausbleicht, denn sonst sieht der ganze Hintergrund eher nach »hm« aus. Hierzu müssen Sie lediglich dafür sorgen, dass Ihr Hauptblitz weit genug vom Hintergrund entfernt ist, sodass sein Licht diesen nicht erreichen kann. Normalerweise platziere ich mein Modell etwa zweieinhalb bis drei Meter vom Hintergrund entfernt. Der Hauptblitz landet dann noch etwas weiter vorne, sodass er insgesamt mindestens vier bis viereinhalb Meter vom Hintergrund entfernt ist. Dieser Abstand sollte groß genug sein, um sicherzustellen, dass das Licht den Hintergrund überhaupt nicht erreicht. Sie können das testen, indem Sie Ihren Hintergrundblitz abschalten und dann eine Probeaufnahme nur mit ihrem Vorderblitz machen. Überprüfen Sie dann, ob dessen Licht an irgendeiner Stelle auf den Hintergrund trifft. Ist dies der Fall, dann schieben Sie den Hauptblitz etwas weiter vom Hintergrund weg (Vergessen Sie aber nicht, auch Ihr Modell oder Motiv um dieselbe Strecke nach vorne zu verschieben, sodass der Abstand zum Hauptblitz gleich bleibt.). Auf diese Weise sorgen Sie dafür, dass die Farbe Ihres Hintergrundes einheitlich bleibt.

So verhindern Sie ein Streuen des Hintergrundblitzes auf Ihr Motiv

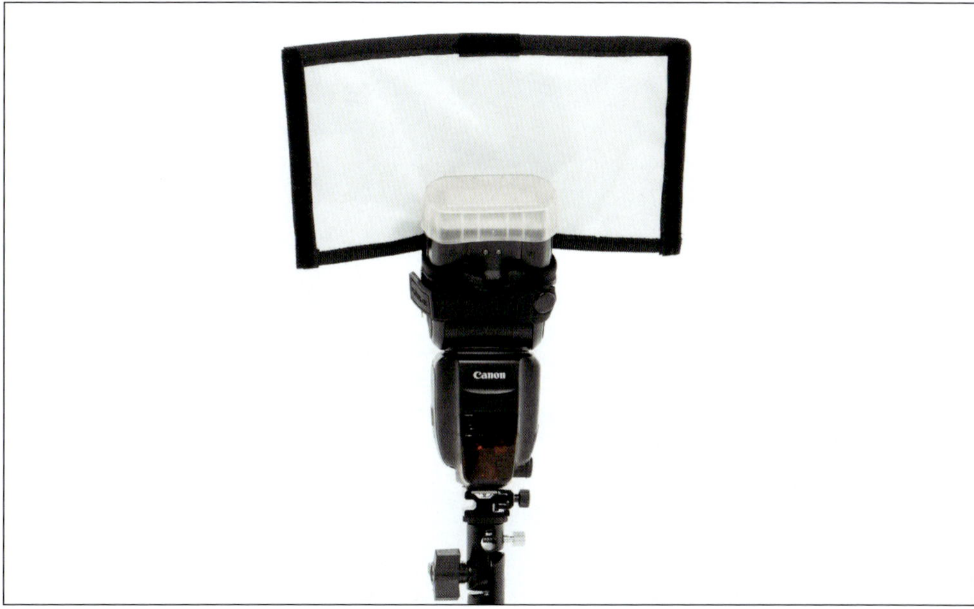

Sofern Sie nicht gerade einen hellen, einheitlich weißen Hintergrund verwenden (weil es in diesem Fall manchmal sogar gut aussehen kann, wenn hiervon ein wenig Licht auf Ihr Modell reflektiert wird und so ein leichtes Streiflicht entsteht), sollten Sie dafür sorgen, dass das Licht Ihres Hintergrundblitzes ausschließlich auf den Hintergrund fällt. Dies gilt vor allem bei der Verwendung von Filterfolien. Ich erreiche das in der Regel, indem ich einen Rogue FlashBender 2-Reflektor (Größe S) an meinen Blitz montiere. Es handelt sich hierbei um eine breite Platte, die um den Blitzkopf herum gewickelt wird. Kostenpunkt ca. 45 €. Der Reflektor kann so angebracht werden, dass das gesamte Licht meines Blitzes auf dem Hintergrund landet, während mein Modell vollständig ausgespart wird. Man kann ihn nach Belieben in die gewünschte Position verbiegen, in der er dann auch verbleibt. Für solche Anwendungen gibt es nichts Praktischeres. Mein Exemplar ist 27 cm × 18 cm groß und tut genau das, was ich will. Es sind auch größere Varianten erhältlich (siehe Seite 124), aber die kosten entsprechend mehr.

TIPP

HINTERGRUNDLICHT MIT EINEM DIFFUSORAUFSATZ STREUEN

Auch wenn ich eigentlich kein Fan von Diffusoraufsätzen bin, können sie bei der Streuung des Lichts von Hintergrundblitzen hilfreich sein. Dies ist also ein Fall, wo solche Komponenten einen Unterschied machen. Verwenden Sie eine Filterfolie bei Ihrem Hintergrundblitz, dann befestigen Sie diese im Aufsatz. Danach montieren Sie den Aufsatz mit einliegender Folie, die Sie dann auch nicht zusätzlich befestigen müssen.

So erstellen Sie einen abgestuften Hintergrund

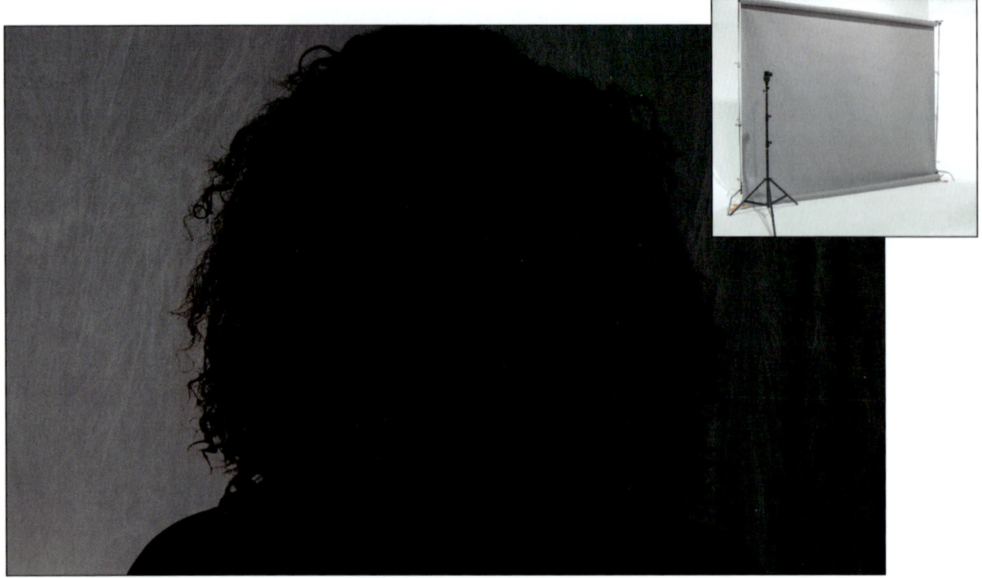

Bei der Abstufung wird eine Seite des Hintergrundes beleuchtet, und das Licht fällt dann zur anderen Seite hin immer stärker ab. Das sieht in etwa so aus, als ob Sie das Farbverlaufswerkzeug von Photoshop einmal quer über den Hintergrund – von hell nach dunkel – gezogen hätten. In der Praxis erzielen Sie diesen Effekt, indem Sie den Hintergrundblitz seitlich aufstellen und das Licht über den Hintergrund verlaufen lassen. Dabei wird diejenige Seite des Hintergrundes, die dem Blitz näher steht, deutlich heller sein, und zur anderen Seite hin wird es immer dunkler. (Wenn Sie die Leistungseinstellung am Blitz auf Vollleistung stellen, ist der Helligkeitsverlauf weniger ausgeprägt. Je nach Position kann es sogar sein, dass der gesamte Hintergrund ausgeleuchtet wird, was hier aber nicht gewollt ist. Stellen Sie den Blitz in diesem Fall auf 1/2 zurück und machen Sie erst einmal eine Probeaufnahme.) Sie können Ihren Blitz für diesen Hintergrundeffekt auch sehr weit oben anordnen. Dann wird der Hintergrund von der oberen Ecke her beleuchtet, und der Verlauf erfolgt diagonal zur gegenüberliegenden unteren Ecke. Hierzu müssen Sie lediglich Ihr Blitzstativ ganz ausfahren und den Blitz dann auf die jenseitige Ecke richten. Möchten Sie einen schnellen Lichtabfall, dann stellen Sie den Blitz relativ nah vor dem Hintergrund auf (30–50 cm); für einen längeren und allmählichen Verlauf hingegen positionieren Sie Ihren Blitz etwas weiter weg. Dann wird das Licht breiter und ohne abrupten Lichtabfall gestreut. Denken Sie dabei immer daran, dass kein Licht auf Ihr Modell fallen darf (siehe vorherige Seite). Es gibt auch noch eine weitere Sache, die Sie nicht vergessen dürfen: Wenn Sie den Hintergrund von der Seite beleuchten, dann muss sich der Hintergrundblitz auf der gleichen Seite befinden wie Ihr Hauptblitz, damit die Beleuchtung auf den Betrachter konsistent wirkt, statt ihn zu irritieren.

So erzeugen Sie ein definiertes Spotlight

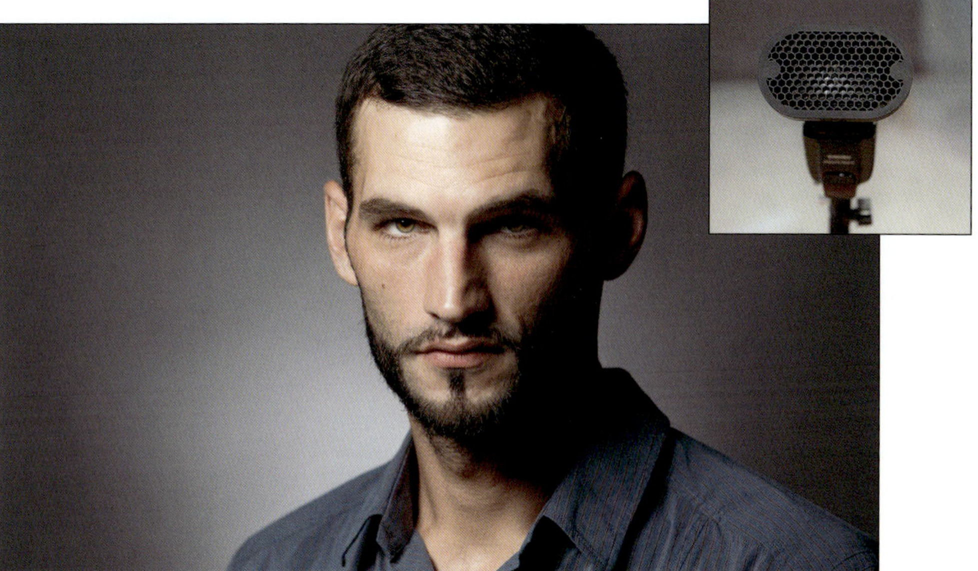

Erinnern Sie sich? In Kapitel 4 haben wir bereits über die Verwendung von Waben gesprochen, mit denen sich ein stark gebündelter Lichtstrahl ohne nennenswerte Streuungen erzeugen lässt. Wünschen Sie sich einen klar abgegrenzten Spotlighteffekt hinter Ihrem Modell, dann können Sie eine Wabe vor Ihren Hintergrundblitz setzen und erhalten auf diese Weise einen kleinen Lichtpunkt mit starker Definition. Für diesen Zweck geeignete Waben erhalten Sie bei Rogue und MagMod. Mit ihnen lässt sich ein gebündeltes, aber nicht zu grelles Spotlight erstellen. (Die MagMod-Wabe hat einen 40°-Winkel, die von Rogue ist mit 45° nur unwesentlich breiter. Dabei gilt: Je kleiner der Wabenwinkel, desto klarer ist der Lichtpunkt abgegrenzt.) Das Rogue Starter-Kit enthält nicht nur die erwähnte 45°-Wabe, sondern zusätzlich auch eine 25°- und eine 16°-Wabe. Allerdings sind diese beiden beinahe schon zu drastisch für die Beleuchtung von Hintergründen. Sie eignen sich eher für Spezialeffekte, weswegen ich stets die 45°-Variante empfehle.

Farbfilter für Hintergründe

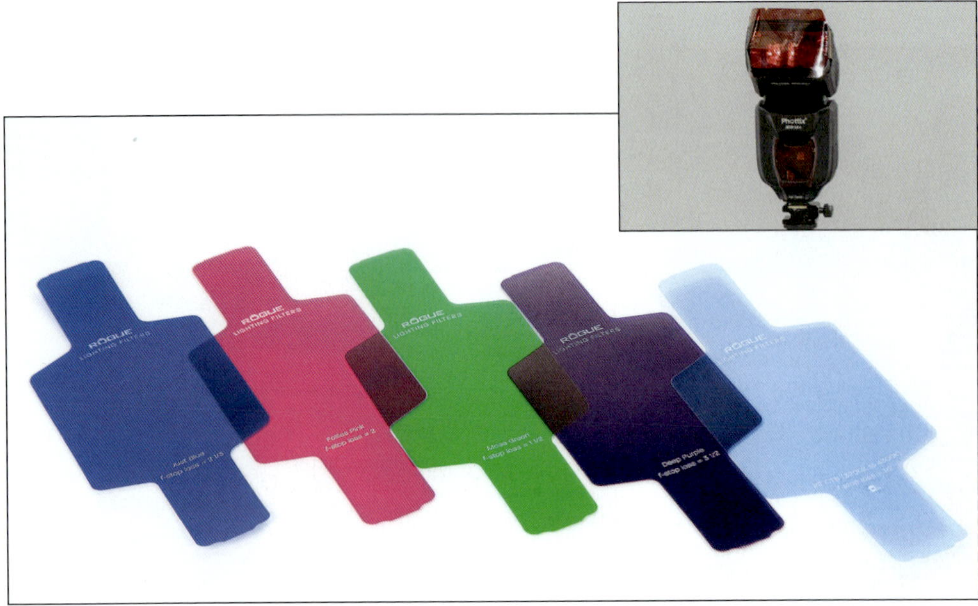

Neben den regulären Filterfolien zur Farbkorrektur (wie die CTOs) gibt es auch Spezialfolien für die Hintergrundbeleuchtung, und deren Farben sind sehr hell und bunt. Die oben gezeigten Exemplare stammen von Rogue. Von diesem Anbieter gibt es das Gels Universal Lighting Filter-Kit mit wirklich ansprechenden Farbeffektfolien. Es enthält insgesamt 20 verschiedene Folien, die sich hervorragend für die Beleuchtung von Hintergründen eignen. Und das Beste? Das ganze Set einschließlich des Bandes zur Befestigung der Folien an Ihrem Blitz und einem Etui zur Aufbewahrung der Folienaufsätze kostet nur um die 30 €! Möchten Sie das Licht Ihres Blitzes mit der Rogue-Wabe bündeln, dann können Sie dafür bei Rogue vorgefertigte Filter erwerben, die genau auf diese Wabe passen. Diese erhalten Sie unter der Bezeichnung Grid Gels: Combo Filter-Kit. Auch hier sind 20 Folieneinsätze vorhanden, und das zu einem Preis von knapp 30 €. Aber denken Sie daran, dass diese Folieneinsätze rund sind und sich deswegen nur in Kombination mit den Rogue-Waben sinnvoll verwenden lassen. Bevorzugen Sie dagegen eher MagMod und haben Sie bereits ein MagMod Basic-Kit, dann finden Sie dort kleine Schlitze zum Hinzufügen von Farbfolien. Hierfür bietet MagMod das Creative Gels-Set an: ein Paket mit acht Einsätzen aus Kunststoff in hellen und bunten Farben, die für alle MagMod-Artikel funktionieren – sei es durch Einschieben oder durch Aufsetzen. Der Preis liegt abermals bei etwa 30 €. Natürlich können Sie (siehe Kapitel 5) auch einfach größere Bögen aus Filterfolie kaufen und diese nach hoffentlich erfolgreichem Zuschnitt mit Gaffertape an Ihrem Blitz befestigen. (Übrigens: Gaffertape gehört zum wohl Beeindruckendsten, was man für Geld kaufen kann. Es lässt sich problemlos abreißen, hält überall zuverlässig und hinterlässt beim Abziehen keine Kleberreste. Auch an Ihrem Blitz nicht.)

Mehr Farbe für den Hintergrund

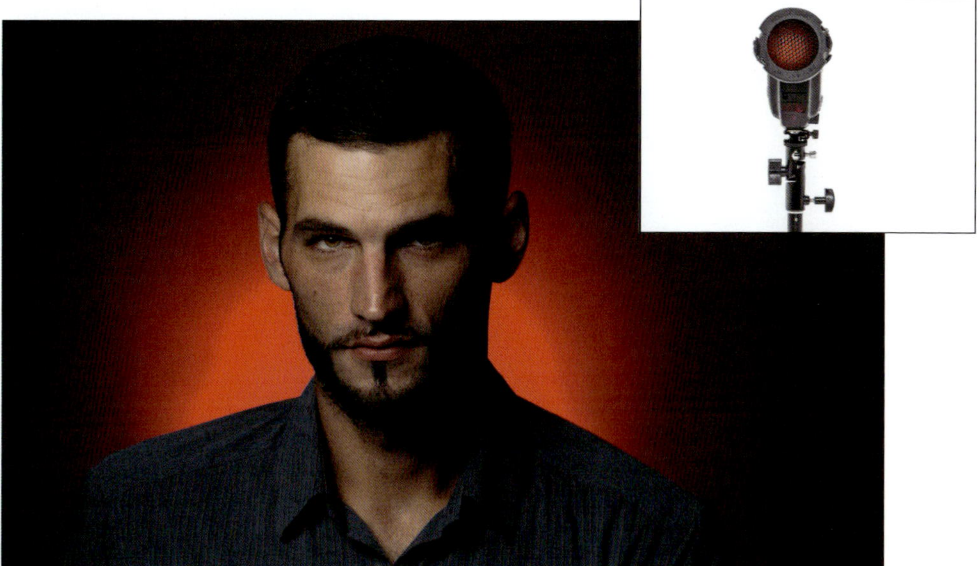

Als Farbe für Ihre zweite Rolle Hintergrundpapier sollten Sie Dunkelgrau oder Schwarz in Erwägung ziehen, denn dann können Sie durch Anbringen von Filterfolie auf Ihrem Blitz (siehe vorherige Seite) die Hintergrundfarbe vollständig ändern (siehe nächste Seite) oder – wie hier beschrieben – durch cleveres Beleuchten des Hintergrunds einen Farbklecks auf einer dunkelgrauen oder schwarzen Fläche realisieren. Aber dafür würde ich erst einmal eine Rolle dunkelgraues oder schwarzes Papier besorgen. Nachdem Sie ein Stück Folie vor Ihrem Blitz angebracht haben (wir verwenden hier als Beispiel rote Folie mit einer Rogue-Wabe), müssen Sie den Blitz eigentlich nur noch auf Ihren dunkelgrauen oder schwarzen Hintergrund richten, die Blitzleistung auf 1/2 setzen und eine Probeaufnahme machen. Sie werden überrascht sein: Für diesen geringen Aufwand sieht das schon echt gut aus. Alles, was Sie tun müssen, ist, die Folie vor den Blitz zu hängen und ihn dann auf den Hintergrund zu richten. Leichter geht es nicht. Übrigens: Wenn Sie Ihren mit Folie versehenen Blitz zu hell einstellen, wirkt die Farbe verwaschen. Insofern sollten Sie für kräftigere Farben die Leistung Ihres Blitzes herunterregeln.

So ändern Sie die Hintergrundfarbe

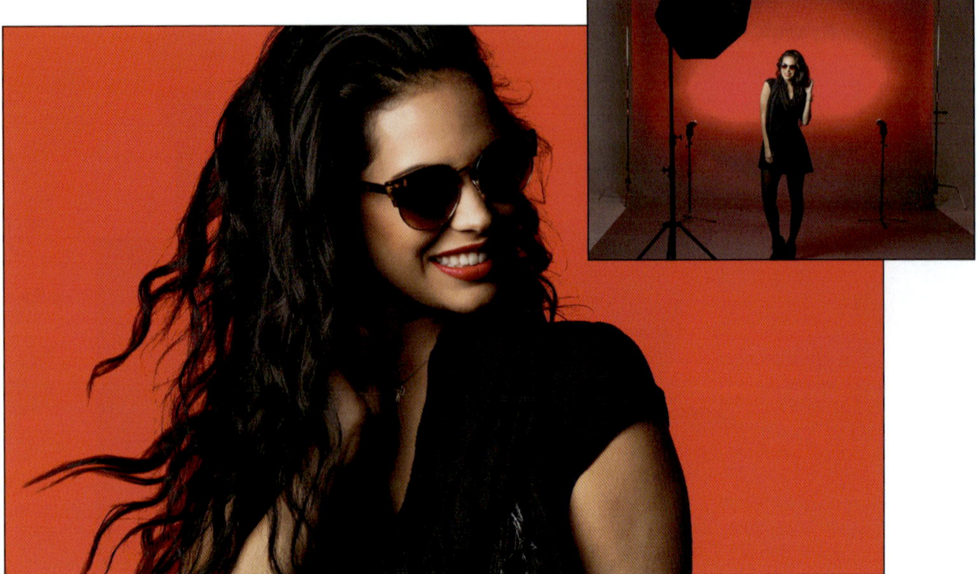

Einer der wesentlichen Vorteile des Fotografierens vor einer Hintergrundrolle aus grauem Papier ist die Einfachheit, mit der sich die Hintergrundfarbe ändern lässt: Sie müssen lediglich eine Farbfolie vor Ihren Blitz setzen (in diesem Fall habe ich übrigens zwei Blitze verwendet, nämlich einen auf jeder Seite meines Modells, die beide auf den grauen Hintergrund gerichtet sind). Bestaunen Sie die kräftige Farbe: Das sieht fast so aus, als hätten Sie tatsächlich noch eine Rolle mit rotem Hintergrundpapier besorgt. Hierzu brauchen Sie lediglich zwei kleine Folienstücke. Das können Sie übrigens auch mit schwarzem Papier hinbekommen. Sie müssen den Hintergrund lediglich mit zwei Blitzen gleichmäßig ausleuchten. Auch weißes Papier ist möglich, nur wirken die Farbtöne hierbei eher pastellartig. Tatsächlich werden all Ihre bunten Farben auf weißem Hintergrund weniger bunt und eher pastellfarbig, aber Sie können auch damit die Farbe hinter Ihrem Modell vollständig ändern.

Hintergrund-Spotlight mit Farbverlauf

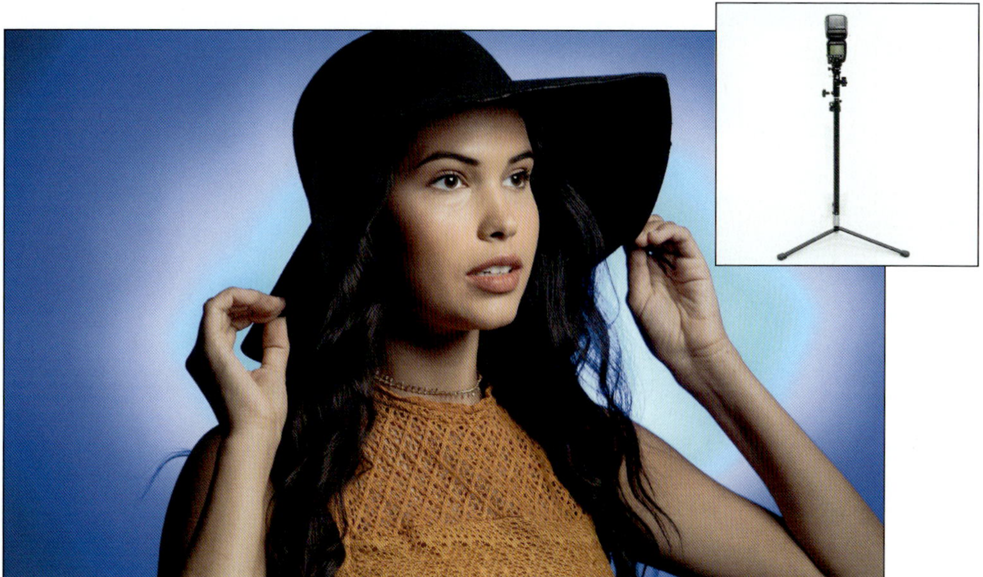

Das ist viel einfacher, als es aussieht. Sie benötigen lediglich einen einzigen Blitz hinter Ihrem Modell, der relativ nah vor dem Hintergrund steht. Vor diesen setzen Sie nun ein Stück Filterfolie (in diesem Fall ein blaues). So, und wie entsteht nun dieser Verlauf von Weiß in der Mitte über Pink bis hin zum Blau ganz außen? Hierzu müssen Sie die Blitzleistung so weit erhöhen, dass der Blitz hell genug ist, um in der Mitte weiß zu sein. Der Rest erledigt sich – ob Sie es glauben oder nicht – ganz von selbst. Sie können natürlich probehalber einen Diffusoraufsatz (in die Sie die Filterfolie stopfen) oder eine Wabe verwenden, aber wenn Sie den Blitz so nah vor dem Hintergrund aufstellen, erzielen Sie den Spotlighteffekt, und dank der hohen Leistungseinstellung entsteht der Verlauf aus der Filterfolie heraus. Wie gesagt: Es ist ganz einfach. Denken Sie nicht zu viel darüber nach.

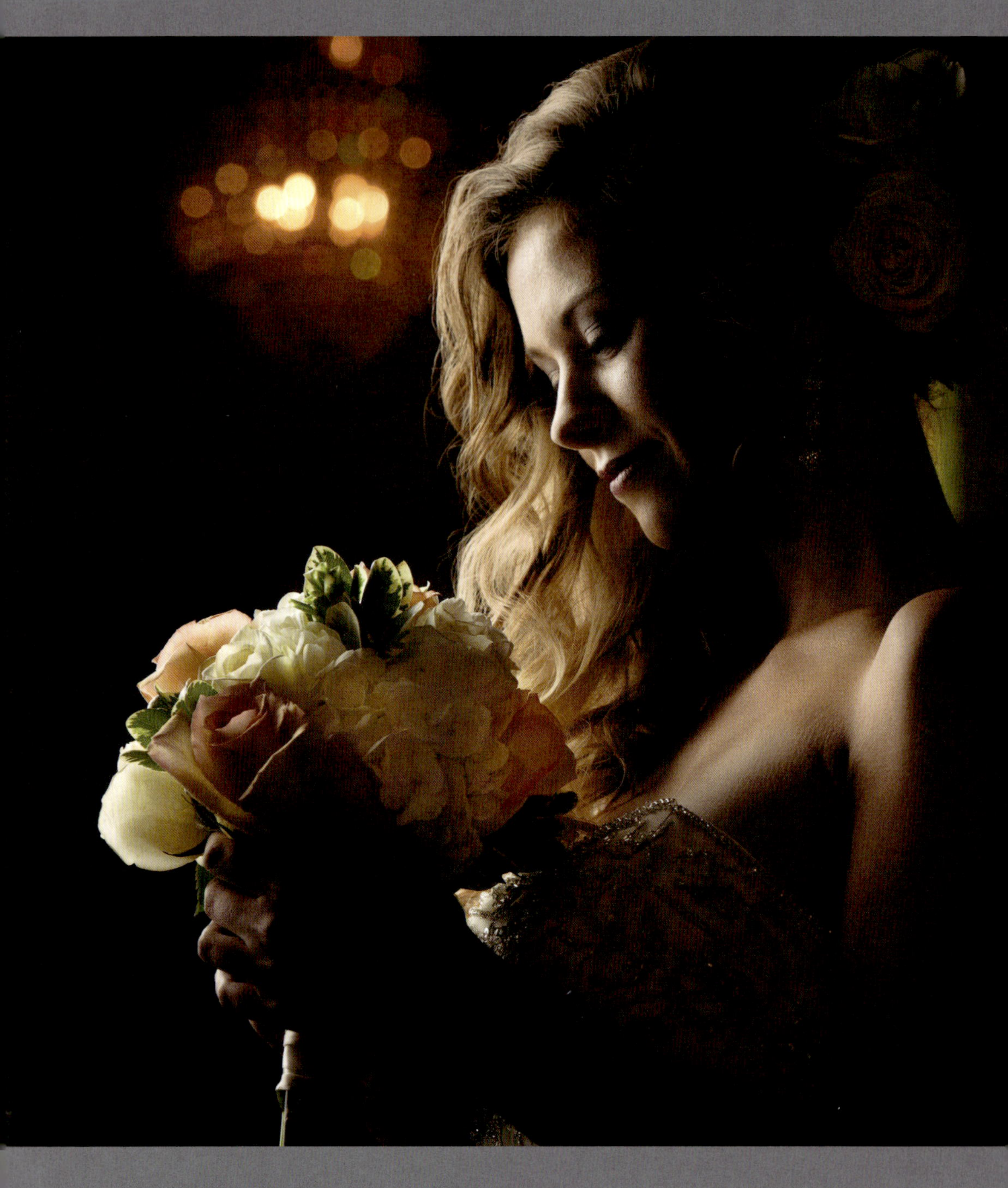

dest schwer verstimmte Ex-Mitarbeiterinnen von Air Berlin) aussendet, die Sie, Ihren Blitz und Ihr Kameraequipment in so kleine Teile zerreißen, dass Sie Ihre Heimreise in einem C4-Umschlag antreten könnten. Damit das alles nicht passiert, werden Sie nun also die Blitztechniken für Hochzeiten auf die ganz harte Tour erlernen, so dass die Braut auf Ihren Bildern aussieht, als wäre am jungen Morgen ein magisches Einhorn aus Licht sanft auf ihr Brautkleid hinabgestiegen, mit seidig-sanftem Fell, um nach seinem Ritt über Wildblumen, Lavendel und Rosenblüten zu rasten. – Dummerweise linst jedoch just in diesem Moment eine mit einem reichweitenstarken Barrett M82A1-Gewehr (Kaliber 50) und Leupold-Zielfernrohr bewaffnete Brautjungfer über den Kamm des im Morgendunst liegenden Hügels und brüllt ins Tal: »Hey, du Depp! Wage es ja nicht, dieses atemberaubende Brautkleid zu verhunzen!« Ach, Love is in the air …

Einfaches Setup mit einem Blitz für das Brautporträt

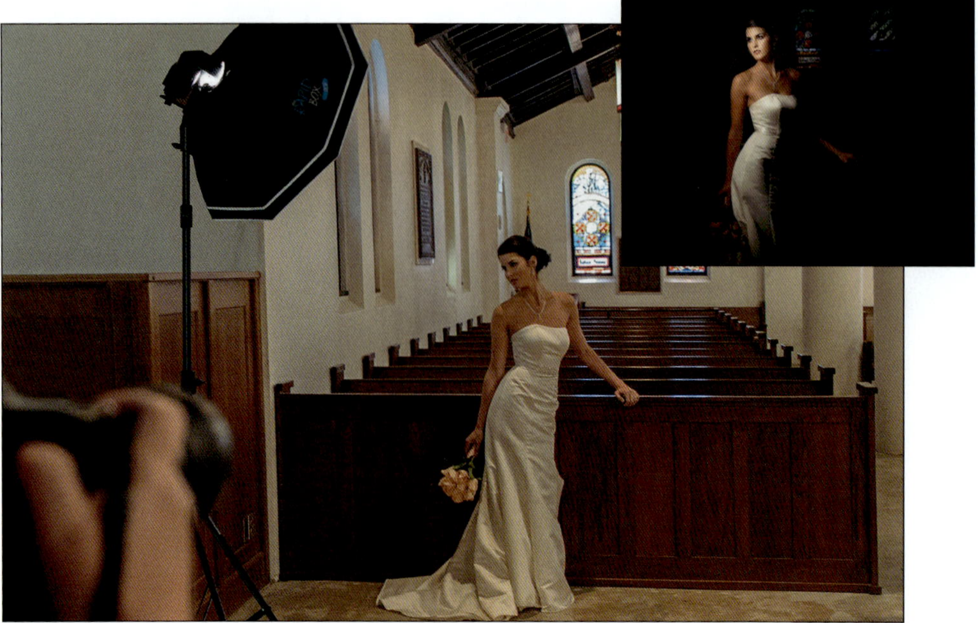

Wenn ich eine Braut fotografiere, möchte ich die Sache möglichst schlicht halten. So können wir – ich und ein Freund von mir oder mein Assistent – unsere Settings unter freiem Himmel oder in der Kirche schnell und unkompliziert wechseln. Mein Setup umfasst dabei entweder die Westcott Rapid Box Octa (66 cm – die verwende ich derzeit meistens) oder die Impact Quikbox (61 cm), die mich jahrelang treu begleitet hat. Die Softbox wird auf einem Einbeinstativ montiert, wobei der Blitz in einer Blitzhalterung sitzt, und selbstverständlich löse ich letzteren drahtlos über den Sender aus, der oben im Blitzschuh meiner Kamera steckt. Der einzige Nachteil dieses Aufbaus besteht darin, dass Ihr Assistent immer dann, wenn Sie gerade keine Aufnahmen machen, keine Möglichkeit hat, das Einbeinstativ bequem abzusetzen. Alles muss immer irgendwo angelehnt werden, und wenn man nicht vorsichtig ist, kippt die ganze Chose früher oder später um. In diesem Fall können Sie a) die Softbox, b) den Blitz, c) die Blitzhalterung oder d) alle drei kaputtmachen. Ich spreche aus Erfahrung. Die zweite Möglichkeit besteht in der Verwendung eines leichten Lichtstativs (siehe oben). Das ist eine tolle Sache, denn so kann Ihr Helfer die Softbox samt Ständer an beliebiger Stelle absetzen – und zwar auch dann, wenn Sie gerade Aufnahmen machen. Es gibt hierbei allerdings einen großen Nachteil: Ihr Assistent muss manchmal (lies: viel zu oft) die Beine des Stativs zusammenschieben und nach dem Wechsel an einen anderen Ort wieder herausziehen. Und das kostet Zeit, die Sie eigentlich nicht haben. Deswegen entscheide ich mich in der Regel für die einbeinige Variante, bei der ich meinen Assistenten immer darauf hinweise, dass er – wenn es nicht gerade eine Ecke gibt, wo man seine Ruhe hat – die Ausrüstung pausenlos wird festhalten müssen, damit sie nicht versehentlich umkippt.

Vorbereitungen für das Brautporträt

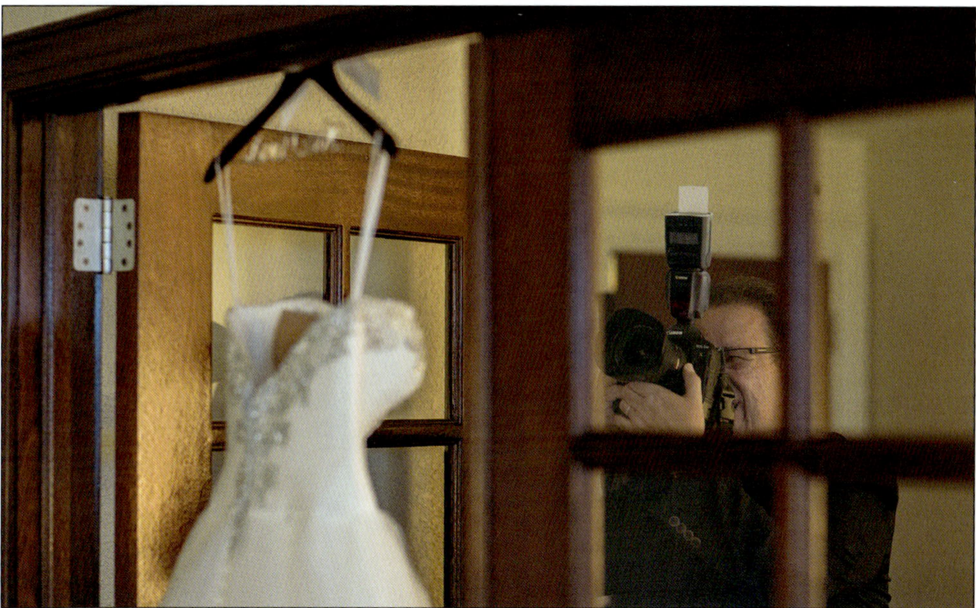

In die Hochzeitssuite (oder in das Ankleidezimmer der Braut) bringe ich normalerweise keine Softbox mit, denn hier ist ohnehin schon der Teufel los, und ich möchte mich harmonisch in die Situation einfügen, statt ihr Mittelpunkt zu werden. Ich setze also einfach einen Blitz in den Blitzschuh meiner Kamera und richte diesen gerade nach oben, wobei ich entweder die weiße Bouncecard (siehe Seite 39) ganz herausziehe oder einen Diffusoraufsatz aufsetze und den Blitz von der weißen Decke reflektieren lasse (vorausgesetzt, es gibt eine weiße Decke). Das ist eine ziemlich unaufdringliche Vorgehensweise. Jedoch greife ich in dem Fall, dass die Decke für die Blitzreflexion ungeeignet ist (weil sie etwa rot, blau oder zu hoch ist), auf einen Plan B zurück und mache stattdessen lieber während der Feier Aufnahmen (siehe Seite 125), denn auch dort kann das beschriebene Setup gute Dienste leisten.

Hochzeitsfeier – Option 1: Der Blitz auf der Kamera

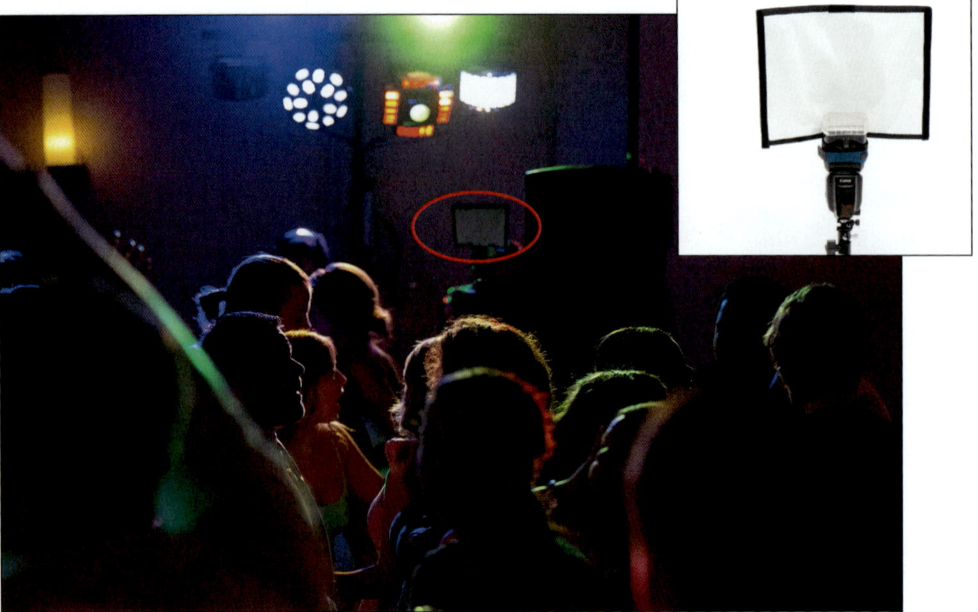

Es gibt eine Vielzahl von Möglichkeiten, eine Hochzeitsfeier zu beleuchten. Beginnen möchte ich mit der einfachsten und kostengünstigsten Option: Schieben Sie Ihren Blitz einfach auf den Blitzschuh Ihrer Kamera, stecken Sie den Diffusoraufsatz auf, richten Sie den Blitz gerade nach oben zur Decke und nutzen Sie indirektes Licht. Probieren Sie das erst einmal aus und sehen Sie sich die Ergebnisse an. Eine Menge hängt von der Decke ab: von ihrer Höhe, ihrer Farbe und von dem Umstand, ob überhaupt eine da ist. Gefallen Ihnen die Ergebnisse nicht oder mangelt es an einer geeigneten Decke, dann nehmen Sie den Aufsatz vom Blitz, richten den Blitz wieder gerade nach oben, ziehen die in den Blitz integrierte Bouncecard heraus und machen ein paar Bilder. Das ist zwar nicht im eigentlichen Sinne indirektes Blitzen, denn Sie werfen ja einfach nur einen Teil Ihres Blitzlichts auf die Szenerie, aber meistens klappt das ganz gut. Bessere Resultate erzielen Sie bei einem derart schnörkellosen Ansatz auch durch Hinzufügen eines – großen – Rogue FlashBender 2-Reflektors (ca. 50 €), denn dieser wirft mehr Licht auf Ihre Szene (wir haben uns den kleinen FlashBender-Reflektor bereits in Kapitel 6 angesehen). Er wird einfach um den Blitzkopf gewickelt und bildet eine größere Reflexionsfläche, von der das Licht auf Ihr Motiv zurückgeworfen wird. Diese Reflektoren sind flexibel, biegsam und behalten ihre Form nach dem Verbiegen bei. Wenn Sie also bereit sind, noch mal 50 € auszugeben, erhalten Sie so mehr Licht, ohne den Blitzkopf direkt auf die Szenerie zu richten (was augenblicklich den Tod dieses Fotos wie auch Ihrer Karriere zur Folge hätte). Wenn Sie das Gedränge auf der Tanzfläche fotografieren möchten, können Sie auch einmal folgendes ausprobieren: Verlängern Sie Ihre Verschlusszeit (bis zu 1/10), um die Bewegung auf der Aufnahme zu erfassen, bevor der Blitz auslöst. Auf diese Weise sehen die Menschen beim Tanzen nicht so »eingefroren« aus.

Hochzeitsfeier – Option 2: Diffusor für Fortgeschrittene

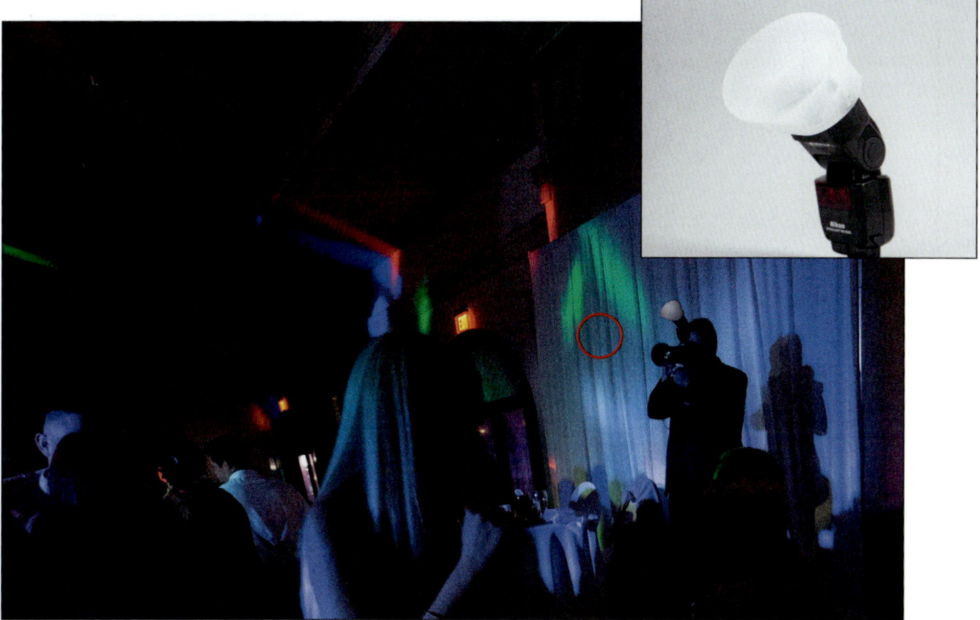

Stecken Sie ihren Blitz in den Blitzschuh Ihrer Kamera und setzen Sie einen ordentlichen Diffusor vor Ihren Blitz. Damit meine ich nicht den Diffusoraufsatz aus dem Lieferumfang Ihres Blitzes: Ich spreche von etwas wesentlich Bedeutenderem (d. h. etwas, mit dem Sie exorbitant bessere Ergebnisse erzielen können). Ich mag den MagMod MagSphere-Diffusor (siehe oben), mit dem sich ein weiches und omnidirektionales Licht erzielen lässt. Er beschneidet auch die Ausgangsleistung Ihres Blitzes nicht sonderlich und saugt deswegen – anders als manches Konkurrenzprodukt – die Akkus nicht im Handumdrehen leer. Das Teil ist extrem leicht und aus Gummi, weswegen Sie es in Ihre Kamera- oder Jackentasche quetschen können. Wenn Sie es später hervorholen, nimmt es sofort wieder die gewünschte Form an. Außerdem verfügt es über einen auf der Rückseite integrierten Farbfolienhalter, der zwei Folien aufnehmen kann. Der MagSphere-Diffusor kostet 60 €. Sie brauchen aber auch noch den dazu passenden MagGrip, um ihn vor Ihren Blitz setzen zu können. Der MagGrip liegt bei ca. 30 €, lässt sich flexibel über Ihren Blitz ziehen (er hat eine Universalgröße) und enthält irre starke Magneten, mit denen Sie das passende Zubehör einfach aufsetzen können. (Weiter im Sortiment enthalten sind: eine nette Wabe, Diffusoren, CTO-Filter, Farbeffektfilter und ein Snoot.) **Tipp:** Eine der Stärken dieses Systems besteht darin, dass Sie, weil es magnetisch ist, alle passenden Zubehörteile einfach übereinanderstapeln können. Brauchen Sie beispielsweise mehr gerichtetes Licht, dann können Sie zunächst ein MagGrid montieren, setzen einen Filter davor und ganz oben drauf dann die MagSphere. So erhalten Sie gerichtetes Licht, das trotzdem weich ist. Das funktioniert auch zur Beleuchtung von Hintergründen sehr gut, wenn Sie einen klar abgegrenzten oder auch diffuseren Lichtkreis brauchen (siehe Seite 115).

Hochzeitsfeier – Option 3: Raumausleuchtung

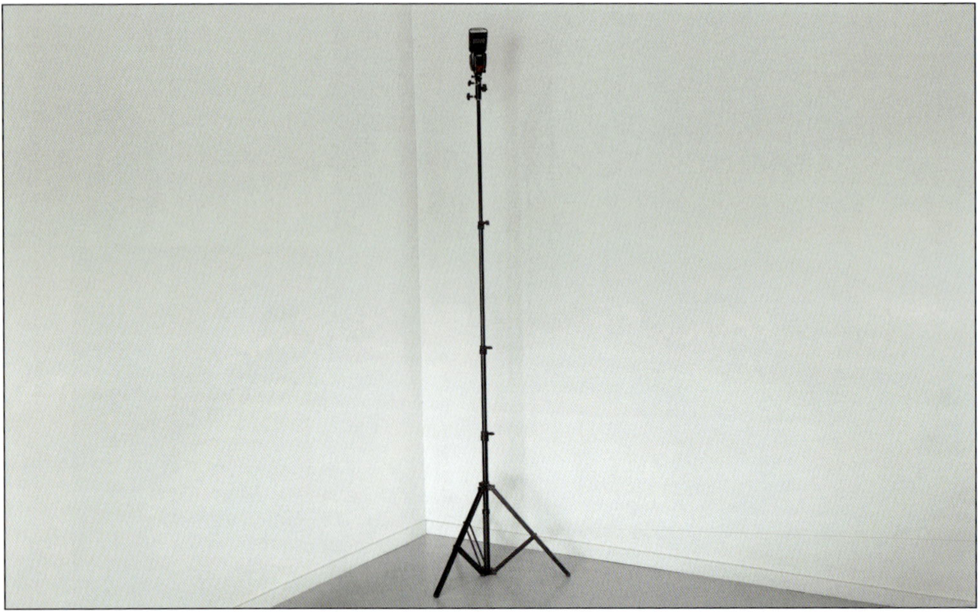

Dies ist von allen vier Szenarios das von mir bevorzugte. Es funktioniert erstaunlich gut – solange im Raum eine weiße Decke zur Verfügung steht –, und deswegen setzen es viele Profis gerne und häufig ein. Sie benötigen hierzu zwei nackte Blitze, zwei Lichtstative und einen Funkauslöser. Beide Blitze sind gleich aufgebaut: Sie befinden sich oben auf einem Blitzstativ und weisen zur Decke, und es kommen weder Softbox noch Diffusoraufsatz zum Einsatz. Ziehen Sie die Stative möglichst weit aus (ich spreche hier von 2,50-m-Stativen) und stellen Sie am Blitz die volle Leistung ein. Nun stellen Sie einen Blitz in einer Ecke des Raumes auf und den anderen in der gegenüberliegenden Ecke. Wenn Sie dann die Aufnahme machen, löst Ihr Funkcontroller die beiden Blitze in Richtung Decke aus, und dank der hohen Leistung taucht das indirekte Licht den ganzen Saal in einen weichen Glanz. Das sieht überraschend gut aus. Denken Sie daran: Über den Blendenwert steuern Sie die Leistung dieser Blitze, und Sie werden ein paar Probeaufnahmen machen müssen, um festzustellen, ob deren Licht hell genug (oder womöglich sogar zu hell) ist. Ich empfehle folgende Ausgangswerte: ISO 100, Verschlusszeit 1/125 und Blende f/5.6. Sind die Blitze zu hell, dann erhöhen Sie die Blende auf f/8 oder f/9 und machen eine weitere Probeaufnahme. Ist es dagegen nicht hell genug, dann verringern Sie den Blendenwert auf f/4 oder f/3.5. Noch ein Tipp: Da sich die Örtlichkeiten von Hochzeitspartys in Größe und Form unterscheiden, müssen Sie einschätzen, welche Stellen sich für die Aufstellung dieser Blitze am besten eignen. Ist der Saal größer, müssen Sie den Blitz möglicherweise etwas weiter in Richtung Raummitte ausrichten. Diese Technik können Sie übrigens auch mit nur einem Blitz auf einem Stativ umsetzen, nur müssen Sie ihn dann auch direkt an Ort und Stelle aufstellen: am Tisch, wo das Brautpaar und die engsten Verwandten sitzen, oder direkt neben der Tanzfläche usw.

Hochzeitsfeier – Option 4: Den Blitz im Bild sichtbar machen

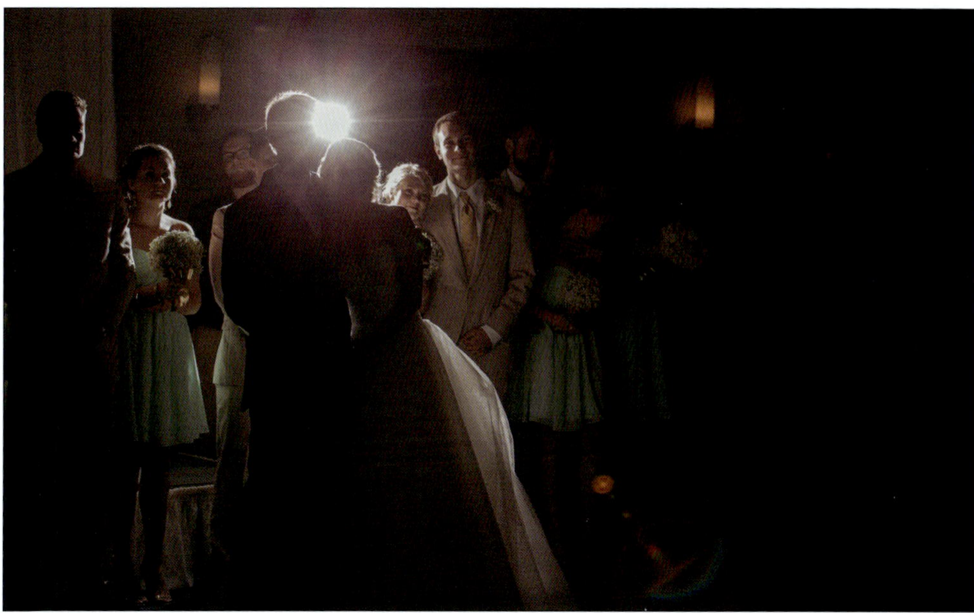

Diese Technik ist ein bisschen kniffliger und schwieriger umzusetzen, aber wenn Sie das hinbekommen, dann gehen Sie mit einigen echt tollen Aufnahmen nach Hause. Im Idealfall haben Sie einen Assistenten dabei, der Ihnen für ein paar Minuten unter die Arme greift, oder Sie fragen einen hilfsbereiten Gast. Geeignete Zeitpunkte für solche Fotos sind übrigens der Eröffnungstanz des Brautpaars oder wenn später die Partystimmung auf dem Höhepunkt ist. Ihr Assistent oder Helfer muss sich dann auf der Seite des Saals aufstellen, die gegenüber jener liegt, an der Sie Position beziehen. Er hält einen nackten Blitz hoch über seinen Kopf und richtet diesen von hinten auf das Brautpaar. Wenn Sie Ihren Blitz auslösen (der hoffentlich auf die Decke gerichtet oder mit einem ordentlichen Diffusor ausgestattet ist), dann löst der Blitz hinter dem Brautpaar ebenfalls aus, und im Optimalfall sehen Sie dann einen beeindruckenden Lichtausbruch aus dem Hintergrund. Dieser Lichtausbruch stellt die Modelle ins Gegenlicht und schafft auf diese Weise eine spannende und glamouröse Anmutung: Offenbar war diese Hochzeitsfeier die Party des Jahres! Steht Ihnen kein Assistent zur Verfügung, dann montieren Sie den nackten Blitz auf einem Stativ, das Sie weit ausfahren (ähnlich wie oben bei Option 3). Allerdings stellen Sie diesen Blitz in der Nähe der Tanzfläche auf und neigen ihn ein wenig nach unten (Passen Sie dabei auf, dass er nicht versehentlich von den Tanzenden umgeworfen werden kann.). Wenn Sie jetzt eine Position gegenüber diesem Blitz einnehmen, dann erhalten Ihre Modelle ein wunderschönes Gegenlicht. Wenn Sie noch einen draufsetzen möchten, dann fügen Sie einen zweiten oder sogar einen dritten Gegenlichtblitz hinzu, weisen diese unterschiedlichen Gruppen zu (wie das geht, haben wir in Kapitel 2 gesehen) und schalten dann jeweils nur denjenigen Blitz ein, der sich gegenüber Ihrer Aufnahmeposition befindet.

Gruppenfotos ausleuchten

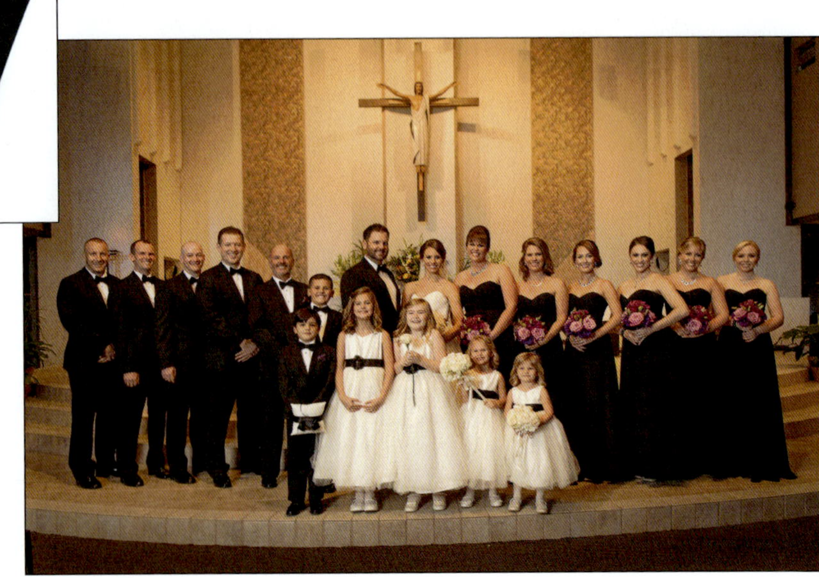

Hier setze ich eine große Softbox ein. Mit der Westcott Mega JS Apollo (127 cm, siehe Seite 68) können Sie Gruppen mit bis zu 20 Personen ohne viel Aufwand mit nur einem einzigen Blitz ausleuchten. Sie müssen Ihren Blitz zwar auf Vollleistung (1/1) hochfahren, aber wenn Sie die Softbox im Abstand von etwa 3 Metern aufstellen, erhalten Sie ein angenehmes, weiches und gerichtetes Licht. Näher darf es für eine gleichmäßige Beleuchtung allerdings nicht sein, denn dann sorgt der Falloff dafür, dass die eine Seite der Gruppe stärker angestrahlt wird als die andere (was allerdings auch ziemlich cool aussehen kann). Eine andere, ebenfalls recht kostengünstige Möglichkeit ist die Verwendung eines großen Parabolschirms (213 cm). wie wir ihn bereits auf Seite 69 beschrieben haben. Der ist extrem gut zu transportieren (es ist halt ein Schirm). Aber da Sie den Blitz durch den Schirm richten, benötigt er nicht so viel Leistung. (Bei Verwendung der Softbox ist der Blitz von der Vorderseite abgewandt, das Licht wird von der Rückseite reflektiert und bestrahlt dann die Gruppe, während es beim Einsatz des Schirms – nur getrennt durch einen einfachen Diffusor – direkt auf die Gruppe fällt, wodurch weniger Lichtenergie verloren geht.) Diesen Job können Sie auf beiderlei Weise erfolgreich erledigen.

Drehen Sie den Blitzkopf um

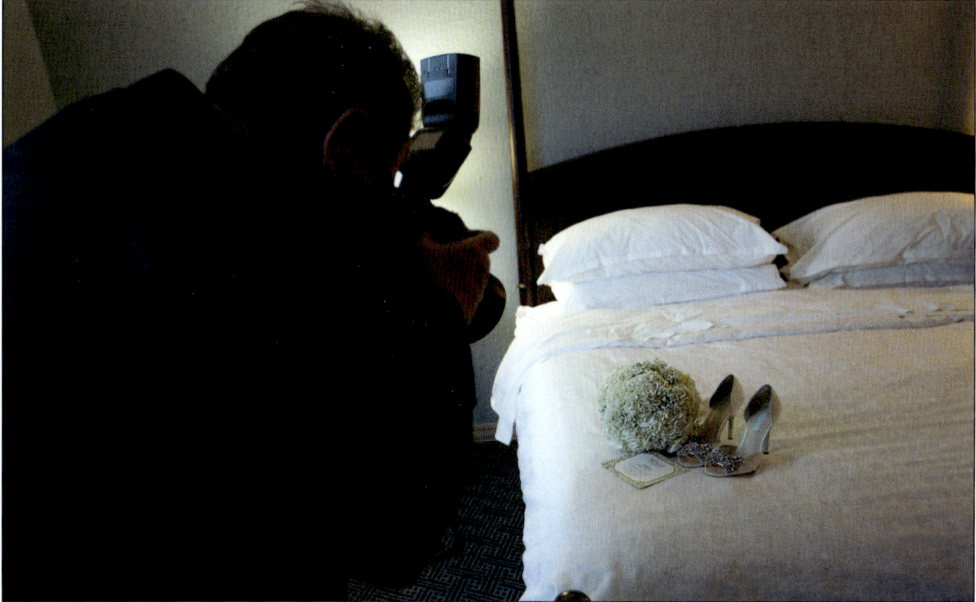

Beim indirekten Blitzen neigen wir dazu, den Blitz zunächst direkt auf unser Modell zu richten und ihn dann nach oben zu klappen, sodass das Licht von der Decke reflektiert wird, nicht wahr? Denn so wird unser Licht ja gestreut, es wird diffuser und weicher. Trotzdem fällt es immer noch von oben direkt auf das Modell, und dieser Einfallswinkel wirkt oft uninteressant oder hebt optische Schwächen des Modells hervor. Deswegen gehen manche Profis aus dem Bereich Hochzeitsfotografie hin und drehen den Blitzkopf, sodass das Licht seitlich oder manchmal sogar von hinten über die Schulter zur Decke reflektiert wird. Auf diese Weise wird das Direktlicht stark eingeschränkt, was zu einigen sehr ansprechenden Effekten führen kann. Probieren Sie es beim nächsten Mal aus – Sie werden sicher überrascht sein, wie gut das funktioniert.

Der Blitz hinter der Braut

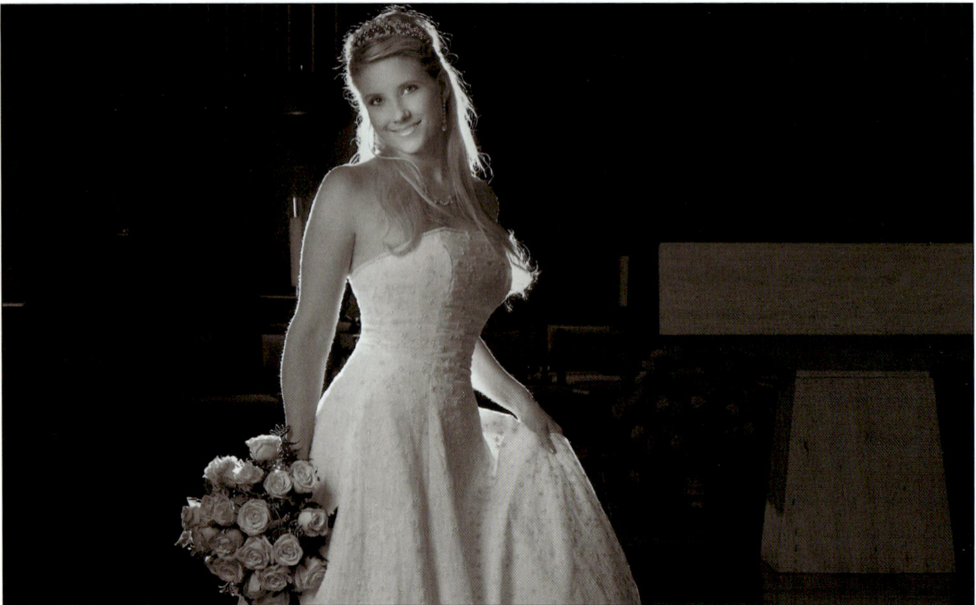

Dies ist ein beliebter Look, der sehr reizvoll wirkt (und sich im Fotoalbum ausgesprochen gut macht). Und: Er ist einfach und schnell umgesetzt. Wenn Sie das Einzelporträt der Braut machen, legen Sie direkt hinter ihr einen Blitz auf den Boden, der in ihre Richtung geneigt ist. Stellen Sie die Leistung auf 1/2 und machen Sie erst einmal ein Foto ohne zusätzliche Beleuchtung auf der Vorderseite. Genau: einfach eine Gegenlichtaufnahme. Möglicherweise müssen Sie die Leistung noch etwas hochregeln, aber sehen Sie sich zuerst eine Probeaufnahme an. Je nach Raumlicht kann diese nämlich bereits ziemlich spektakulär aussehen, denn entweder ist nur die Silhouette zu sehen (das kann ziemlich cool wirken), oder Sie nutzen das vorhandene Raumlicht, um das Gesicht der Braut teilweise zu enthüllen – auch das sieht oft sehr gut aus. Denken Sie daran: Mit der Verschlusszeit steuern Sie das vorhandene Raumlicht. Sie können sie auf 1/30 oder auf 1/15 hochsetzen und dann prüfen, ob bereits genügend Fülllicht vorhanden ist. Sie können auch ausprobieren, Ihren Hauptblitz mit einem kleinen Füllblitz zu ergänzen. Regeln Sie dazu die Leistung des rückwärtigen Lichts ein wenig herunter und setzen Sie den Füllblitz auf einen sehr niedrigen Wert. (Sie können mit ihm auch indirekt blitzen, wenn die Decke weiß und niedrig genug ist, oder Sie nehmen ihn von der Kamera und setzen ihn in eine Softbox.) Das Fülllicht sollte möglichst subtil sein – der Hauptblitz ist und bleibt derjenige hinter der Braut.

Zum Raumlicht passende Folie hinzufügen

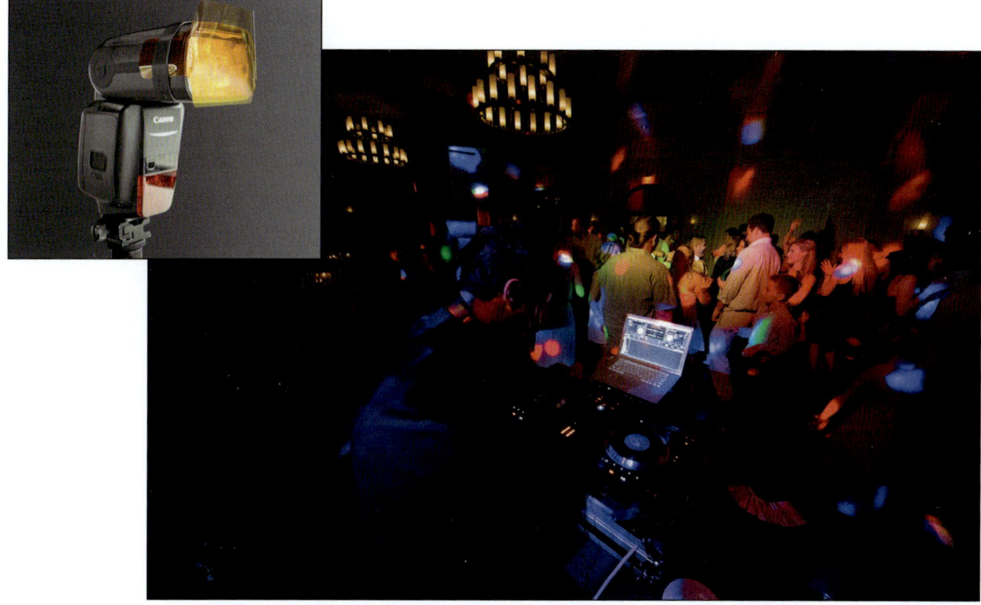

An den meisten Orten, an denen Hochzeitsfeiern veranstaltet werden, können Sie mit einem recht warmen, ins Gelbe spielenden Lichtton rechnen. Wenn Sie dann mit einem weißen Blitz ans Werk gehen, springt dieser sofort ins Auge. Deswegen bietet es sich an, ein bisschen orangefarbene Filterfolie vor den Blitz zu setzen (siehe Seite 85), damit sich das Blitzlicht in das Raumlicht einfügt. Das ist auch praktisch, wenn ich (was ich gerne tue) das vorhandene Raumlicht einbeziehe. (Kein Witz: Manchmal schalte ich den Blitz komplett aus und nutze nur das Licht des DJs. Und ja, für solche Aufnahmen brauche ich einen irrsinnig hohen ISO-Wert.) Wenn Sie die Filterfolie nutzen, dann müssen Sie beim Ein- und Ausschalten nicht ständig den Weißabgleich umstellen, sondern können während der gesamten Veranstaltung mit demselben Wert arbeiten. Aber das ist nur ein angenehmer Nebeneffekt, denn der Hauptgrund für die Verwendung des Filters ist die Anpassung des Blitzlichts an das Umgebungslicht.

TIPP

WARUM SIE EINEN RESERVEBLITZ BRAUCHEN

Blitzstative kippen um, Blitzgeräte können vom Tisch rutschen, oder Sie lassen Ihren Blitz versehentlich fallen – ist mir alles schon passiert. Und wenn ein Blitz auf den Boden aufschlägt, ist er mit hoher Wahrscheinlichkeit hin. Ist das dann Ihr einziger Blitz, dann sind Sie verloren. Deswegen sollten, nein, *müssen* Sie einen Ersatzblitz dabei haben, auch wenn es nur ein Billiggerät und nicht Ihr Lieblingsblitz mit jedem Schnickschnack ist. Wenn Sie einen Canon- oder Nikon-Blitz benutzen, dann sollten Sie einen günstigen Yongnuo (für 70 €) als Reserve einstecken. Denn man weiß ja nie ...

Kapitel 8

So montieren Sie Ihren Blitz

Klingt schwierig, aber Sie kennen das

Ich weiß genau, der Tag wird kommen. Irgendjemand (wahrscheinlich Google oder Elon Musk) wird einen Blitz erfinden, der frei in der Luft schwebt. Sie werden einfach nur dorthin gehen müssen, wo Sie ihn platzieren wollen, und er wird Ihnen geräuschlos folgen. Nach ein oder zwei Probeaufnahmen können Sie dann Höhe und Ausrichtung per Gestensteuerung festlegen. Das klingt vielleicht seltsam, ist aber gar nicht so weit hergeholt. Und tatsächlich gibt es bereits Forscher an der École polytechnique fédérale de Lausanne in der Schweiz, deren Teams genau an dieser Technologie arbeiten. Allerdings basiert ein Großteil ihrer aktuellen Arbeit auf früheren Erkenntnissen der Lappeenranta University of Technology in Finnland. Sie stammen von Professor Olav Klempe Midlefart, dem es trotz seines Nachnamens (sehr populär bei amerikanischer Mittelschülern, die ihn mit Freude durch die Gänge altehrwürdiger Schulgebäude brüllen) gelungen ist, bei der Alfred T. Woods Foundation, Lockheed Martin Information Systems & Global Solutions und Jersey Mike's Subs erhebliche Mittel für seine Forschungen an schwebenden Blitzen zu akquirieren. Bei meinen eigenen Recherchen stieß ich allerdings auf drei überraschende Tatsachen: Erstens hat keiner der großen Hersteller von Blitzgeräten diese Forschungen finanziell unterstützt und zweitens fertigt keiner der besagten Hersteller (weder Nikon noch Canon noch Sony usw.) eigene Blitzstative. Noch besser: drittens werden Sie als Leserin oder Leser dieses Buchs nach einer so langen Liste völlig plausibel klingender Unternehmens- und Hochschulnamen ihre Lektüre aus reiner Neugier fortsetzen. Nur, um am Ende ernüchtert feststellen zu müssen, dass es wirklich nur eine Liste langer, gut klingender, aber letztlich ausgedachter Namen war, und ich bloß einen Namen unterbringen wollte, der den Zwölfjährigen in mir in helle Begeisterung versetzt. – Da wären wir also wieder. Sie lernen einfach nicht dazu.

Welches Lichtstativ für welchen Zweck?

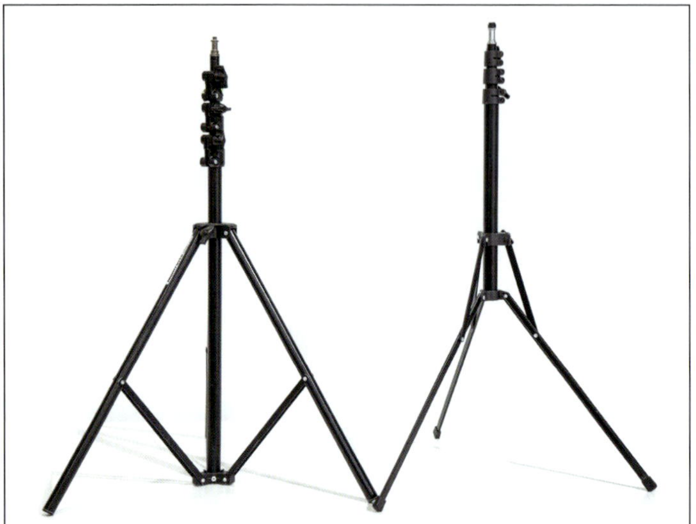

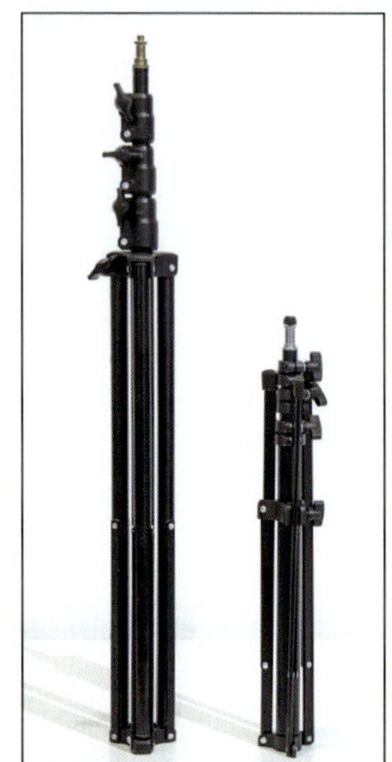

In der Regel werden Sie Ihren Blitz auf ein Lichtstativ montieren. Falls Sie nun eines dieser großen, schweren Stative kaufen, dann unterlaufen Sie damit den Zweck eines Blitzes (nämlich möglichst klein, leicht und mobil zu sein). Ich bevorzuge Stative von zwei bis zweieinhalb Metern Höhe, weil ich meine Blitze häufig weit oben anbringe. Im Studio spielt das Gewicht der Lichtstative keine Rolle (oben links in der Abbildung sehen Sie ein schweres Exemplar). Wenn Sie jedoch den Kauf eines Stativs für den Einsatz vor Ort erwägen, dann sollten Sie sich für ein Modell entscheiden, das einfach zu tragen, leicht und schnell auf- und abzubauen ist. Betrachten wir beide Varianten: Im Studio verwende ich wahlweise Stative von Manfrotto (hochwertige Erzeugnisse, sehr beliebt, mitunter etwas teuer) oder von Impact (erschwinglicher, mit gutem Preis-Leistungs-Verhältnis). Weil diese Stative maximal einen Blitz und eine leichte Softbox tragen müssen, greife ich meist zur mittelschweren Variante und lasse die schwere links liegen. Wenn Sie häufig unterwegs sind oder beim Fotografieren wenig Platz haben, sollten Sie ein leichtes Stativ mit umklappbaren Beinen wählen. Beim Zusammenlegen werden die Beine gleichzeitig hoch und nach innen gezogen, wodurch das Stativ im zusammengelegten Zustand viel kürzer ist. Vergleichen Sie oben das Stativ links mit dem rechts, das umklappbare Beine hat. Sehen Sie, was das ausmacht? Solche Stative sind einfacher zu transportieren und auch zu lagern. Walimex bietet ein solches Stativ an (das knapp 2,50 Meter hohe pro WT-806, Kostenpunkt unter 40 €), und auch Manfrotto hat so etwas im Sortiment (das 1051BAC), wobei der Preis mit 59 € akzeptabel ist, aber dafür ist das Stativ auch um satte 40 cm kürzer (hat aber pneumatische Dämpfung). Beide Produkte weisen oben einen Zapfen zur Aufnahme von Studioblitzen auf, d. h., wenn Sie Ihren Blitz darauf montieren möchten, brauchen Sie einen Blitzneiger.

Wofür einen Blitzneiger?

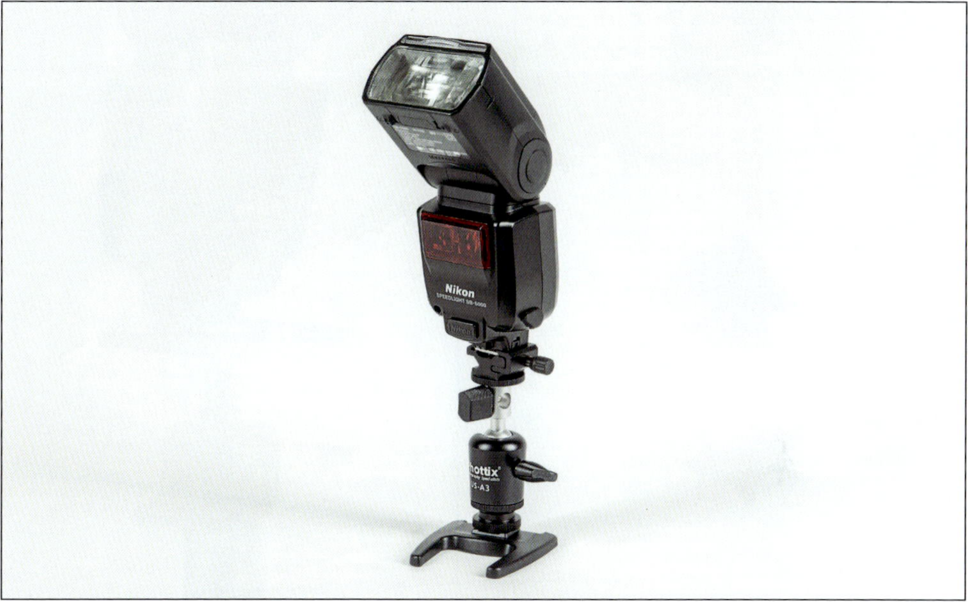

Wenn Sie Ihren Blitz für Porträtaufnahmen nutzen, dann lautet die Faustregel, dass Sie Ihren Blitz relativ weit oben (knapp oberhalb des Kopfs Ihres Modells) platzieren und ihn dann samt Softbox usw. zu Ihrem Modell herabneigen, denn so sollten Personen möglichst ausgeleuchtet werden: von oben und nach unten weisend, um die Sonne zu imitieren. Wenn Sie einfach nur einen Blitzschuhhalter besorgen und diesen auf Ihrem Stativ befestigen oder das Gewinde aufschrauben, das im Lieferumfang Ihres Blitzes enthalten war, dann wird Ihr Blitz waagerecht ausgerichtet. Es gibt dann keine einfache Möglichkeit, ihn zu Ihrem Modell hinabzuneigen. Und aus genau diesem Grund brauchen Sie einen Blitzneiger, der glücklicherweise ziemlich kostengünstig ist. Die meisten dieser Neiger enthalten eine spezielle Öffnung, damit Sie einen Schirm einsetzen können. Lassen Sie sich nicht davon abschrecken, wenn in der Beschreibung zu einem Blitzneiger der Begriff »Schirm« auftaucht: Wir werden diese Öffnung einfach ignorieren, sofern Sie sich nicht doch für den Einsatz eines Schirms entscheiden sollten. Eine Option wäre hier etwa der Schirmschwenkkopf US-A3 von Phottix, der für ca. 25 € zu haben ist. Dies ist eine Art Kugelkopf für Ihren Blitz: sehr einfach zu justieren und zu positionieren, weswegen ihn viele Fotografen lieben. Falls Sie einen traditionellen Blitzneiger bevorzugen, sehen Sie sich mal den Westcott-Schirmneiger für Aufsteckblitze an, der um die 40 € kostet. Dieser ist sehr solide, die Befestigungsschrauben sind bedienerfreundlich (was man längst nicht von allen Neigern sagen kann), und er erfreut sich großer Beliebtheit. *Hinweis*: Einige Softboxen wie die bereits auf Seite 61 erwähnte Westcott Rapid Box Octa werden bereits mit einem brauchbaren Blitzneiger ausgeliefert, weswegen sich die Frage der Anschaffung für Sie unter Umständen gar nicht mehr stellt.

Blitzen auf kleinem Fuß

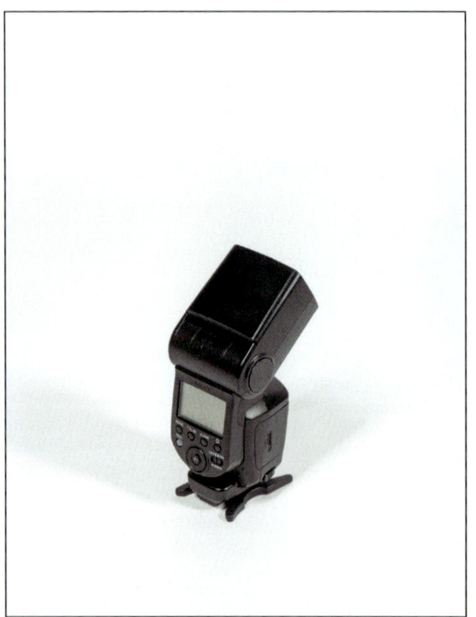

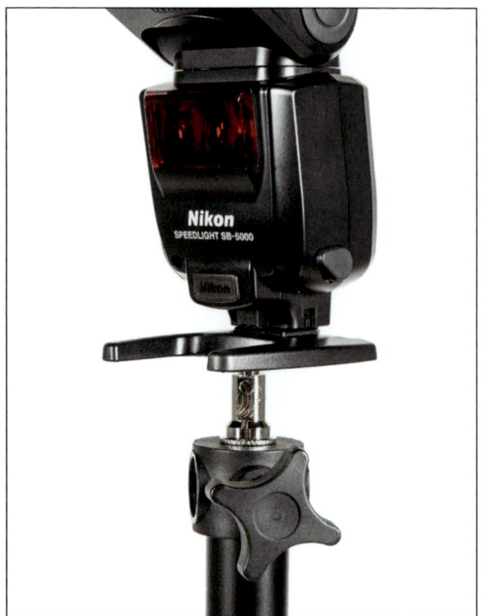

Die meisten Blitze werden heutzutage mit einem Fuß ausgeliefert, also einem kleinen Kunststoffständer, auf den Sie den Blitz aufschieben können. Diese Blitzfüße hauen einen zwar nicht vom Hocker, aber immerhin kosten sie nichts. Das vielleicht Beste an diesen Plastikfüßen ist die Tatsache, dass sich auf der Unterseite meist ein kleines Gewinde befindet, das Sie auf ein Lichtstativ schrauben können. Auf diese Weise können Sie Ihren Blitz auf einem Ständer montieren, ohne einen Adapter für einen Zubehörschuh oder einen Blitzneiger kaufen zu müssen. Trotzdem brauchen Sie natürlich (aus den auf der vorangegangenen Seite beschriebenen Gründen) einen Blitzneiger; mit dem Blitzfuß dürfen Sie Ihren Blitz in höchstens zwei Fällen auf Ihrem Stativ befestigen: a) im absoluten Notfall oder b) aufgrund notorischer Sparsamkeit. Also gut, Sie können den Blitz auch mit dem Fuß befestigen, wenn Sie einen zweiten Blitz hinter Ihrem Modell (z. B. einem Sportler oder einer Braut) aufstellen – also dann, wenn Sie den Blitz nicht unbedingt nach unten neigen müssen (nach oben neigen geht natürlich dank des verstellbaren Blitzkopfes). Übrigens: Wenn Sie Ihren Blitzfuß verloren haben, ist das ein guter Anlass, sich endlich einen ordentlichen Blitzneiger zuzulegen. Wenn nicht: bei enjoyyourcamera.de gibt es Ersatz für unter 7 € (den JJC Standfuß).

Mein Favorit für On-Location-Shootings: das Einbeinstativ

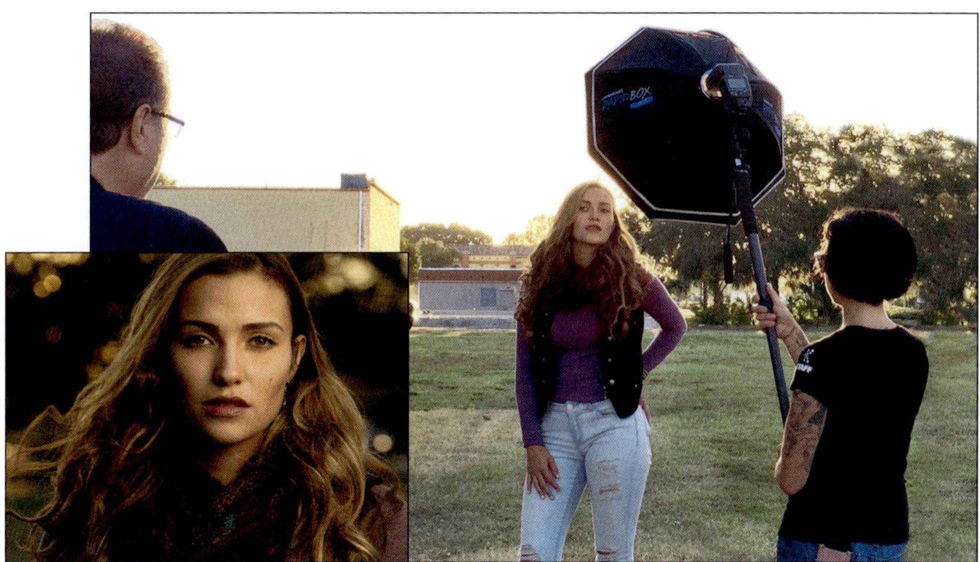

Wenn ich außerhalb meines Studios fotografiere (und mir ein Kumpel oder Assistent zur Hand geht), dann montiere ich meinen Blitz samt Softbox am liebsten auf einem Einbeinstativ wie dem Manfrotto MM290A4, einem aus drei Teleskopelementen bestehenden Alustativ. Das wiegt nur ein halbes Kilo, lässt sich jedoch auf knapp 150 cm Länge ausziehen und kann so von Ihrem Freund oder Assistenten hochgehalten werden (zumindest so hoch, dass der Blitz sich über Ihrem Modell befindet). Der Preis liegt bei knapp 50 €, und Sie befestigen Ihre Blitzhalterung einfach auf dem Zapfen am oberen Ende. Neben Einbeinstativen gibt es auch Teleskoparme (Booms), die konkret für diesen Zweck hergestellt werden. Zu nennen wäre hier beispielsweise der Elinchrom EL Handheld Boom Arm (ca. 60 €): ein leichtes und dünnes, bis auf 156 cm ausziehbares Exemplar, an dessen Ende Sie Ihren Blitzhalter oder Ihre Westcott Rapid Box-Halterung anbringen. Eine andere Möglichkeit wäre der Teleskopauslegearm von Walimex für unter 30 €, der ein bei den anderen Haltern nicht vorhandenes Feature aufweist: einen zweiten Schaumstoffgriff, mit dem Ihr Assistent (oder Ihr Kumpel oder eine schlecht gelaunte Brautjungfer) den Halter auch bei kühler Witterung halten kann, ohne dass ihm (oder ihr) die Finger am Metall festfrieren.

Der Zweitblitz klemmt? Gut!

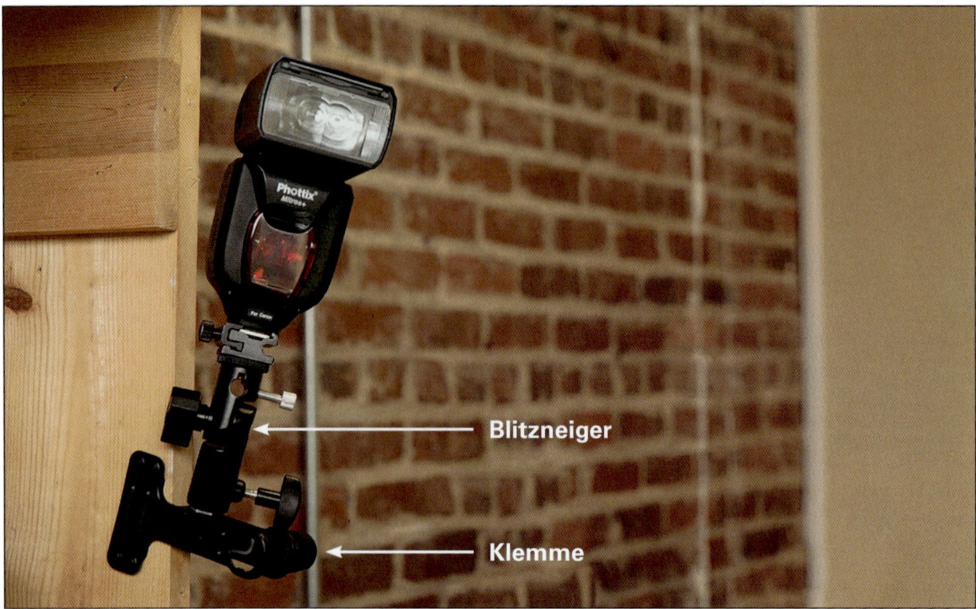

Möchten Sie (etwa neben oder hinter dem Modell) einen zweiten Blitz aufstellen, dann haben Sie hierfür viele Möglichkeiten, denn es gibt eine ganze Industrie für Halter von Sekundärblitzen. Es empfiehlt sich auch, mehrere geeignete Blitzhalter vorrätig zu haben, denn Sie erfahren in der Regel erst vor Ort, welche Möglichkeiten es dort gibt, einen Blitz zu befestigen, und wenn Sie dann keinen Plan B haben, ist es zu spät. Eine der am vielseitigsten einsetzbaren Varianten ist die Federklemme. Damit können Sie einen Blitz an einer Tür, einem Fenster oder überall dort anbringen, wo Sie etwas festklemmen können. Ich verwende hierzu eine Manfrotto 175-F1-Federklemme (gab es, als ich zuletzt nachgesehen habe, für knapp 70 €). Die ist mit einem winzigen Manfrotto-Kugelkopf und integriertem Blitzhalter ausgestattet. Einfacher geht's fast gar nicht. Sie klemmen den Blitz irgendwo an, stellen den Blitzwinkel über den Kugelkopf ein und können dann sofort loslegen. Alternativ gibt es von Impact eine große Klemme mit Zubehörschuh auf dem Kugelkopf für etwa 10 € weniger (Impact-Produkte sind im deutschsprachigen Raum nicht ganz einfach zu finden – bis sich das bessert, suchen Sie nach »IMPACT groß Clip Clamp mit Kugelkopf«). An dieser Stelle möchte ich anmerken, dass wir ab hier in diesem Kapitel die verschiedenen Befestigungsoptionen betrachten werden (ja, ich habe sie alle). Dadurch können Sie leichter herauszufinden, welche Methoden bei dem von Ihnen verwendeten Zweitblitz gut funktionieren könnten.

Zweitblitzmontage: Joby Flash Clamp & Locking Arm

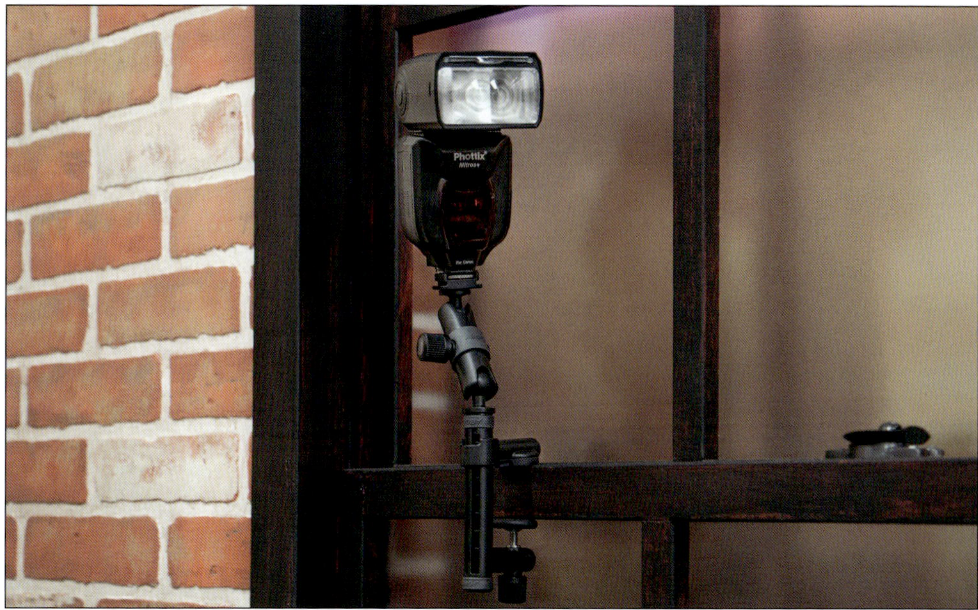

Die Flash Clamp & Locking Arm von Joby ist eine recht interessante Möglichkeit, einen Blitz zu befestigen, denn Sie können ihn praktisch an jeder Stelle anbringen, die nicht dicker ist als etwa 5 cm: an einer Stuhllehne, einem Tisch, einem Geländer usw. Die Klemme verfügt über zwei Gelenkverbindungen und kann auf diese Weise genau so positioniert werden, wie Sie es wollen: Der Drehwinkel beträgt volle 360°, der seitliche Schwenkwinkel 180°. Ebenfalls dabei ist eine Blitzschuhhalterung, und bei einem Preis von 42 € kann man wirklich nicht meckern. Im Grunde genommen handelt es sich um eine einfachere, leichtere und günstigere Version des Manfrotto Magic Arm. (Sie dürfen bei diesem Preis natürlich nicht die Stabilität und Haltbarkeit eines echten Magic Arm erwarten, der in dieser Hinsicht geradezu Kultstatus genießt. Und wenn Sie jetzt fragen, was denn bitteschön der Manfrotto Magic Arm ist, dann liegt das wahrscheinlich daran, dass Sie Seite 142 noch nicht gelesen haben.) Die Joby-Klemme sollten Sie stets für Fälle dabeihaben, in denen es sinnlos wäre, ein Blitzstativ aufzustellen.

Zweitblitzmontage: Tether Tools Rapid-Mount SLX mit RapidStrips

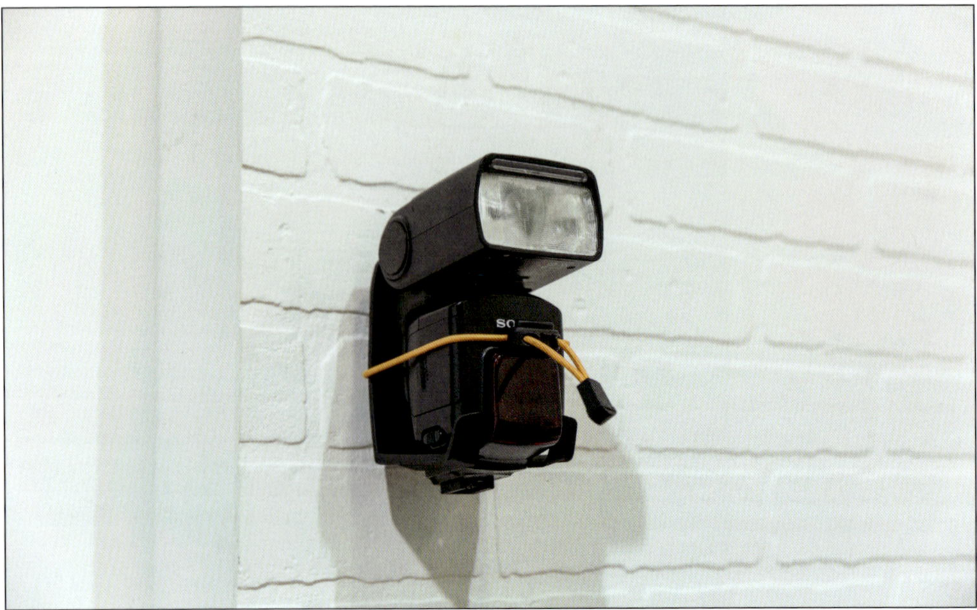

Dieses von Tether Tools stammende Gerät ist gerade total angesagt. Wodurch es sich von anderen Lösungen unterscheidet (und weswegen es so praktisch ist), ist die Tatsache, dass Sie hiermit einen Blitz praktisch überall ankleben können. Das System verwendet speziell entworfene, durch Druck aktivierbare Selbstklebestreifen – die so genannten »RapidStrips« –, mit denen ein kleiner Kunststoffhalter laut Herstellerangaben direkt auf »Trockenbauwänden, auf gestrichenen Wänden, Furnier, Glas, Spiegeln, Laminat, Fiberglas, Metall, Kacheln, Porzellan und Marmor« befestigt werden kann. Nach Gebrauch kann der Halter schadens- und rückstandsfrei wieder abgenommen werden (ebenfalls laut Herstellerangaben). Sie können Ihren Blitz hiermit aber nicht nur an allen möglichen und unmöglichen Stellen befestigen (grinsen Sie nicht so unanständig), sondern der Halter ist auch extrem leicht und supereinfach zu nutzen. Der Preis ist mit 36 € eigentlich nicht schlecht, aber in der Grundausstattung können Sie den Halter nur zehn Mal nutzen. Danach brauchen Sie neue RapidStrips, und die liegen preislich bei 19 € für 30 Stück. Wo also ist der Haken? Der Haken besteht darin, dass keine Neigefunktion vorhanden ist: Wenn Ihr Blitz im Halter sitzt, tut er dies kerzengerade (siehe obige Abbildung). Natürlich können Sie den Blitzkopf nach oben neigen, nicht jedoch nach unten. Falls Sie das stört, sollten Sie sich einmal den großen Bruder ansehen: den RapidMount Q20 mit RapidStrips für 40 €. Der sieht zwar wie ein Saugnapf aus, funktioniert aber nach dem gleichen Selbstklebeprinzip wie das SLX-System. Diese RapidMount-Variante hat einen Gelenkarm mit 360°-Drehwinkel und 180°-Schwenkwinkel, aber Sie brauchen auch noch den kleinen Blitzschuhhalter dazu. Der schlägt noch einmal mit 12 € zu Buche, und das zusätzliche Paket RapidStrips brauchen Sie auch noch.

Zweitblitzmontage: Platypod Ultra

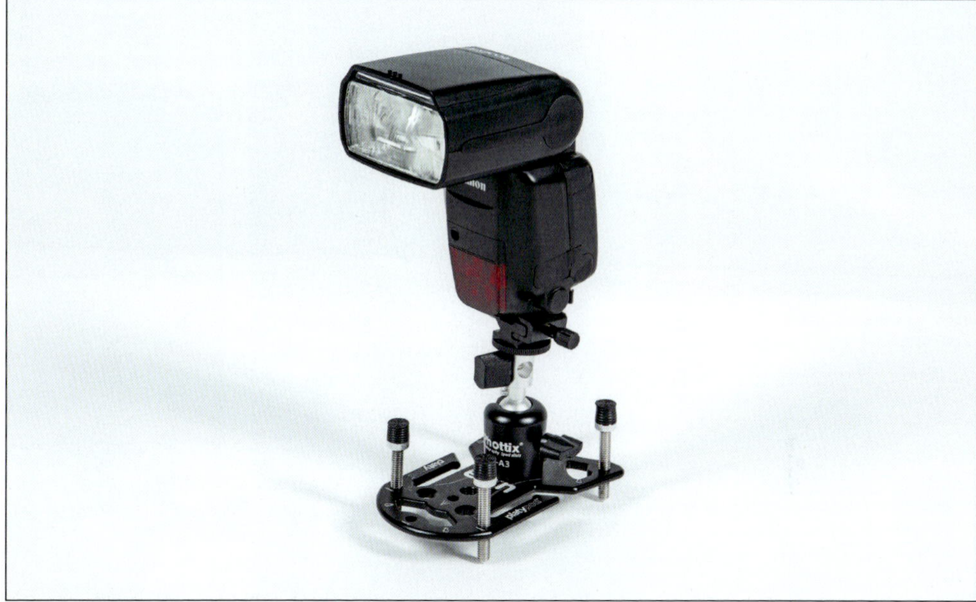

Wenn Sie eine Befestigungsmöglichkeit mit wirklich allen Schikanen brauchen, dann könnte dies der Platypod Ultra sein. Er ist der kleine Bruder des beliebten Flachstativs Platypod Max, mit dem Sie eine Spiegelreflexkamera so ungefähr überall aufstellen oder befestigen. Es handelt sich um eine deutlich kleinere, leichtere und schlankere (und auch bessere) Version, mit der Sie Ihren Blitz überall montieren können – ob auf dem Boden (hinter der Braut), auf felsigen oder unebenen Flächen (dank der Spitzschrauben), an Stangen und Masten, Balken oder auch – mithilfe des mitgelieferten 51 cm langen Gurts – an Bäumen. Es findet sich eigentlich immer irgendeine Möglichkeit. Der Blitzhalter ist unglaublich clever gemacht und so klein, dass Sie ihn in der Hemdtasche transportieren können. Gleichzeitig ist er aber auch enorm robust (weil aus Flugzeugaluminium gefertigt). Die ursprüngliche Idee wurde als Kickstarter-Projekt umgesetzt, und die Finanzierung war innerhalb von 24 Stunden gesichert (was zeigt, dass zahllose Fotografen den Ultra möglichst schnell in die Finger bekommen wollten). Der Nachteil: zum Zeitpunkt der Drucklegung dieses Buches (Frühjahr 2018) ist der Platypod Ultra nicht im deutschsprachigen Markt erhältlich. Sie müssten ihn sich also aus USA bestellen, mitbringen (in der Hemdtasche) oder mitbringen lassen. Er kostet 59 Dollar, allerdings müssen Sie zur Verwendung als Blitzhalter noch zwei weitere Komponenten anschaffen (ebenfalls hierzulande nicht erhältlich): den Giotto MH 1004-Minikugelkopf (ca. 15 Dollar) und einen Schuhhalter zur Befestigung des Blitzes. Hierfür bietet sich der Vello Universal Accessory-Schuhhalter für 7 Dollar an – er lässt sich direkt auf den Minikugelkopf von Giotto aufschrauben. Wenn Sie den Ultra erst einmal haben, werden Sie sicherlich weitere Einsatzmöglichkeiten dafür finden.

Zweitblitzmontage: Manfrotto Magic Arm

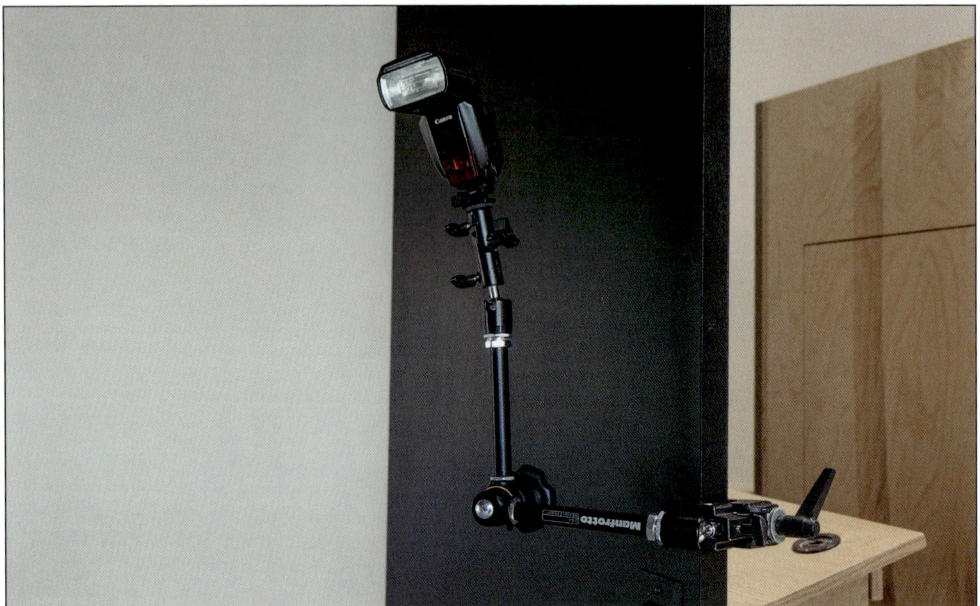

Das ist die ultimative Blitzhalterlösung für die Profis – und ein echtes Prachtstück! Ich selbst habe drei Exemplare und nutze sie für Aufgaben aller Art, die weit über das Fixieren von Blitzen hinausgehen. Mit dem Magic Arm befestige ich ferngesteuerte Kameras samt großen Objektiven an den Wartungsbrücken der riesigen US-Sportstadien für Football, Eishockey oder Baseball. Vielleicht mag es der eine oder andere von Ihnen für überzogen halten, wenn man den Ultra lediglich zum Befestigen von Blitzen verwendet, aber ich kenne zahllose Fotografen, die genau das tun, und sie alle grinsen dabei wie die Honigkuchenpferde. Die offizielle Produktbezeichnung lautet übrigens »Manfrotto MA 244N Magic Arm mit Feststellknopf« (liegt bei 100 €). Zusätzlich brauchen Sie die Manfrotto 035 Super Clamp ohne Adapter (ca. 23 €), mit der sich der Magic Arm an Gegenständen wie Geländer oder Treppen, Türen und allem anderen befestigen lässt, woran sich Dinge anklemmen lassen. Außerdem erforderlich ist der Manfrotto 143S-Blitzschuh für den Magic Arm, der überraschenderweise für nur 15 € zu haben ist. Insgesamt sind Sie mit knapp 140 € dabei, aber Sie erhalten so auch technisches Equipment auf Profiniveau – und auch den Respekt, der jenen Fotografen entgegengebracht wird, die mit einem Magic Arm zum Shooting kommen. Sobald Sie auftauchen, werden die Kollegen Ihnen ehrerbietend Platz machen.

Mehrere Blitze befestigen

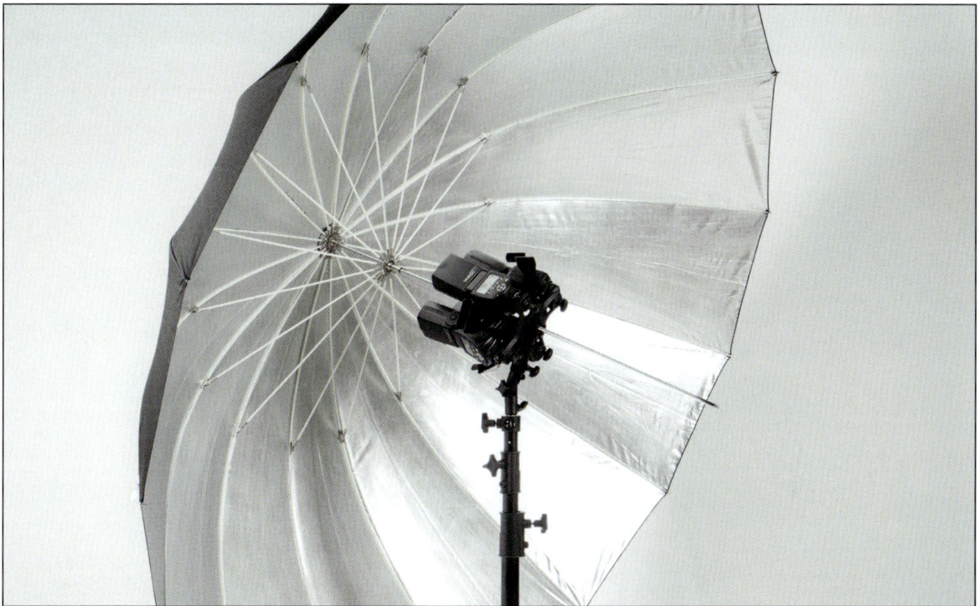

Wenn Sie mehr Leistung brauchen (weil Sie vielleicht viel mit dem auf Seite 43 beschriebenen HSS arbeiten, dessen Fans aufgrund des hohen Strombedarfs häufig mehrere Blitze einsetzen), dann brauchen Sie auch einen Halter, der mehrere Blitze aufnimmt. Möchten Sie etwa zwei Blitze auf demselben Stativ montieren (z. B. beim Einsatz des auf Seite 69 erwähnten riesigen Durchlicht-Parabolschirms), dann werden Sie etwa bei Quenox fündig. Hier gibt es den »Quenox Schirmneiger« mit Zweifachblitzhalter für knapp 30 € oder den »Quenox Blitzneiger« mit Halterung für vier Aufsteckblitze zu knapp 70 €. Darf es hingegen eine Nummer kleiner sein (oder besser: eine ganze Anzahl Nummern kleiner), dann könnte der »CowboyStudio 4-Way Blitzschuh« (ca. 34 €) das Richtige für Sie sein. Ich habe ihn zwar selbst noch nicht verwendet, aber wenn er kaputtgeht, dann behalten Sie im Zweifelsfall immer noch einen Halter für drei Blitze. Wenn's schlimm läuft, für zwei. ;-)

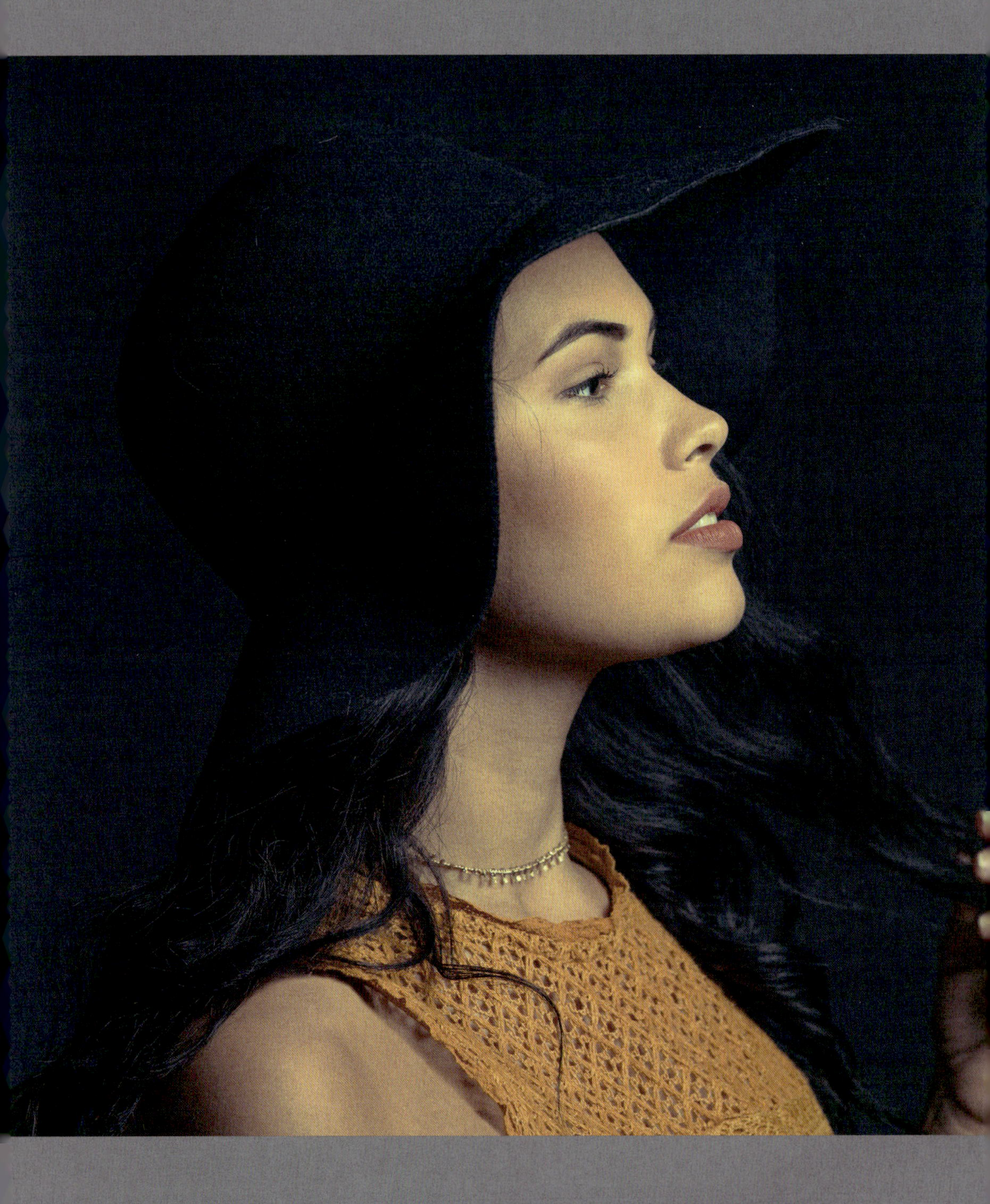

auch, etwa der »Doppelauslöser«, mit dem Sie Streulicht auf dem Boden vertuschen. Wenn Sie diese Tricks aus dem Eff-eff beherrschen, geht es weiter mit stroboskopischen Effekten und Unschärfe durch Mitziehen und anderem mehr und ich werde Ihnen zwischendurch kleine Belohnungen zuwerfen, Sie werden springen und sich im Kreis drehen und wir werden beide einen Riesenspaß haben.

Studioporträts leicht gemacht – ohne Studio!

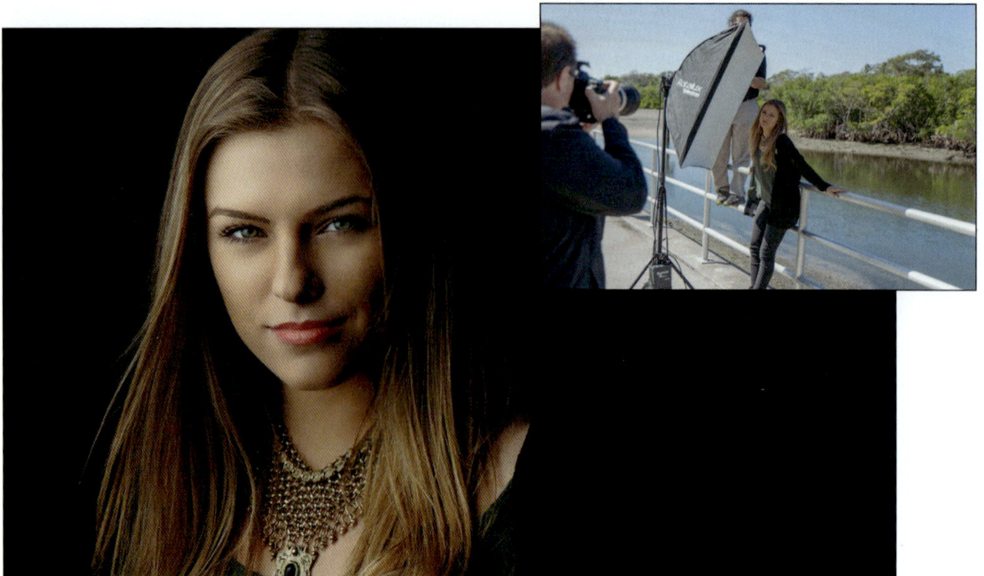

Mit der im Folgenden beschriebenen Technik können Sie den Hintergrund Ihres Modells bei Innen- oder Außenaufnahmen mit Tageslicht in tiefes Schwarz tauchen, sodass der Eindruck entsteht, das Foto wäre in einem Studio gemacht worden. Ein alter Freund von mir, der Fotograf und Retuscheur Glyn Dewis aus Großbritannien, prägte für diese Technik einen großartigen Namen. Er bezeichnet sie als »Instant Black Background«. Hierzu sind lediglich drei einfache Schritte erforderlich: Zunächst müssen Sie Ihren Blitz ausschalten. Dann verringern Sie die Verschlusszeit auf 1/250. (Dies ist normalerweise die kürzeste Verschlusszeit, die ohne HSS eingestellt werden kann.) Schließlich schrauben Sie die Blendenzahl extrem hoch – mindestens auf f/22, wenn nicht höher (sofern Ihr Objektiv das zulässt; manche Objektive gehen bis f/32, einige sogar bis f/40). Zweck der Übung ist es, die vor Ihnen liegende Szene ganz schwarz zu machen. Sie sollten möglichst nichts mehr sehen. Würden Sie jetzt ein Foto machen, dann wäre dieses tiefschwarz. Machen Sie also eine Probeaufnahme, um das zu überprüfen. Hat alles geklappt – sehen Sie also nur eine schwarze Fläche –, dann schalten Sie den Blitz ein und machen Sie Ihre Aufnahme. (*Hinweis*: Da Sie eine Blende von f/22 oder höher nutzen, können und müssen Sie Ihren Blitz auf maximale Leistung stellen.)

Blitz und Stativ wegzaubern

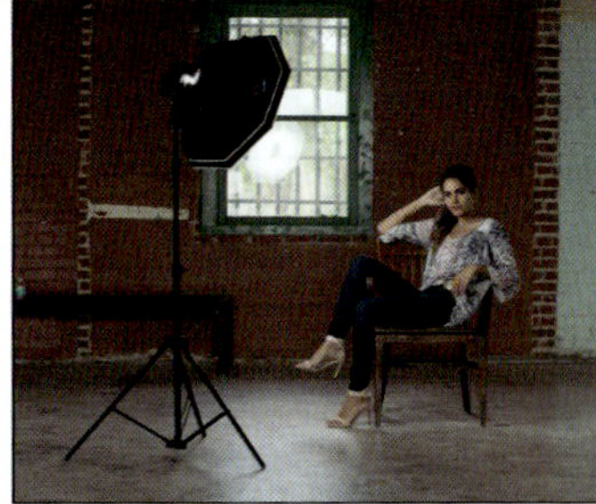

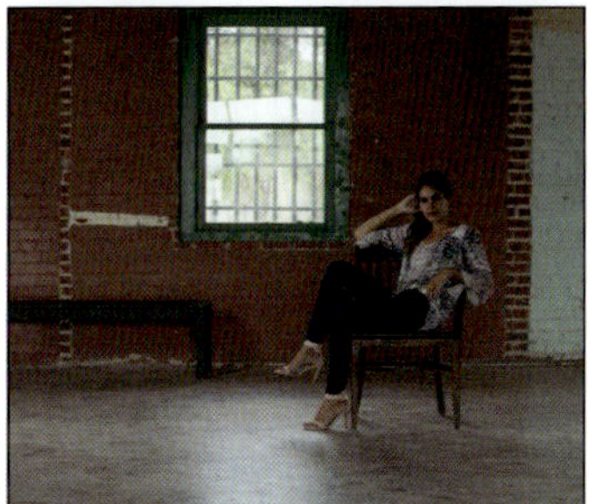

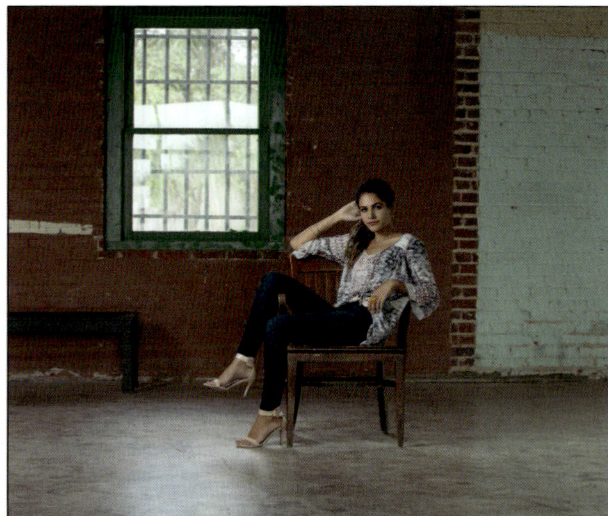

Dieser Trick wird teils mit der Kamera, teils mit Photoshop umgesetzt. Die Problemstellung: Sie möchten Ihr Modell mit einem Blitz beleuchten, aber gleichzeitig eine Weitwinkelaufnahme machen, auf der das Umfeld zu sehen ist. Als Beispiel sei eine Braut in einer großen und wunderschön stimmungsvollen Kirche genannt. Auf der Aufnahme sollen auch die Kirchendecke und die bunten Glasfenster erscheinen. Allerdings wären dann Lichtstativ und Softbox im Bild. Oder Sie möchten einen Leichtathleten im Stadion fotografieren und die leere Laufbahn mit ins Bild nehmen, aber ohne Stativ und Softbox. Das Geheimnis? Erstens: Machen Sie die Aufnahmen mit einem Dreibeinstativ (wichtig für die Nachbearbeitung). Wenn Sie Ihren Blitz aufgestellt und einen Haufen toller Aufnahmen gemacht haben, schalten Sie ihn ab und entfernen den gesamten Blitzaufbau (und ggf. Ihr Modell) vollständig aus dem Ausschnitt. So, und jetzt machen Sie eine Aufnahme der Szenerie nur mit natürlichem Umgebungslicht. Das ist unsere »Vorlagenaufnahme«. Öffnen Sie in Photoshop eine der Porträtaufnahmen und die besagte Vorlagenaufnahme. Kopieren Sie die Vorlagenaufnahme per Zwischenablage über die Porträtaufnahme (also in einer eigenen Ebene) – Sie werden feststellen, dass beide Aufnahmen vollkommen deckungsgleich sind. (Sie wissen, warum? Wegen des verwendeten Kamerastativs.) Klicken Sie nun mit gedrückter Optionstaste (Mac) bzw. Alt-Taste (PC) unten in der Ebenenpalette auf das Symbol **Ebenenmaske hinzufügen** (das dritte Symbol von links). Hierdurch wird die Vorlagenebene hinter einer schwarzen Maske verborgen, und Sie sehen das Porträt mit dem sichtbaren Blitzstativ. Aktivieren Sie das Pinselwerkzeug (**B**), wählen Sie Weiß als Vordergrundfarbe aus und übermalen Sie einfach das Blitzstativ mit der Softbox. Voilà: Weg isses! Auch hierfür habe ich eine ausführliche Videoanleitung für Sie erstellt, die Sie sich auf der Begleitwebsite zum Buch ansehen können.

Sonnenuntergang dank Blitz

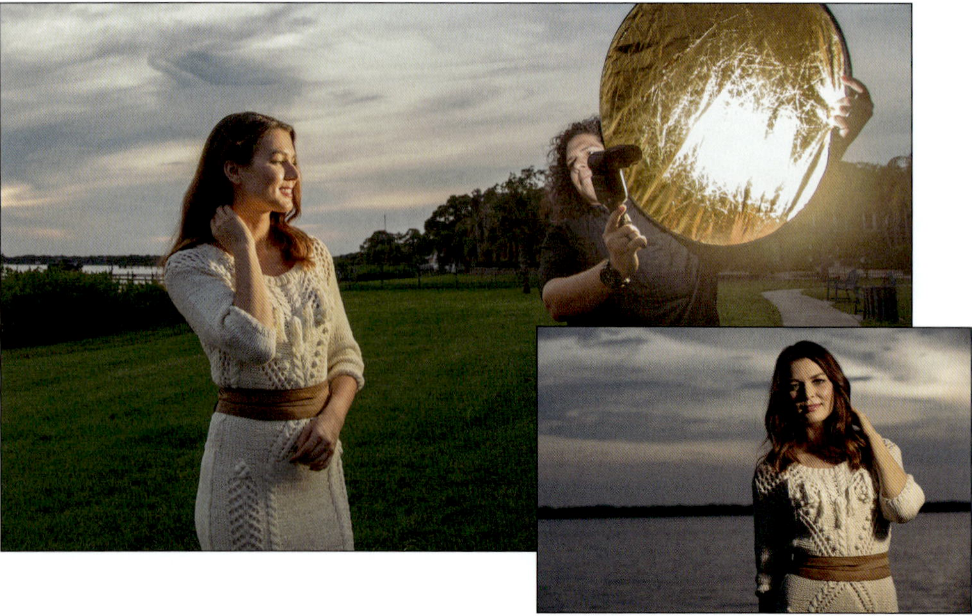

Eine Möglichkeit, einen realistisch wirkenden Sonnenuntergang mithilfe Ihres Blitzes zu erzeugen, ist die Verwendung eines Reflektors. Diesen müssen Sie seitlich von oben und mit der goldenen Seite in Richtung Ihres Modells halten. (Ja, dafür brauchen Sie einen Reflektor mit einer goldfarbenen Seite. Genau für diese Zwecke gibt es spezielle Sets wie etwa das Westcott 5-in-1-Reflektorenset mit 101 cm Durchmesser. Im Lieferumfang ist übrigens ein Universaldiffusor enthalten, mit dem sich wunderbare Aufnahmen mit natürlichem Licht machen lassen. Diesen müssen Sie zwischen Ihr Modell und die Sonne setzen – der Effekt ist derselbe, als wenn man die Sonne in eine Softbox packen würde.) Die Außenreflektoren sind beidseitig verwendbar: Die eine Seite ist silber- oder goldfarben, die andere weiß oder schwarz. Kosten: 65 €. Die Grundidee bei diesem Trick besteht darin, Ihren Blitz über den Goldreflektor zu reflektieren. Da das zurückgeworfene Licht die Farbe der Reflexionsfläche annimmt, erhalten Sie eine warme, goldfarbene Ausleuchtung Ihres Modells. Natürlich sollten Sie diese Karte erst am späten Nachmittag kurz vor Sonnenuntergang ausspielen. Denn wenn Sie das mittags um zwölf machen, sieht das einfach nur seltsam aus (so als ob Ihr Modell deutlich zu viel Zeit im Solarium verbracht hätte).

Tolle Wirkung durch längere Verschlusszeiten

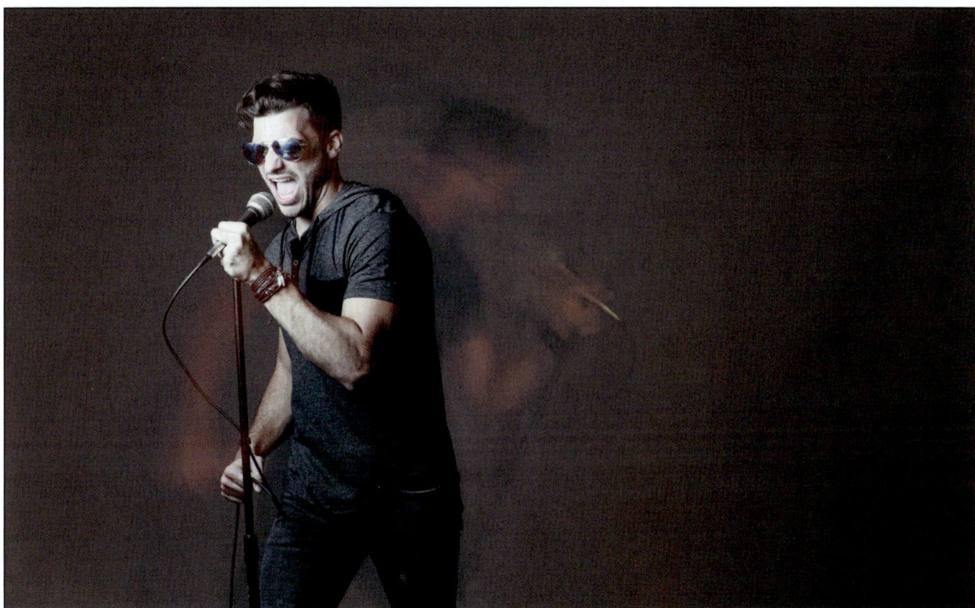

Wenn das Modell stillsteht, verwenden wir manchmal eine längere Verschlusszeit (wie 1/30 oder 1/15), damit mehr Umgebungslicht aufgenommen wird. Lange Verschlusszeiten können Sie aber auch für Spezialeffekte verwenden: Ihr Modell muss sich einfach nur bewegen, während der Verschluss offen ist. Ist dies für einen längeren Zeitraum der Fall – etwa für eine halbe Sekunde oder womöglich sogar für mehrere Sekunden – und bewegt sich Ihr Modell dabei, dann erhalten Sie eine sehr ansprechende Bewegungsunschärfe. Ihr Blitz löst aus und sorgt für eine deutliche Erfassung des Modells (sofern es sich nicht gerade extrem schnell bewegt), und so erhalten Sie am Ende auf der Aufnahme eine interessante Mischung: Das Umgebungslicht zeigt die Bewegung, das Blitzlicht sorgt für eine scharfe Abbildung. Alles gleichzeitig. Das kann ein ziemlich cooler Effekt sein. Sie müssen lediglich ein bisschen mit der Verschlusszeit herumprobieren, bis Sie die passende Einstellung gefunden haben. Aber dafür gibt es ja das kleine Display auf der Rückseite Ihrer Kamera. Machen Sie ein oder zwei Probeaufnahmen, prüfen Sie die Ergebnisse und probieren Sie dann ein oder zwei andere Verschlusszeiten aus, bis Sie die passende »Bewegungsmenge« erhalten, und den Rest erledigt Ihr Blitz. Wenn Sie eher eine Bewegungsspur Ihres Modells erzielen möchten, dann aktivieren Sie die Synchronisierung auf den hinteren (oder zweiten) Verschlussvorhang Ihrer Kamera. Schalten Sie diese einfach ein: So erfolgt die Belichtung bereits vor Auslösen des Blitzes. Der Verschluss bleibt eine Zeit lang geöffnet, und am Ende der Belichtung löst dann der Blitz aus. Die Bewegungen, die Ihr Modell bei offenem Verschluss vollführt, erscheinen dann als Bewegungsspur.

Dreierlei Licht ohne Verschieben des Blitzes

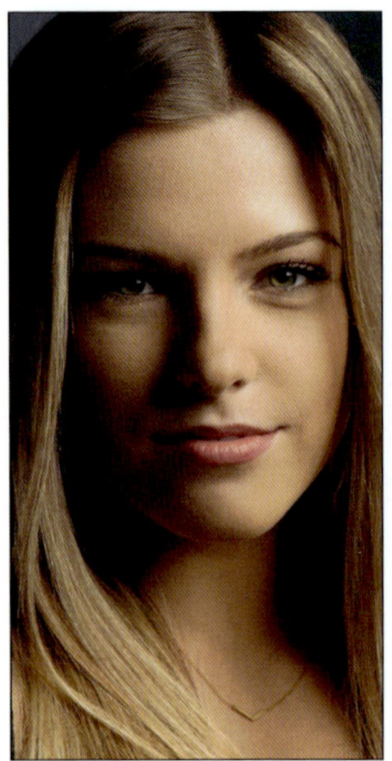
links

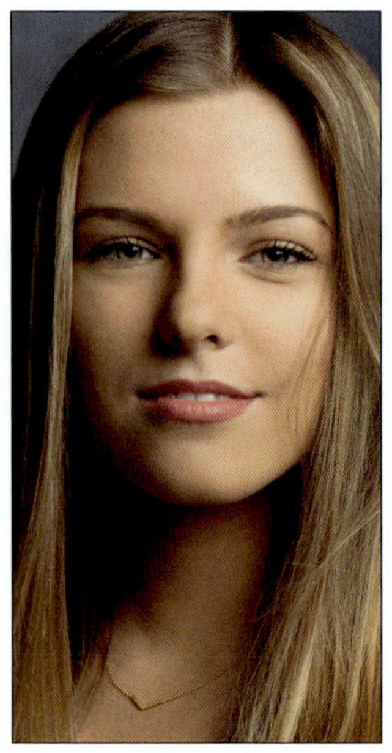
frontal

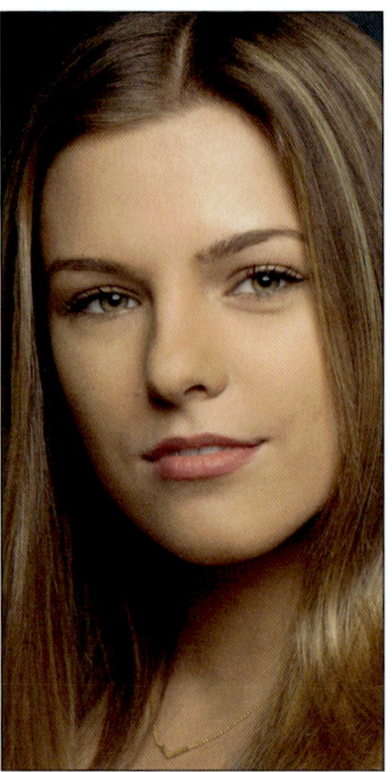
rechts

Wenn Sie Ihren Blitz eingerichtet und aufgestellt haben und das Licht gut aussieht, dann stehen Sie normalerweise frontal zu Ihrem Modell und fotografieren. Stimmt's? Stimmt. Was aber wäre, wenn Sie ein paar Schritte zur Seite gehen (sodass Sie nicht frontal, sondern in einem Winkel zum Modell stehen) und dann mit dem Fotografieren beginnen würden? In diesem Fall würde das Licht ganz anders aussehen, da es ursprünglich für die frontale Ablichtung des Modells eingerichtet wurde. Das ist gut. Nein, das ist sogar extrem gut, denn wenn Sie Ihre Frontalaufnahmen im Kasten haben, können Sie einfach zur Seite gehen und dort weiterfotografieren und erhalten eine ganz andere Ausleuchtung. Danach gehen Sie auf die andere Seite und nutzen die dritte Variante. Sie haben dazu weder Ihr Modell noch Ihren Blitz umstellen müssen, sondern lediglich Ihre eigene Position verändert. Durch diese kleine Änderung erhalten Sie drei verschiedene Versionen mit demselben Blitzstandort. Und nur Sie müssen sich bewegen.

Keine Decke für indirektes Licht vorhanden?

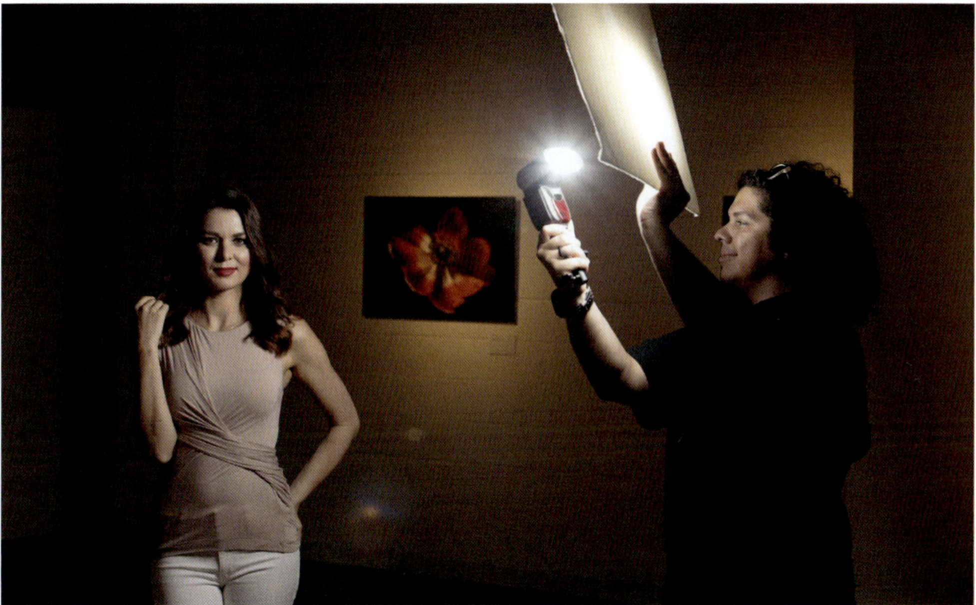

Nicht alle Decken sind weiß und/oder niedrig genug für indirektes Blitzen. Allerdings können wir uns meist behelfen, weil das Blitzlicht von weißen Flächen aller Art reflektiert wird. Ich war mal bei einem On-Location-Shooting mit David Ziser, einer Legende in Sachen Hochzeitsfotografie. Er nutzte zur Beleuchtung der Braut sogar das weiße Hemd eines Gastes. Weiß ist eine Farbe mit unglaublichen Reflexionsfähigkeiten für Blitzlicht, und wenn man das einmal begriffen hat, dann eröffnet sich eine neue Welt ungeahnter Möglichkeiten. Sie können das Blitzlicht beispielsweise von einem mittelgroßen Stück Hartschaumplatte, einer weißen Wand oder auch einem weißen Faltreflektor zurückwerfen lassen. Und alle diese Dinge müssen sich gar nicht oberhalb des Kopfniveaus befinden, denn dankenswerterweise kann der Blitzkopf gedreht und geneigt werden. Bitten Sie einen Freund, ein Stück weißer Hartschaumplatte knapp oberhalb des Gesichts zu halten, und drehen Sie Ihren Blitzkopf so, dass das Licht diesen Bogen trifft und auf Ihr Modell zurückgeworfen wird. Das Licht verteilt sich dann und bekommt einen sehr schmeichelnden Charakter. Zur Erinnerung: Das Licht prallt wie der Spielball beim Billard zurück. Behalten Sie also die Winkel im Blick, machen Sie sich klar, wie das Licht Ihres Blitzes eine beliebige weiße Fläche trifft, und stellen Sie sich vor, in welchen Winkeln es dann von Hartschaumplatte, Wand usw. zurückgeworfen wird. Natürlich ist weiße Hartschaumplatte für mich nicht die erste Wahl, aber es ist ein toller Plan B, wenn Sie nach der Ankunft feststellen, dass der Raum, in dem Sie die Fotos machen sollen, eine dunkelbraune Holzdecke hat.

Der Schatten im Hintergrund

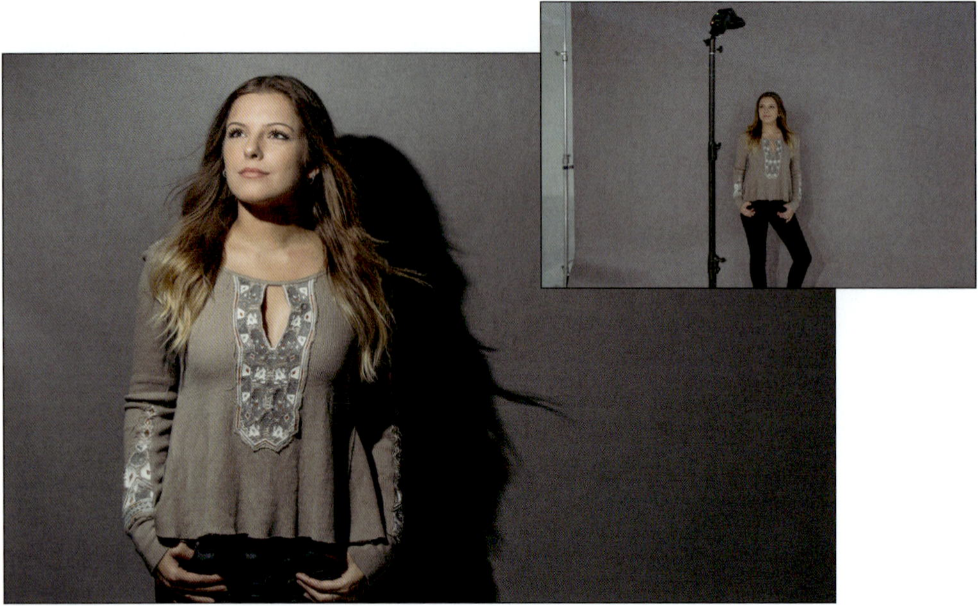

Auch wenn es leicht nachvollziehbar klingt, sollten wir uns noch einmal Folgendes klarmachen: Wenn Sie den Schatten Ihres Modells sehen möchten, dann stellen Sie es etwa 30 cm vor dem Hintergrund auf. Der Schatten ist dann auf jeden Fall zu erkennen, wenn Ihr Blitz seitlich aufgestellt ist. (Bei Frontalaufnahmen trifft dies weniger zu, aber Sie machen hierbei wahrscheinlich ohnehin keine Frontalaufnahme.) Natürlich ist der Schatten relativ weich, weil Sie eine Softbox, einen Diffusor oder eine andere Möglichkeit verwenden, um das Licht ansprechend zu gestalten. Aber angenommen, Sie würden einen härteren Schatten bevorzugen? Einen mit klaren Konturen und ohne Unschärfe? Dann brauchen Sie hartes Licht. Also: Weg mit der Softbox, wir brauchen den nackten Blitzkopf! Hierbei müssen Sie aber darauf achten, dass Ihr Modell eine makellose Haut hat, denn das Licht wird hell, ausdrucksstark und beschönigt nichts. Es deckt gnadenlos alle optischen Schwächen des Modells auf (deswegen auch das mit der makellosen Haut). Auf diese Weise erstellen Sie extrem harte und kantige Schatten in einem mittleren Grauton. Darf es dunkler, kräftiger und noch kantiger sein, dann setzen Sie eine Wabe vor Ihren Blitz, z. B. eine Rogue-Wabe oder eine von MagMod (Informationen zu beiden finden Sie auf Seite 66). Hierdurch wird Ihr Lichtstrahl noch stärker verengt und fokussiert, und es entstehen dunkle und tiefe Schatten.

Blitz als Requisite verwenden

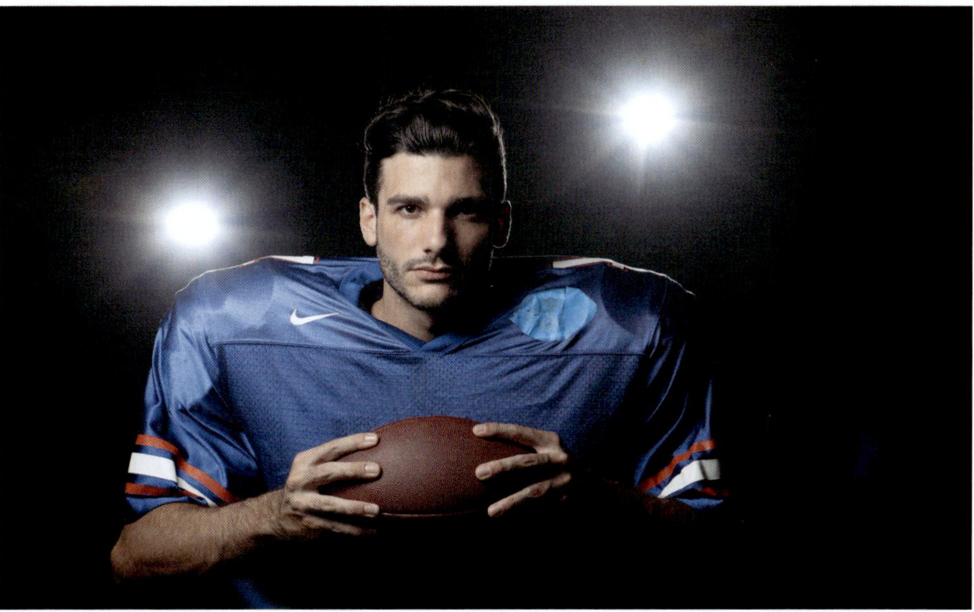

Ich habe in Kapitel 7 bereits eine ähnliche Technik wie die hier beschriebene erwähnt, aber wenn Hochzeitsfotografie nicht Ihr Ding ist, haben Sie das Kapitel vielleicht übersprungen. (Leider gibt es jetzt auch keine Tanzfläche mehr.) Der Trick besteht darin, ein zweites Blitzgerät irgendwo im Sichtbereich der Kamera aufzustellen, sodass der Lichtblitz auf der Aufnahme erscheint. Damit schaffen Sie eine spannende Anmutung. Und jetzt, wo ich Sie darauf aufmerksam gemacht habe, werden Sie schon bald feststellen, dass eine ganze Reihe von Fotografen diesen Dreh bereits nutzt. Im Grunde genommen wird der zweite Blitz (und – wie in obiger Abbildung gezeigt – womöglich auch ein dritter) zur Requisite. Wenn Sie nur einen einzigen Blitz haben, können Sie möglicherweise auch ohne Blitz ein passables Bild machen. Falls ja, nehmen Sie den Blitz und stellen Sie ihn auf der anderen Seite Ihres Motivs auf ein Stativ. Wenn Sie jetzt auf den Auslöser drücken, löst der Funksender auf Ihrem Blitzschuh den Blitz aus. In diesem Fall brauchen Sie keinen zweiten Blitz.

Streulicht auf dem Boden vermeiden – per »Doppelauslöser«

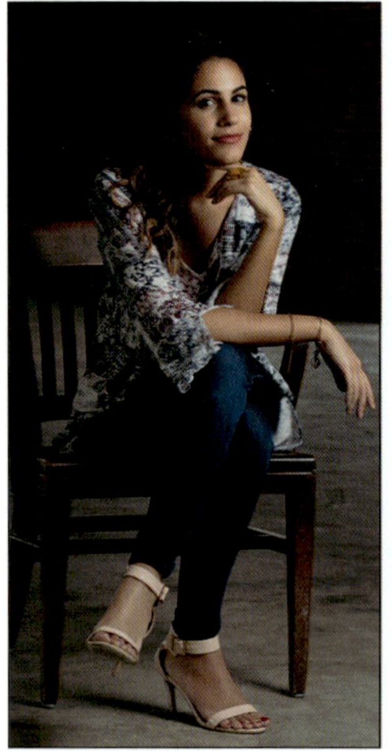
mit Blitz

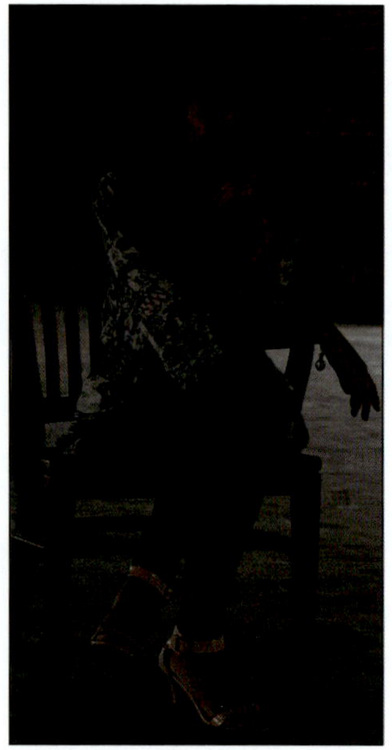
ohne Blitz

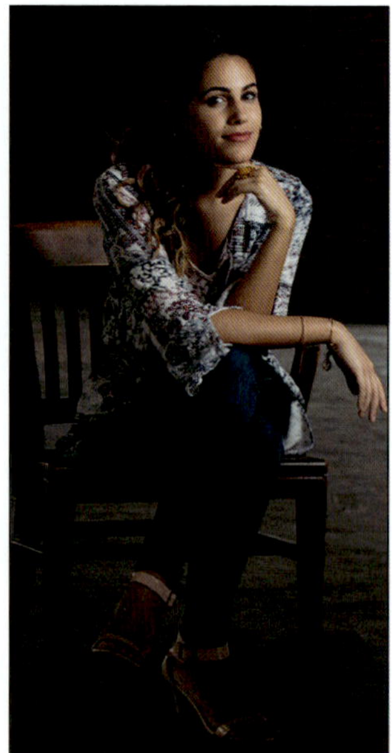
Ergebnis

David Hobby war vor ein paar Jahren Gast auf einer Veranstaltung von mir und hat mir diesen Trick gezeigt – und seitdem nutze ich ihn sehr häufig. Er nannte das »Doppelauslöser«. Meistens nutzt man ihn bei Location-Shootings am späten Nachmittag. Ein Problem besteht darin, dass der Blitz normalerweise den Boden unter den Füßen Ihres Modells ausleuchtet. Bei den meisten Porträtaufnahmen soll aber das Gesicht gut beleuchtet sein, und die Lichtintensität soll dann nach unten hin abnehmen. Die Füße des Modells sollen also nicht so hell erscheinen wie das Gesicht, und ganz sicher darf der Boden nicht so hell beleuchtet werden, dass er dem Betrachter geradezu ins Gesicht springt. – Der erste Schritt zur Lösung ist das zweimalige Betätigen des Auslösers. Aktivieren Sie hierfür den Serienbildmodus und drücken Sie den Auslöser etwas länger. Bei der ersten erstellten Aufnahme wird der Blitz ausgelöst, bei der unmittelbar darauffolgenden zweiten Aufnahme hat der Blitz aber keine Chance gehabt, sich neu aufzuladen, weswegen die Aufnahme lediglich bei Umgebungslicht erfolgt. Sie haben also jetzt zwei Bilder: eines mit Blitz (oben links gezeigt) und eines ohne, nur mit Umgebungslicht (oben in der Mitte). Wissen Sie schon, wo die Reise hingeht? Richtig geraten: In Photoshop verwenden Sie im Grunde genommen denselben Ansatz, den wir bereits auf Seite 147 beschrieben haben. Bitte folgen Sie den ersten Schritten der dortigen Anleitung. Anders als dort werden wir das Licht hier nicht wegpinseln. Stattdessen wählen Sie das Farbverlaufswerkzeug (**G**) aus, wählen Weiß als Vordergrundfarbe und ziehen mit der Maus vom unteren Bildrand nach oben bis knapp unter das Gesicht des Modells. So entsteht vom Hals abwärts eine zunehmende Abdunkelung, da das zweite, bei Raumlicht aufgenommene Foto immer stärker sichtbar wird. Das Ergebnis sehen Sie oben rechts. Ach, was rede ich, rufen Sie doch einfach die Begleitwebsite zum Buch auf (siehe Kapitel 1) und sehen Sie es sich selbst an.

Filterfolien für Spezialeffekte

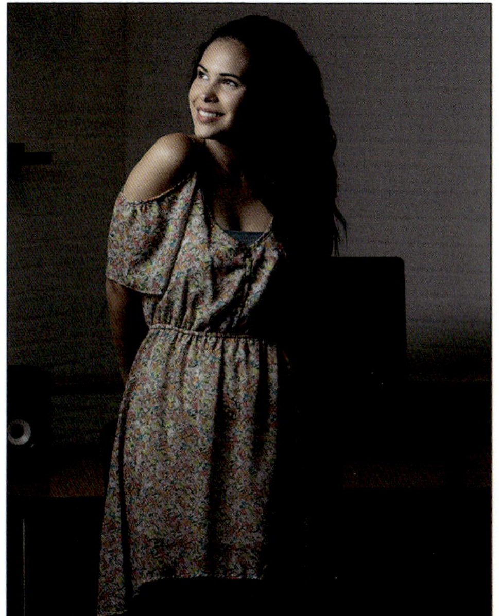

Blitz ohne Filter

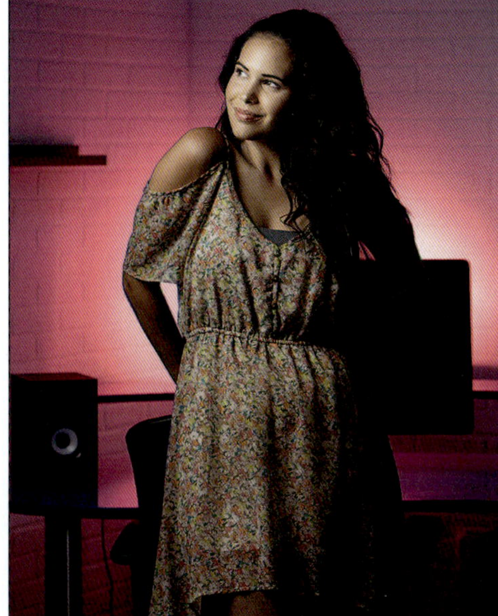

Blitz mit Filter

Hier stelle ich Ihnen zwei Ideen vor. Ein beim On-Location-Shooting ziemlich beliebter Trick besteht darin, mit einem Farbfilter einen interessanteren Hintergrund zu erstellen. Dazu wählen Sie eine Folie mit einer kräftigen Farbe aus (rot, blau, lila, grün usw.) und richten den Blitz dann auf eine Wand oder ein Objekt im Hintergrund, damit dieser nicht mehr so langweilig aussieht. Für die Abbildung oben rechts habe ich einen Blitz mit purpurfarbener Folie und einen Diffusoraufsatz auf dem Schreibtisch hinter dem Modell befestigt. (Hierzu habe ich die Joby Flash Clamp benutzt, die auf Seite 139 beschrieben wurde.) Das wirkt wirklich Wunder! Eine andere Möglichkeit besteht darin, eine Farbfolie bei einem Gegenlichtblitz (z. B. in einem Striplight oder vor einem Blitz seitlich neben Ihrem Modell) zu nutzen. Diese Farbe erscheint dann – je nachdem, wie Sie Ihren Blitz ausgerichtet haben – als starker Farbstich in den Haaren Ihres Modells, hinter ihm oder in den Lichtern. Haben Sie drei Blitze, dann können Sie zwei hinter Ihrem Modell aufstellen (etwa ein Striplight auf jeder Seite). Verwenden Sie für diese beiden Farbfilter Komplementärfarben, z. B. rote und purpurfarbene Folie oder magentafarbene und blaue. Hierdurch wird die Frisur des Modells von hinten beleuchtet, und Ihr Hauptblitz auf der Vorderseite weist eine normale Farbe auf (siehe Seite 161).

Weißabgleich für zweite Farbe verwenden

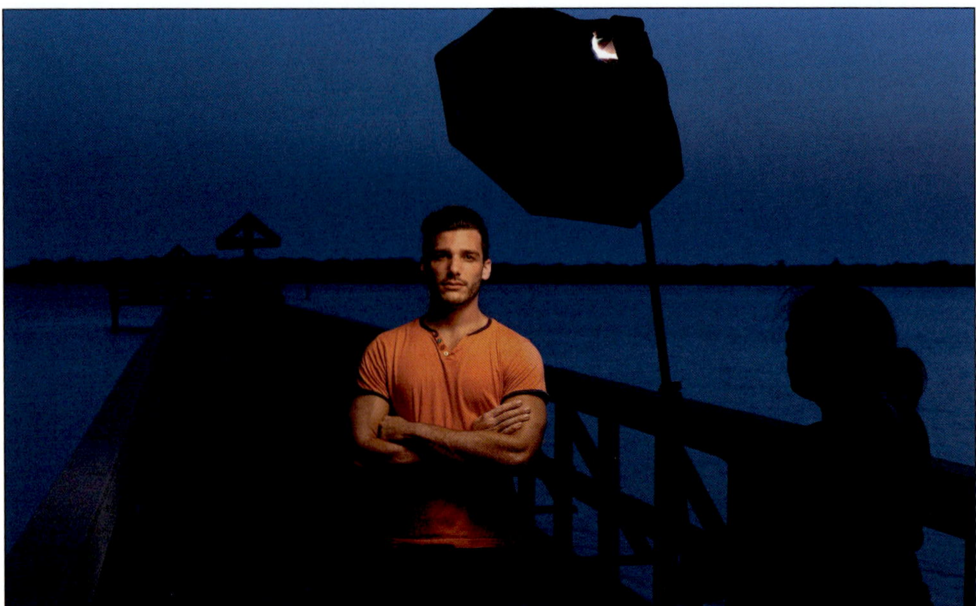

Dieser Trick für Porträts mit nur einem Blitz ist schon länger bekannt, aber immer noch sehr beliebt, denn hiermit lässt sich tatsächlich ein Look erzielen, den man sonst nur mit zwei Blitzen hinbekommt. Machen Sie Folgendes: Zunächst montieren Sie eine starke CTO-Folie (siehe Seite 84) vor Ihren Blitz, damit das abgegebene Licht einen ausgeprägten Orangeton hat. Danach legen Sie für den Weißabgleich Ihrer Kamera einen tiefblauen Wert fest. Hierzu bietet sich die Einstellung für Glühlampen an, oder Sie setzen den Kelvin-Wert manuell auf einen sehr kühlen Wert, z. B. 2500 K. Wenn Sie jetzt die Aufnahme machen, wirkt Ihr Modell sehr warm (mit einem leichten bis mittleren Orangeton) und steht vor einem dunkelblauen Hintergrund. Das wirkt dann so, als hätten Sie viel mehr Farbfolien eingesetzt, als Sie tatsächlich benutzt haben.

Panoramaunschärfe mit Standbild

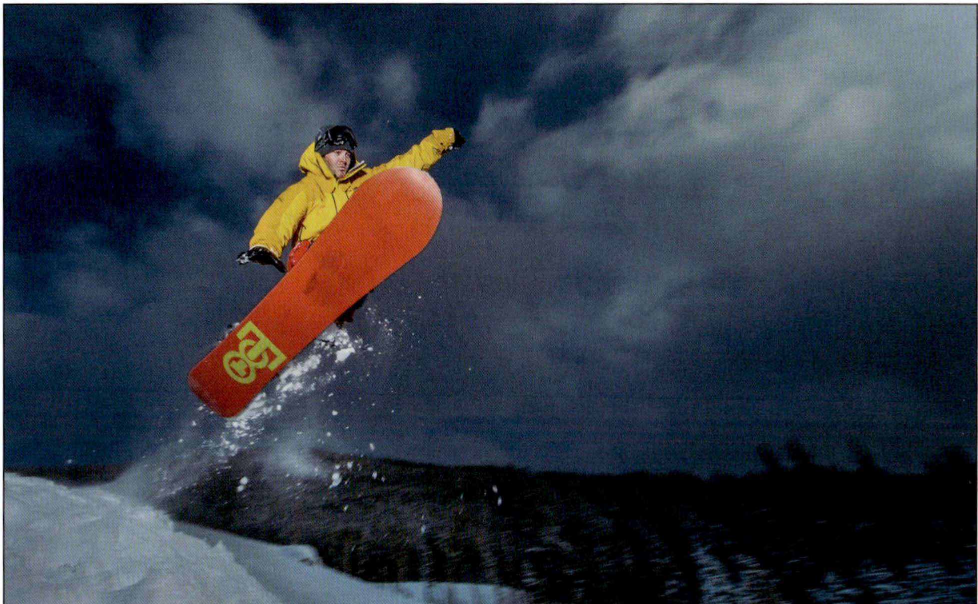

Wenn Sie Action- oder Sportfotos machen wollen und dabei Ihr Modell selbst superscharf abgebildet, der Hintergrund aber unscharf sein soll, dann gehen Sie wie folgt vor: Stellen Sie eine lange Verschlusszeit ein. Wenn sich Ihr Modell schnell bewegt, probieren Sie zum Einstieg 1/10 s aus. Ziel ist es, die Verschlusszeit an die Geschwindigkeit des Modells anzupassen. Sellen Sie dann die Blende über die Messfunktion im Sucher ein. Heben Sie den Blendenwert allmählich an, bis eine angemessene Belichtung angezeigt wird. Richten Sie die Kamera nun auf Ihr Modell und folgen Sie seiner Bewegung (»Mitziehen«). Wenn sich das Modell an Ihnen vorbeibewegt, folgen Sie der Bewegung aus Ihrer Hüfte heraus, achten Sie dabei darauf, dass der Fokus auf der Brust des Modells verbleibt, und drücken Sie auf den Auslöser. Ziehen Sie nach dem Auslösen noch ein oder zwei Sekunden weiter mit: Sie dürfen das Mitziehen nicht einfach abbrechen, nachdem das Foto gemacht wurde. Da der Verschluss länger offen bleibt, wird der Hintergrund hierdurch sehr unscharf – wie die Bäume oben in der rechten Abbildung. Je länger dabei die Verschlusszeit ist, desto unschärfer wird der Hintergrund. Gleichzeitig sorgt Ihr Blitz dafür, dass Ihr Modell scharf und hell abgebildet wird. Dafür brauchen Sie nicht einmal eine hohe Blitzleistung; wichtiger ist eine kurze Blitzdauer, sodass die Bewegung eingefroren wird. Bis alle Einstellungen für Verschlusszeit, Blende und Blitzleistung passen, werden Sie sicherlich ein paar Probeaufnahmen machen müssen und die Parameter dann jeweils nachregeln, aber dafür haben wir ja das Display auf der Kamerarückseite. Ist der Hintergrund noch zu scharf, dann verlängern Sie die Verschlusszeit. Ist die Aufnahme zu hell, dann erhöhen Sie den Blendenwert (z. B. auf f/16) und probieren Sie es noch mal. Und ist der Blitz zu hell, dann nehmen Sie die Blitzleistung zurück.

Stroboskopischer Effekt

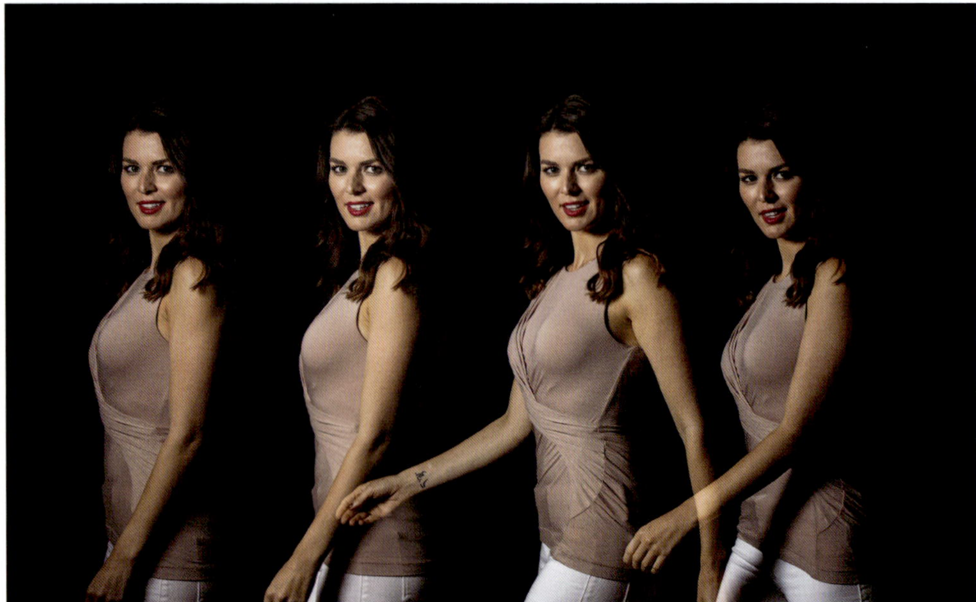

Der hier gezeigte stroboskopische Effekt (mit mehreren Belichtungen auf derselben Aufnahme) ist erstaunlich einfach umzusetzen. Sie müssen lediglich mit langer Verschlusszeit (zwischen zwei und zehn Sekunden oder noch länger) arbeiten, und während der Verschluss geöffnet ist, einfach den Blitz mehrere Male auslösen – also ein weiterer Fall, in dem es absolut notwendig ist, frisch aufgeladene Akkus dabeizuhaben. Damit das so funktioniert wie im obigen Beispiel gezeigt, muss der Vorgang weitgehend im Dunkeln ablaufen (ein vollständig schwarzer Hintergrund ist hier von Vorteil). Als Erstes setzen Sie die Verschlusszeit Ihrer Kamera auf drei Sekunden (zumindest für dieses Beispiel), damit der Verschluss richtig lange offenbleibt. Danach müssen wir vier Einstellungen am Blitz selbst vornehmen: 1. Bei Canon-, Yongnuo-, Sony- und Phottix-Blitzen müssen wir den Modus auf »Multi« setzen. Bei Nikon-Blitzen heißt die Betriebsart »Repeating Flash«. 2. Nun müssen Sie entscheiden, wie oft der Blitz insgesamt auslösen soll. Wir machen es uns rechnerisch einfach und setzen den Wert auf 9. Mehr Blitze werden keinesfalls ausgelöst. 3. Über den Parameter »Hz« (Hertz) legen wir fest, wie oft der Blitz pro Sekunde auslösen soll. Wir könnten hier drei Blitze pro Sekunde angeben, landen also bei neun Blitzen innerhalb von drei Sekunden. Möchten Sie den Blitz sechsmal pro Sekunde auslösen, dann müssen Sie die Gesamtzahl der Blitze auf 18 erhöhen, sonst ist nach neun Blitzen Schluss. Übrigens: Weil der Blitz so oft auslösen soll, legen wir die Blitzleistung auf einen niedrigen Wert fest. So kann der Blitz sich schnell genug wieder aufladen, um gleich wieder einsatzbereit zu sein. 4. Letzter Schritt ist die Leistungseinstellung (die wir auf demselben Bildschirm finden). Stellen Sie Ihre Kamera nun auf ein Stativ, nutzen Sie einen Kabelauslöser und – legen Sie los!

Der klassische Hollywood-Look

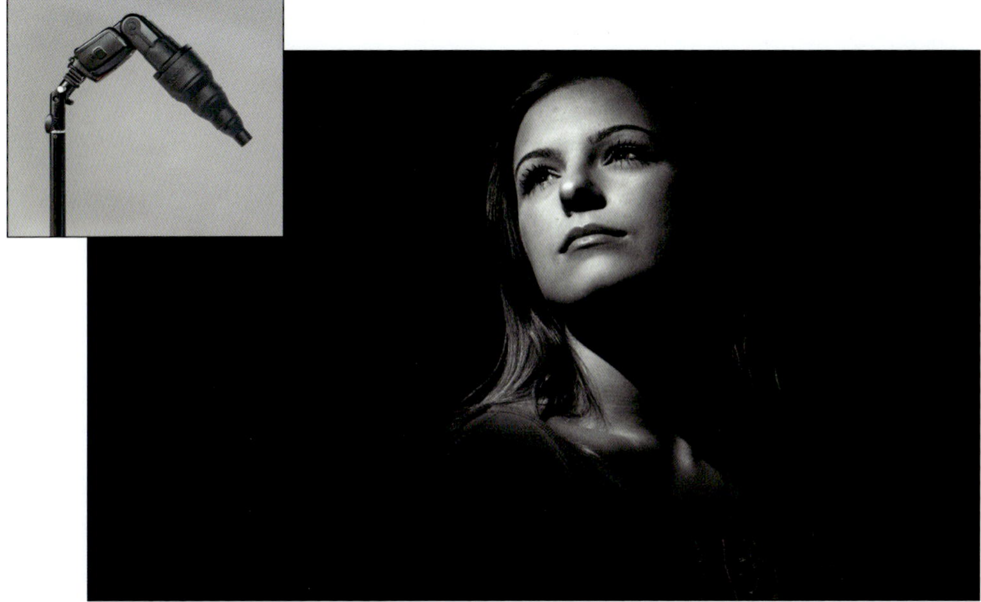

Das Geheimnis des hier beschriebenen dramatischen Hollywood-Looks ist: Sie beleuchten Ihr Modell nur teilweise. Natürlich hat das Licht von Ihrem Blitz den Drang, sich gleichmäßig überallhin zu verteilen, aber das ist genau das, was wir jetzt nicht wollen. Wenn Sie das gewünschte Aussehen wirklich so hinbekommen möchten, dann brauchen Sie einen Snoot. Hierbei handelt es sich um ein Zubehörteil, das Sie auf Ihren Blitzkopf setzen und mit dem der Blitzstrahl verengt wird (und zwar wesentlich stärker als mit einer Wabe). Es verbleibt lediglich eine ziemlich kleine Öffnung, sodass Sie das Licht genau auf das Gesicht Ihres Modells richten können. MagMod bietet hierzu den MagSnoot an, den Sie vollständig zusammenlegen können, weil er aus Gummi besteht. Das Tolle daran ist, dass Sie die Breite des Blitzstrahls ändern können, indem Sie den Snoot einschieben oder herausziehen. Dabei wird der Strahl umso enger, je weiter Sie den Snoot einschieben (hierfür stehen insgesamt vier Breiteneinstellungen zur Verfügung). **TIPP**: Der mit einem Snoot erzeugte Strahl kann sehr eng werden. Sie sollten sich deswegen zum Blitz begeben und die TEST-Taste auf dessen Rückseite betätigen, um den Strahl zu prüfen und ihn exakt so auszurichten, dass Ihr Modell wie gewünscht beleuchtet wird, bevor Sie zur Kamera zurückkehren. (Zwar können Sie das gewünschte Ergebnis auch mit einer Rogue-Wabe erzielen, denn in dessen Lieferumfang ist ein kleines Rohr enthalten, mit dem Sie die Lichtrichtung steuern können. Allerdings müssen Sie den Blitz dann sehr nah an Ihrem Modell positionieren – etwa knapp 50 cm vor dessen Gesicht.) Nachdem Sie den Blitzstrahl nun mit dem Snoot manipuliert und den Blitz so aufgestellt haben, dass er von oben auf Ihr Modell herableuchtet, muss das Modell nun seinerseits nach oben in Richtung des Lichts schauen (das ist die klassische Hollywoodpose), und schon kann das Drama beginnen (natürlich nur auf dem Bild, nicht während der eigentlichen Aufnahme).

Spektakuläres Profilporträt

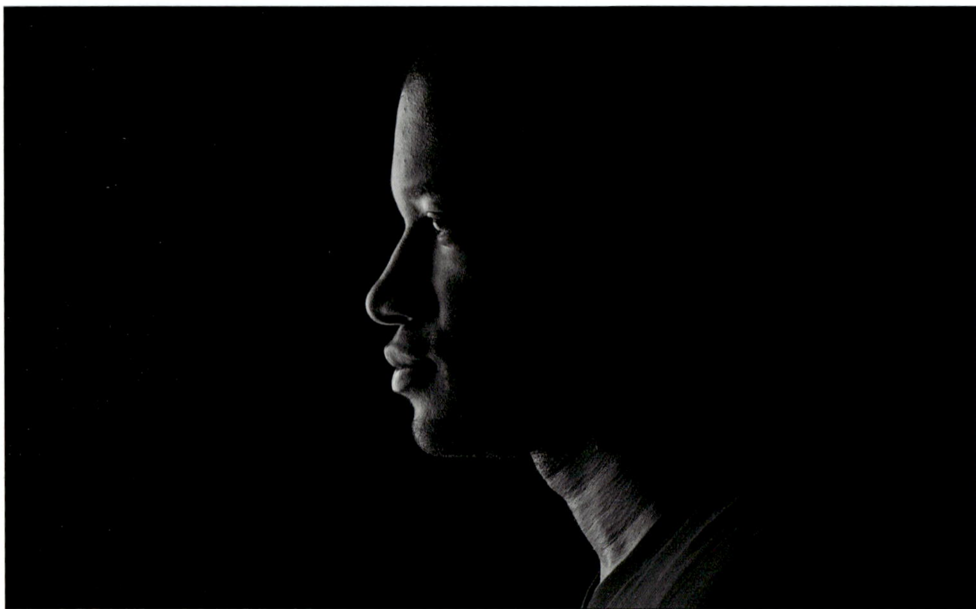

Auch dieser Kniff ist einfach umzusetzen, zeigt aber große Wirkung. Zunächst brauchen Sie einen schwarzen Hintergrund. Verwenden Sie also entweder eine schwarze Papierrolle oder stellen Sie Ihr Modell so weit vom Hintergrund entfernt auf, dass kein Blitzlicht mehr darauf fällt. Nun positionieren Sie Ihren Blitz (samt Softbox) direkt neben Ihrem Modell (welches immer noch direkt in die Kamera sieht). Würden Sie nun eine Aufnahme machen, dann wäre nur diejenige Hälfte des Gesichts beleuchtet, die in Richtung der Softbox weist. Um aber das Profil Ihres Modells zu erhalten, drehen Sie es so, dass es in die Softbox schaut (also aus der Kameraposition gesehen seitlich). Als Nächstes bewegen Sie die Softbox etwas weiter von der Kameraposition weg in Richtung Ihres Hintergrundes (Papierrolle, Wand usw.). Stellen Sie den Blitz dabei so auf, dass die Kante der Softbox etwa 45–50 cm hinter Ihrem Modell zu stehen kommt. Das Modell blickt also nicht auf die Vorderseite, sondern auf die Seitenwand der Softbox. Setzen Sie den Blitz auf halbe Leistung (1/2) und machen Sie eine Probeaufnahme. Jetzt wird die von der Kamera abgewandte Seite Ihres Modells beleuchtet, wodurch ein weißer Gegenlichteffekt um die Gesichtskontur entsteht. Das wirkt – wie man oben sieht – absolut spektakulär. Wenn Sie feststellen, dass zu viel Licht auf die der Kamera zugewandte Gesichtshälfte fällt, dann müssen Sie die Softbox einfach ein bisschen näher an den Hintergrund heranschieben.

Geteilter Zweifarbhintergrund

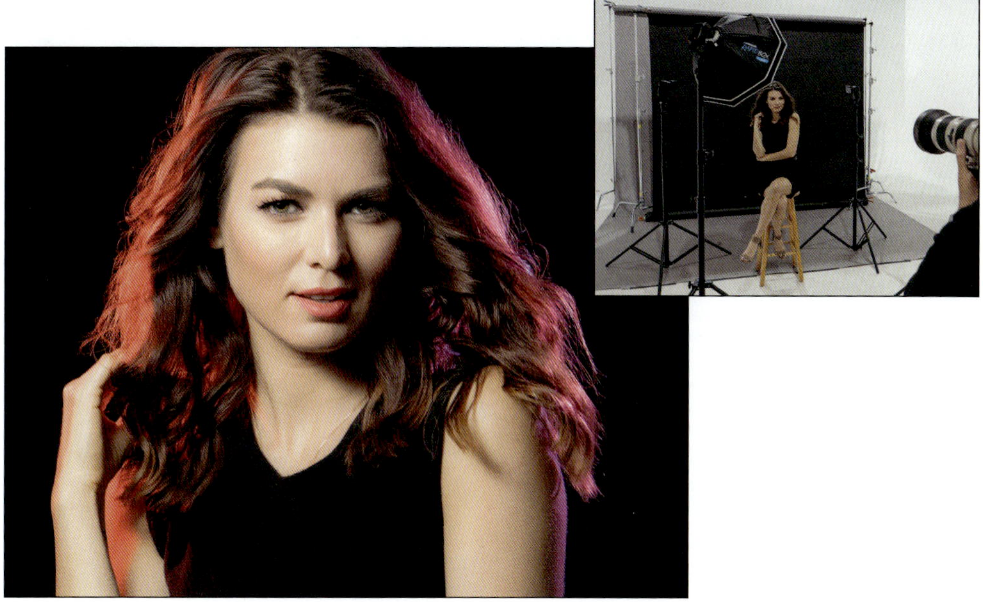

Hierfür benötigen Sie drei Blitze und einen schwarzen oder dunkelgrauen Hintergrund. Dann stellen wir zwei Gegenlichter auf, nämlich je eines auf beiden Seiten des Modells. Diese richten wir im 45°-Winkel auf die Frisur des Modells. Falls Sie über Waben verfügen, setzen Sie diese auf die beiden Gegenlichtblitze, damit das Licht sich nicht ungehindert ausbreiten kann. (Dafür brauchen Sie für diese beiden Blitze keine Softboxen.) Der nächste Schritt besteht darin, jeweils unterschiedliche Filterfolien vor diese beiden Blitze zu setzen. Sie sollten zwei Farben verwenden, die sich gegenseitig ergänzen, also etwa Rot und Purpur, Blau und Grün oder auch Orange und Blau. In unserem Beispiel verwenden wir purpurfarbene Folie auf der einen und rote Folie auf der anderen Seite. Nun stellen Sie diese beiden Blitze erst einmal auf 1/4 und sehen sich an, wie das aussieht. Machen Sie eine Probeaufnahme und achten Sie darauf, dass das farbige Licht nicht bis ins Gesicht strahlt, sondern wirklich nur die Haare des Modells seitlich beleuchtet. Nun stellen wir vor dem Modell eine Softbox auf, um die Schatten zu füllen. Ich verwende hierzu ein Beauty Dish (Rapid Box Octa oder Rapid Box), füge aber auch hier eine Wabe hinzu (wie ich sie auf Seite 65 beschrieben habe). Zweck der Übung ist, zu verhindern, dass das vorderseitige Licht streut und die beiden farbigen Hintergrundlichter verwässert. Stellen Sie den Vorderblitz relativ nah vor Ihrem Modell auf und regeln Sie deswegen die Blitzleistung herunter, denn hiermit sollen wirklich nur die Schatten aufgefüllt und das Gesicht ein wenig ausgeleuchtet werden. Geben wir zu viel Leistung auf den Frontblitz, dann streut dessen Licht, und die farbigen hinteren Lichter werden verwaschen – was die Wirkung ruiniert. Fangen Sie hier mit einer Leistung von 1/8 an, aber zögern Sie nicht, auf 1/16 herunterzugehen, falls dies erforderlich sein sollte.

Spiegelungen in Brillengläsern entfernen

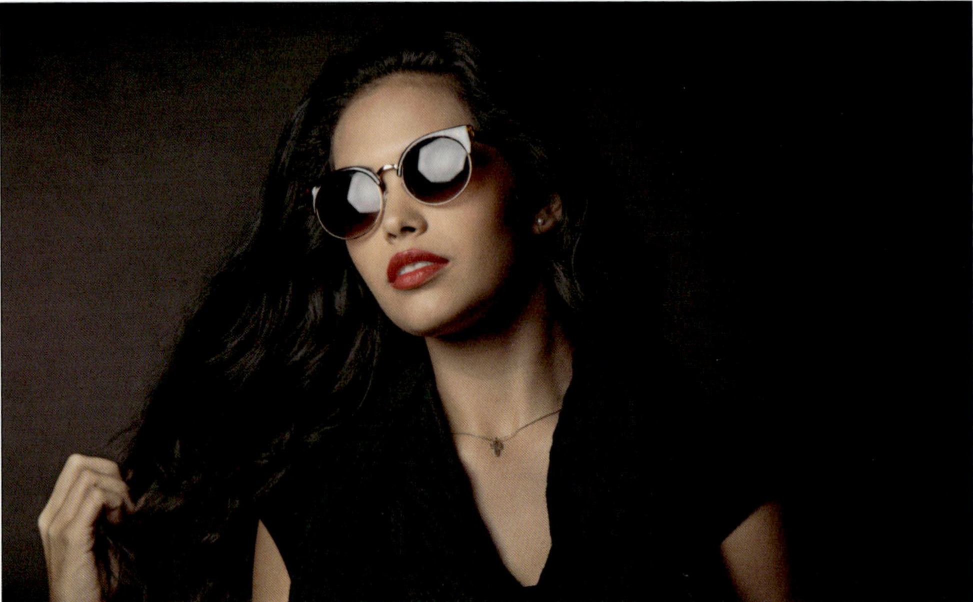

Können Sie in diesem Bild erkennen, wie sich die Softbox in den Brillengläsern (oder in diesem Fall: den Sonnenbrillengläsern) spiegelt? Das ist nicht zu übersehen, nicht wahr? Manchmal sieht man solche Reflexionen sogar in den Werbeanzeigen der großen Brillenhersteller! Ob die da hingehören? Ihre Entscheidung. Es gibt Fotografen, die der Meinung sind, dass die sich spiegelnden Lichter ihren Bildern etwas Besonderes verleihen. Andere hingegen schaudern schon bei dem Gedanken daran. Wenn Sie also zu dem Schluss kommen, dass Sie sie loswerden möchten (und hierzu nicht unbedingt Photoshop verwenden), dann gibt es eine sehr einfache Möglichkeit dafür. Der Trick besteht darin, die Softbox ganz weit nach oben zu schieben. Also so richtig weit. So weit, bis Sie die Spiegelungen entweder gar nicht mehr oder aber so wenig davon sehen, dass das in Photoshop in 30 Sekunden erledigt ist. Wie auch immer: Ihre Entscheidung. Aber wenn Sie keine Reflexionen wünschen, dann kennen Sie jetzt zumindest den Trick: Schieben Sie die Softboxen ganz hoch (und vergessen Sie nicht, sie zum Ausgleich stärker zu neigen).

Einfache Produktfotografie mit zwei Blitzen

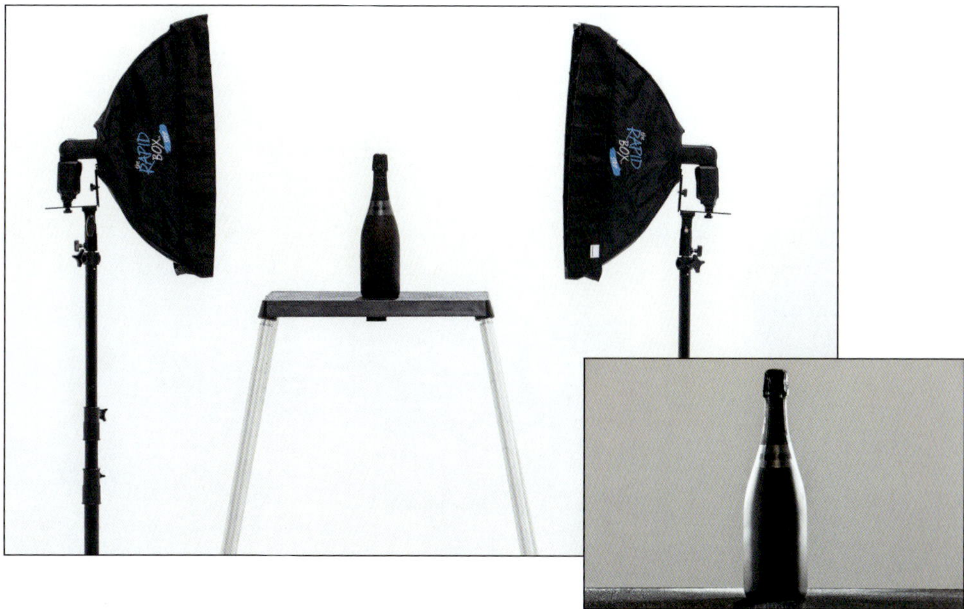

Es gibt Zeiten, in denen ich in einer Tour Produktfotografie betreibe und solche Aufnahmen entweder für meine eigene Firma oder für Kunden mache. Das hier beschriebene Setup mit zwei Blitzen ist dabei mein Standardverfahren. Ich nutze dazu je ein Striplight auf jeder Seite des Produkts. Um einen wirklich engen Lichtstrahl zu erzeugen, setze ich bei Bedarf Waben ein – wie hier, wo ich eine Champagnerflasche fotografiere, bei der lediglich zwei Schlaglichter auf beiden Seiten der Flasche erscheinen sollten. Müssen Sie das Produkt stärker ausleuchten als in unserem Beispiel, dann lassen Sie die Waben einfach weg. Ein stärkeres kantenbetonendes Licht erhalten Sie, wenn Sie die Blitze näher zur Rückseite des Produkts (oder sogar über diese hinaus) aufstellen. Umgekehrt wird die Produktvorderseite besser ausgeleuchtet, wenn Sie die Blitze stärker zur Kamera bewegen. Übrigens: Der für die Produktaufnahmen verwendete Tisch ist nichts anderes als ein zusammenlegbarer Beamerständer. An ihm mag ich, dass sich dank der Teleskopbeine die Höhe ähnlich wie bei einem Stativ einstellen lässt. So lässt sich das Motiv ohne Probleme auf Höhe der Kamera bringen – ein Umstand, der meine Produktfotografie erheblich beschleunigt. Manchmal müssen Sie bei Produkten ein oder zwei Reflektoren einsetzen, um einen Teil des von den Blitzen kommenden Lichts wieder auf das Produkt zu reflektieren. Diese werden seitlich vor dem Produkt platziert und auf das Produkt gerichtet.

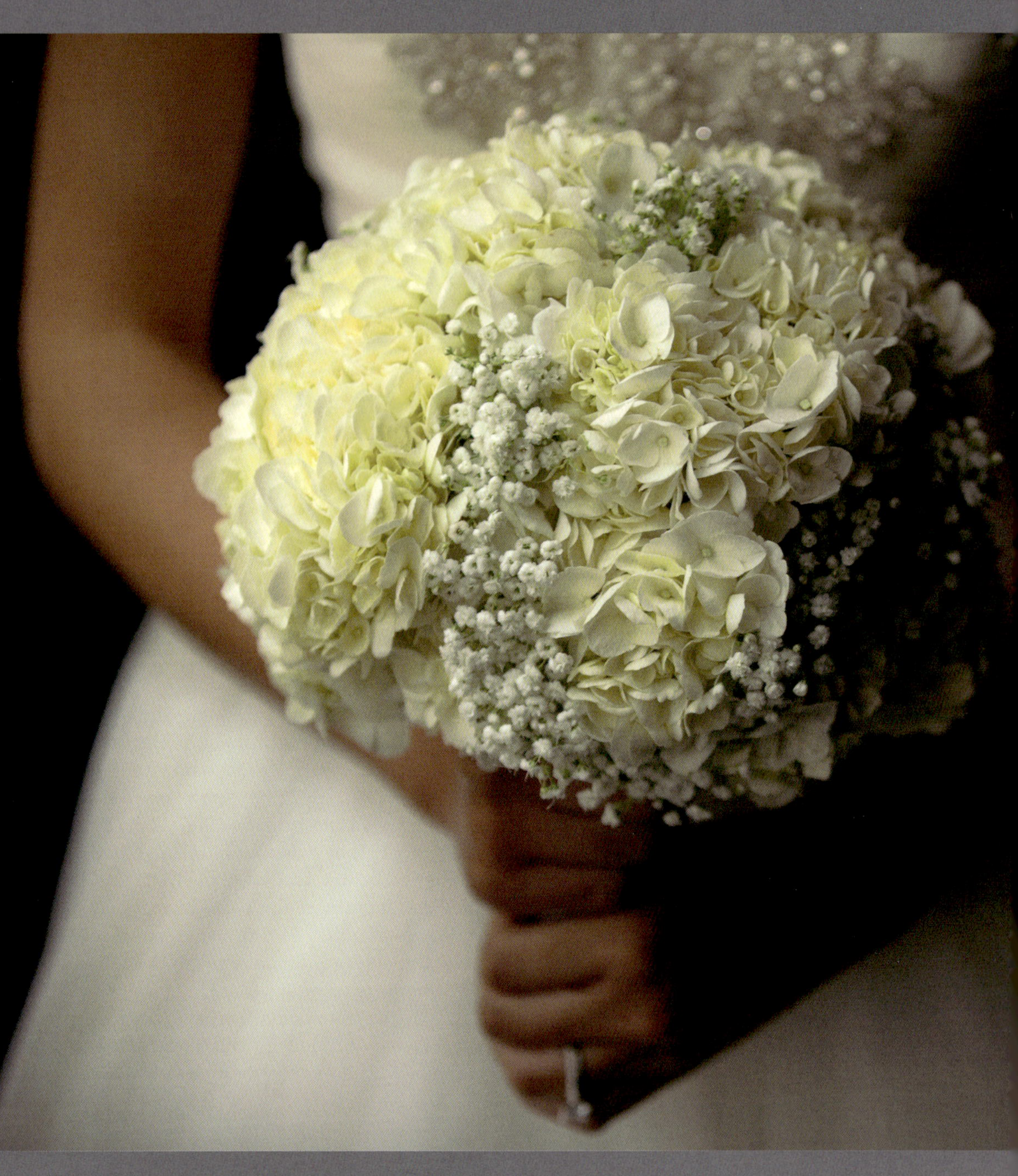

Kapitel 10

Workflows für den Blitzeinsatz

So blitzen Sie richtig, Schritt für Schritt

Ich möchte nun zum Ende des Buchs Workflows für drei verschiedene Szenarios beschreiben werde: Innenaufnahmen mit Blitz, Außenaufnahmen mit Blitz und ein komplettes Hochzeits-Shooting. Ich glaube, dass es Ihnen helfen wird, das große Ganze – Einstellungen und all das – vom Anfang bis zum Ende nachvollziehen zu können. So können Sie, sobald Sie das Buch ausgelesen haben und ein Shooting ansteht, dieses Workflowkapitel als Referenz verwenden, um die Aktion reibungslos über die Bühne zu bringen. Ich weiß, was Sie jetzt wahrscheinlich denken: »Moment mal! Diese Kapiteleinleitung ist überhaupt nicht lustig oder kindisch und enthält gar nichts Abwegiges – so ganz anders als bei den anderen Kapiteln. Dabei habe ich mich so daran gewöhnt, verkackeiert zu werden.« – Ok, aber warten Sie bitte eine Sekunde … Ich musste erst »verkackeiert« nachschlagen. Den einschlägigen Wörterbüchern zufolge wird dieses Wort als »umgangssprachlich bis potenziell anstößig« empfunden. Wobei das nur auf solche Menschen zutrifft, die mehr oder weniger alles als anstößig empfinden (diese werden gelegentlich auch als »Korinthenkacker« bezeichnet). Ich habe ernsthafte Zweifel daran, dass das auf irgendjemanden zutrifft, der dieses Buch gekauft hat. Falls Sie allerdings doch zu dieser Sorte Menschen gehören, sollten Sie schnurstracks zu dem Laden fahren, wo Sie dieses Buch gekauft haben, und einen Mitarbeiter nachdrücklich auffordern, obiges Wort mit einem schwarzen Edding durchzustreichen und ein Wort Ihrer Wahl darüberzusetzen (das hoffentlich ein freches Schimpfwort ist – in Rot, mit Ausrufzeichen!). Machen Sie ein Foto davon und posten Sie es auf Twitter. Das beste Foto gewinnt dann eine Canon-Spiegelreflex. Einsendeschluss ist der 31.12.2017 um Mitternacht (MEZ). Oh? Einsendeschluss verpasst? Da hat man Sie aber verkackeiert ;-).

Workflow für Porträts in Räumen

Schritt 1: Blitz auf einem Stativ befestigen

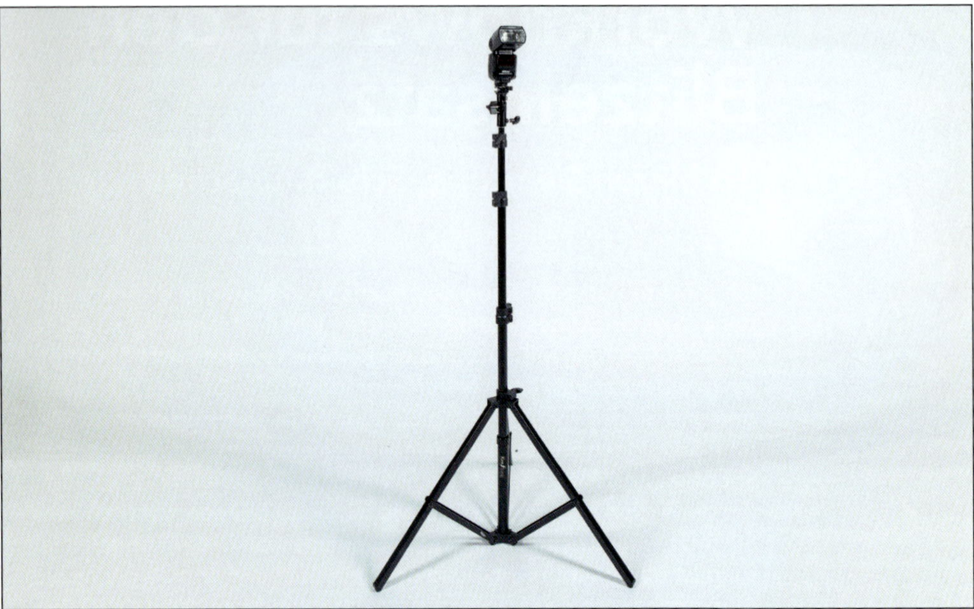

Nehmen Sie den Blitz von Ihrer Kamera und befestigen Sie ihn auf einem Stativ. (Falls Sie jetzt sagen, Sie hätten keines, dann haben Sie sich nicht ausreichend auf dieses Kapitel vorbereitet. Kaufen Sie also jetzt ein Blitzstativ – Informationen dazu finden Sie auf Seite 134 – und einen Blitzneiger, danach dürfen Sie weiterlesen.) Also noch mal: Befestigen Sie Ihren Blitz am Blitzneiger oben auf einem Stativ. Den Blitzneiger brauchen Sie später in Schritt 4. Auch wenn ich meine, dass sich das – wenn Sie bis hierher gelesen haben – eigentlich von selbst versteht, sage ich noch einmal ausdrücklich, dass Sie einen Blitz mit eingebautem Funkempfänger oder einen Funksender verwenden müssen. Im Idealfall ist dies einer, an dem Sie die Blitzleistung direkt an Ihrer Kamera ändern können (wie bei Canon, Nikon, Yongnuo usw., siehe Seite 13). Oder Sie setzen zumindest einen PocketWizard- oder Cactus-Auslöser ein, um den Blitz per Funk anzusteuern, auch wenn Sie damit die Blitzleistung nicht an der Kameraposition ändern können, sondern sich zum Blitz begeben und die Änderung über die Bedienelemente auf der Rückseite vornehmen müssen. Funktionieren tut beides, bei der zweiten Methode haben Sie lediglich ein bisschen mehr Arbeit. Also noch mal: Blitz von der Kamera abnehmen, an Blitzneiger und Stativ anbringen und dafür sorgen, dass er funkgesteuert ausgelöst werden kann. Danach kann's richtig losgehen.

Schritt 2: Softbox vor den Blitz setzen

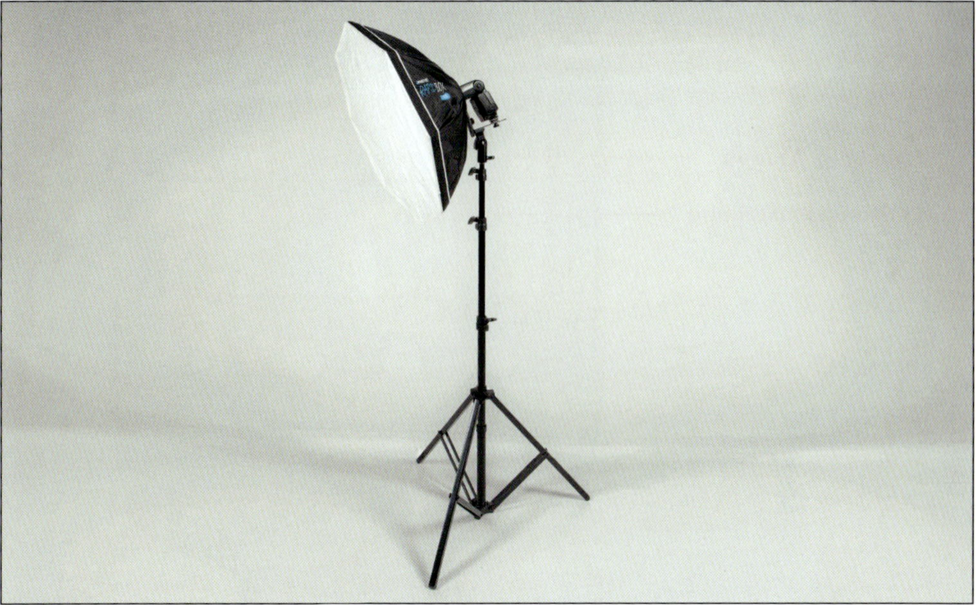

Das Licht soll weich und ansprechend werden. Deswegen setzen wir eine Softbox vor den Blitz. Wen ich nur eine einzige Person von der Hüfte aufwärts fotografiere, dann verwende ich meistens eine Westcott Rapid Box Octa (66 cm). Soll ein größerer Bereich auf dem fertigen Foto landen (etwa die oberen zwei Drittel meines Modells), dann nutze ich meist die größere Version, die unter dem Namen Westcott Rapid Box Duo Speedlite Modifier (81 cm) angeboten wird (im deutschsprachigen Markt war zum Zeitpunkt der Drucklegung dieses Buches nur die 75 cm-Variante erhältlich). Sie kann zwar bis zu zwei Blitze aufnehmen, aber ich verwende vor allem bei Innenaufnahmen wie den hier beschriebenen nur einen. Brauchen Sie eine noch stärkere Ausleuchtung, weil Sie etwa eine kleine Gruppe fotografieren möchten oder einfach extrem weiches Licht wünschen, dann entscheiden Sie sich für die Westcott Mega Apollo JS (127 cm, ca. 230 €). Die ist im aufgeklappten Zustand riesig, lässt sich aber wie ein Schirm zusammenfalten. Weitere Informationen zu Softboxen finden Sie in Kapitel 4.

Schritt 3: Ihre Blitzeinstellungen

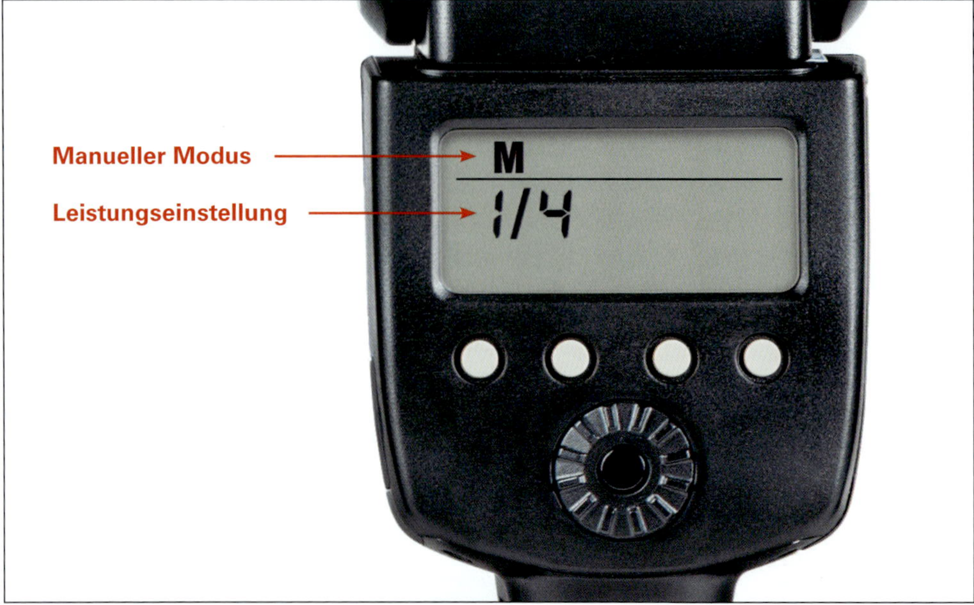

An Ihrem Blitz müssen Sie vor der Aufnahme den manuellen Modus aktivieren, denn nur so können Sie die Blitzleistung eigenmächtig ändern. (Andernfalls würde diese Entscheidung automatisch vom Blitz getroffen, und das führt manchmal zu suboptimalen Resultaten. Weitere Informationen hierzu finden Sie auf Seite 22.) Aktivieren Sie also an Ihrem Blitz den manuellen Modus (M-Modus). Übrigens: Wenn Sie einen Phottix-Blitz verwenden, müssen Sie diesen am Blitz selbst in den ETTL-Modus versetzen, während Sie am Phottix-Sender oben auf Ihrer Kamera den manuellen Modus aktivieren – erst dann wird der Blitz manuell gesteuert. Trotz des extrem großen Verwirrungspotenzials funktioniert das genau so. Jetzt – und das ist wichtig – setzen Sie die Leistung Ihres Blitzes auf 1/4. (Möglicherweise müssen Sie sie später noch absenken, aber das ist ein guter Ausgangspunkt. Informationen zur Blitzleistung finden Sie auf Seite 18.)

Schritt 4: Blitz weit oben positionieren und im 45°-Winkel ausrichten

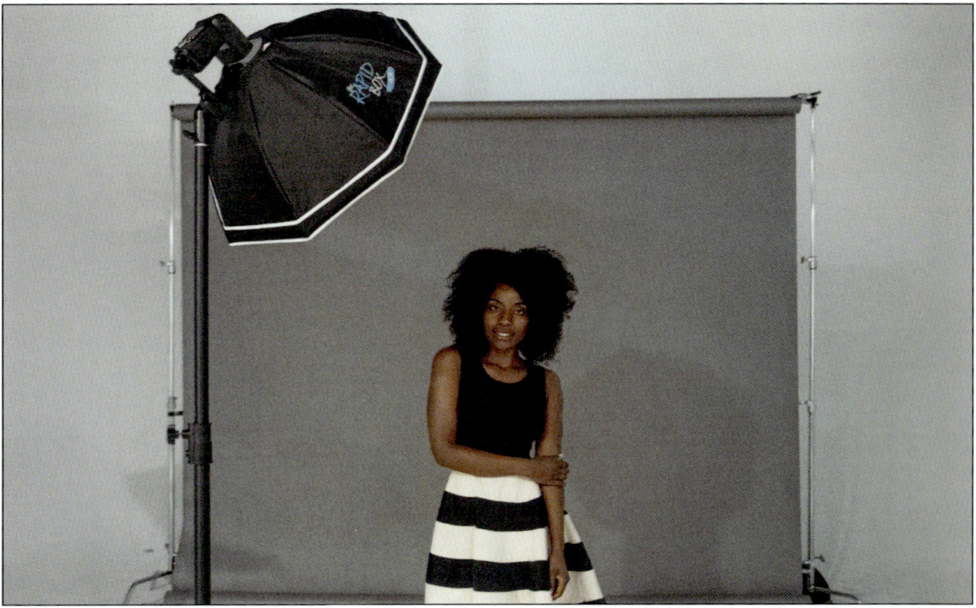

Richten Sie Ihren Blitz in einem 45°-Winkel auf Ihr Modell und schieben Sie ihn ganz nach oben, sodass er ca. 30 cm oberhalb des Kopfs Ihres Modells platziert ist. Danach richten Sie die Softbox mithilfe des Blitzneigers passend auf Ihr Modell aus. Denken Sie daran, den Sonnenstand am späten Nachmittag oder frühen Abend zu imitieren. Deswegen muss sich der Blitz oberhalb des Modells befinden und auf dieses hinabgerichtet sein (wir haben in Kapitel 4 darüber gesprochen).

Schritt 5: Folgende Kameraeinstellungen verwenden

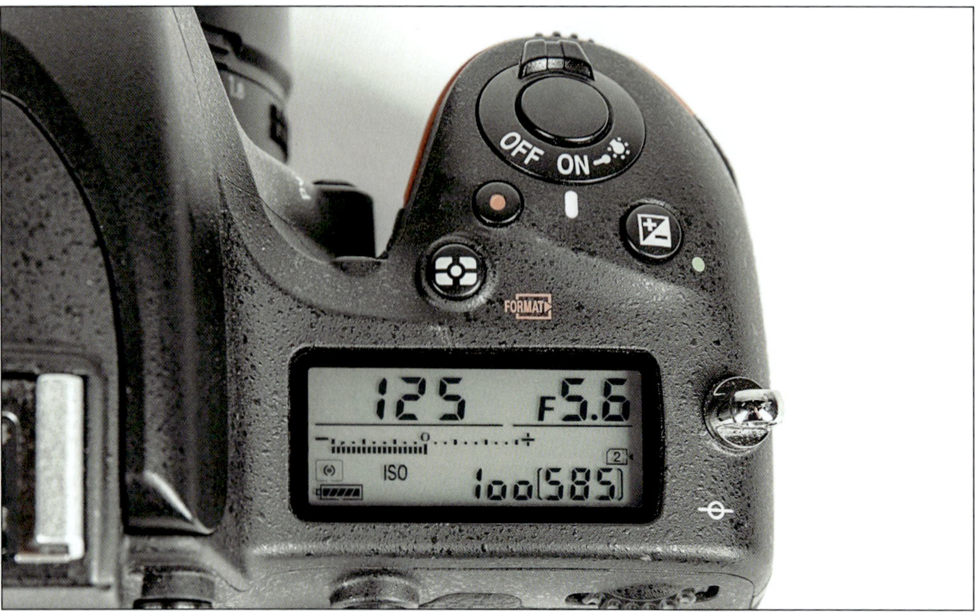

Schalten Sie Ihre Kamera in den manuellen Modus um und legen Sie die folgenden Einstellungen fest:

1. **Verschlusszeit:** 1/125
2. **Blende:** f/5.6
3. **ISO:** den saubersten nativen ISO-Wert. Bei den meisten gängigen Kameras dürfte das ISO 100 sein, bei einigen älteren Nikon-Kameras auch ISO 200. Konsultieren Sie im Zweifelsfall Ihr Handbuch und/oder nutzen Sie Google.

So, das war's. Diese Einstellungen rühren Sie jetzt bitte nicht mehr an.

Schritt 6: Probeaufnahme machen und bewerten

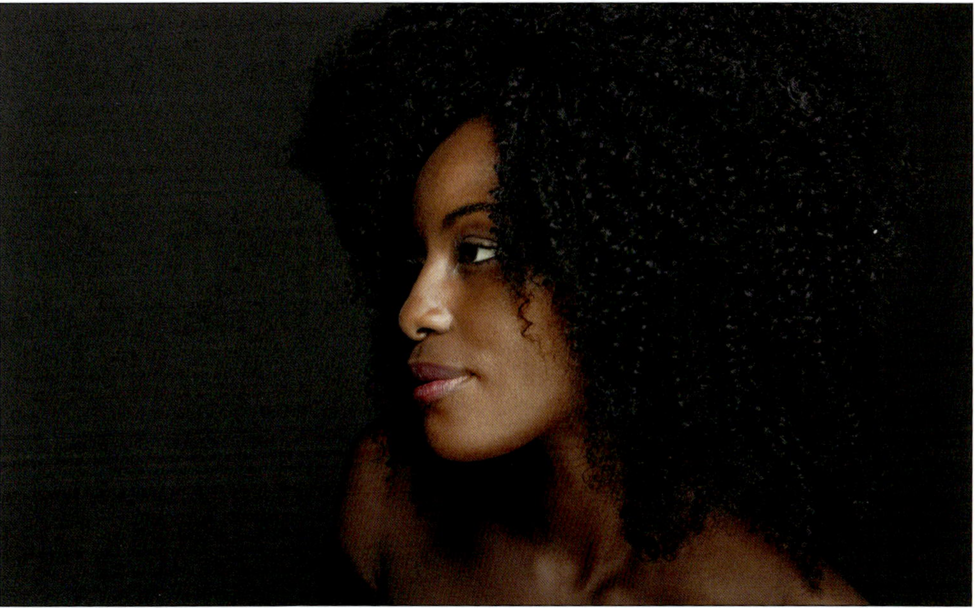

Machen Sie nun eine Probeaufnahme und betrachten Sie das Bild im Display Ihrer Kamera. Ist der Blitz zu hell, regeln Sie die Leistung herunter; ist er zu dunkel, dann erhöhen Sie sie. Machen Sie sich nicht zu viele Gedanken darüber. Sie müssen möglicherweise mehrere Probeaufnahmen machen, bis Sie die richtige Blitzstärke ermittelt haben, die natürlich wirkt und nicht zu hell ist, aber Sie werden zu diesem Punkt kommen, und das wird noch nicht einmal zwei Minuten dauern. Die Kameraeinstellungen werden jetzt nicht mehr geändert, sondern nur noch die Ihres Blitzes. Noch einmal: Machen Sie sich nicht zu viele Gedanken darüber (aber falls Sie eine kleine Auffrischung in Sachen Blitzleistung brauchen, verweise ich Sie gerne zurück auf Seite 18). So, das war's eigentlich schon. Wichtig ist im Grunde genommen nur, anhand von Probeaufnahmen die Blitzleistung optimal einzustellen, sodass es für *Sie* richtig wirkt. (Und hoffentlich ist »für Sie richtig« nicht zu hell, denn das ist einer der häufigsten Fehler, die beim Einsatz separater Blitze gemacht werden.)

Workflow für Porträts unter freiem Himmel

Schritt 1: Mit der Sonne im Rücken

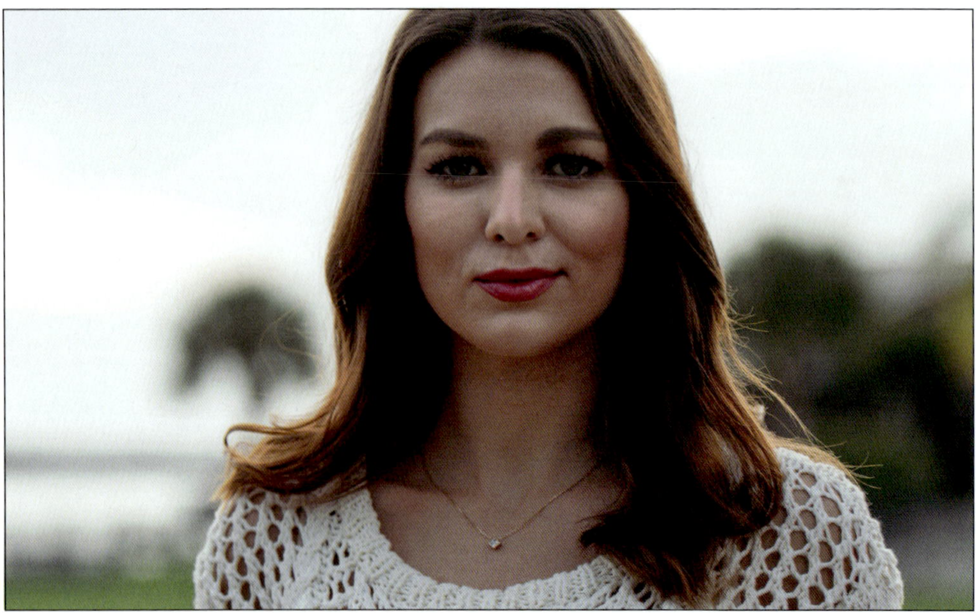

Zunächst stellen Sie Ihr Modell so auf, dass sich die Sonne hinter ihm befindet. Dies hat den Vorteil, dass die Sonne als zweite Lichtquelle oder – wenn Sie so wollen – als Streiflicht agiert. Sie soll das Modell gar nicht groß beleuchten, sondern lediglich den Hintergrund sowie die Rückseite von Kopf und Schultern bescheinen. Denn wofür hätten wir sonst einen Blitz mitgebracht? Übrigens: Eigentlich sollte sich die Sonne gar nicht direkt hinter dem Modell befinden. Sie kann durchaus ein ganzes Stück seitlich versetzt sein, nur eben hinter dem Modell. Bei obigem Bild z. B. befindet sie sich weit rechts neben dem Modell. So, das war doch gar nicht so schwierig für den Anfang, oder?

Schritt 2: Belichtung richtig einstellen

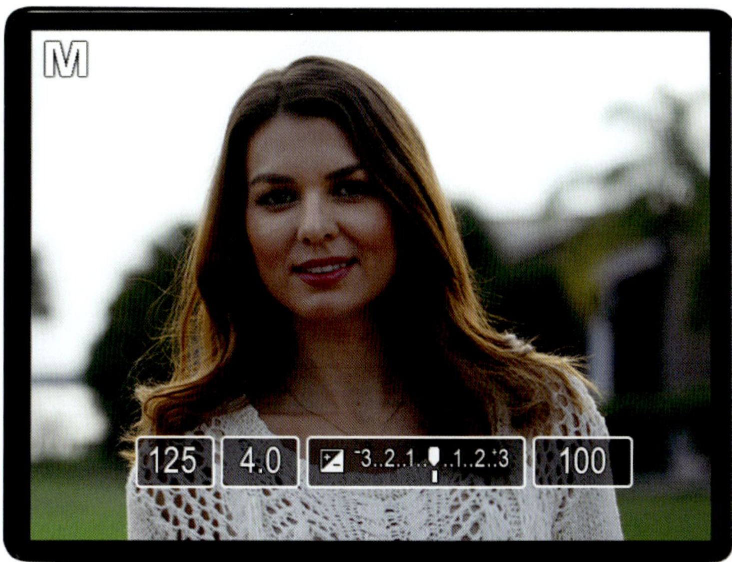

Schalten Sie den Blitz noch nicht ein, denn Sie müssen zunächst ein paar Einstellungen an der Kamera vornehmen. Wir tun dabei erst einmal so, als würden wir überhaupt keinen Blitz benutzen. Also stellen wir an der Kamera die passende Belichtung für das natürliche Umgebungslicht ein. Behalten Sie auch hier den manuellen Modus bei, denn schon in wenigen Minuten werden Sie Ihren Blitz verwenden und müssen deswegen die Verschlusszeit auf 1/125 lassen. (Sie wird jetzt noch nicht, womöglich aber auch gar nicht geändert.) Was also müssen Sie nun ändern, um die richtige Gesamtbelichtung zu erhalten? Richtig: Ihren Blendenwert. Aber woran erkennen Sie, dass Sie die richtige Belichtung für Ihr Umgebungslicht eingestellt haben? Hierzu verwenden Sie den kleinen Lichtmesser im Sucher Ihrer Kamera. (Wir haben ihn bereits auf Seite 89 erwähnt.) Drücken Sie den Auslöser nun zur Hälfte durch und halten Sie ihn dann fest. Jetzt erscheint eine bewegliche Markierung neben der Skala: Ihr können Sie entnehmen, wie sich die Belichtung bei den aktuellen Kameraeinstellungen gestaltet. Ändern Sie nun die Blende, bis der kleine Zeiger genau in der Mitte zu stehen kommt. Das ist die korrekte Belichtung. Gelingt Ihnen das nicht allein durch Ändern der Blende (was durchaus möglich ist), dann heben Sie den ISO-Wert von 100 auf 200, möglicherweise sogar auf 400 an, um eine Blendenzahl festlegen zu können, die den Zeiger an der Skala zentriert. Haben Sie dies geschafft, dann fahren Sie mit dem nächsten Schritt fort.

Schritt 3: Alles dunkler machen

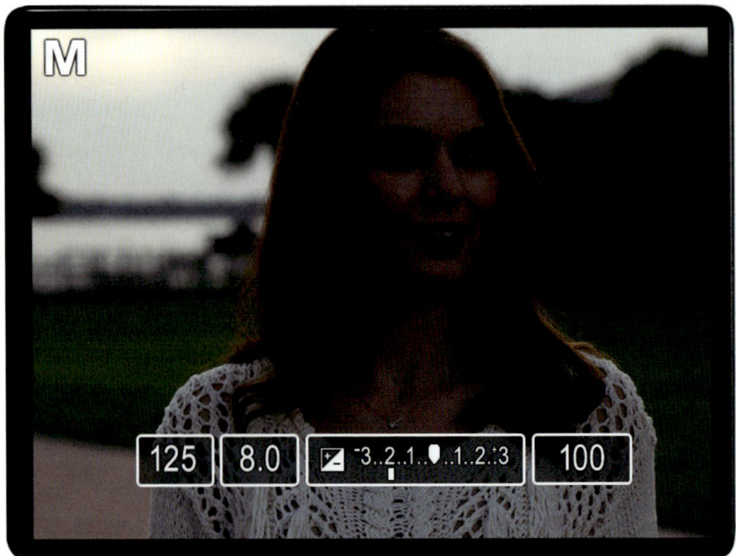

Nachdem Sie nun die passende Belichtung für das natürliche Umgebungslicht festgelegt haben, können Sie die Szene gezielt um zwei Blendenwerte dunkler machen. Dies ist der Schlüssel zum gewünschten Ergebnis. Schließlich wollen wir, dass das Modell allein mit dem Blitz statt durch das Umgebungslicht beleuchtet wird. Also dunkeln wir das (natürliche oder vorhandene) Licht ab. Nehmen wir an, Sie hätten zum Ende des vorherigen Schritts einen Blendenwert von f/4 eingestellt. In diesem Fall müssen Sie Ihre Blende auf ca. f/8 heruntersetzen. Machen Sie nun eine Probeaufnahme. Da unser Modell die Sonne im Rücken hat (erinnern Sie sich an Schritt 1?), sollte es, wenn Sie – noch ohne Blitz – eine Probeaufnahme machen, auf dem Bild als Silhouette im Gegenlicht erscheinen. Außerdem sollte der Himmel deutlich dunkler und kräftiger aussehen, da er nun um zwei Blendenwerte unterbelichtet ist. Keine Sorge, falls Ihr Modell noch nicht als Silhouette zu sehen ist: Machen Sie die Blende einfach noch dunkler (z.B. f/9.5 oder f/11), und machen Sie dann eine weitere Probeaufnahme, um zu sehen, ob es jetzt passt. Ist die Szene immer noch nicht dunkel genug, dann gibt es noch eine andere Möglichkeit: Reduzieren Sie die Verschlusszeit. Sie wissen noch, wie sich so bei Innenaufnahmen das Raumlicht regeln lässt (Seite 47)? Nun, wenn wir draußen sind, tut die Verschlusszeit dasselbe mit dem Umgebungslicht. Sie können sie also auf vielleicht 1/200 ändern und probieren, ob es jetzt klappt (wahrscheinlich schon). Falls nicht, können Sie bei den meisten Blitzen – ohne Beeinträchtigung der Synchronisierung – bis zu 1/250 hinuntergehen. Machen Sie das also, falls es notwendig erscheint. Wahrscheinlich müssen Sie gar nicht so weit gehen, aber nun wissen Sie zumindest, wie Sie dorthin gelangen, ohne alles zu ruinieren.

Schritt 4: Ihre Blitzeinstellungen

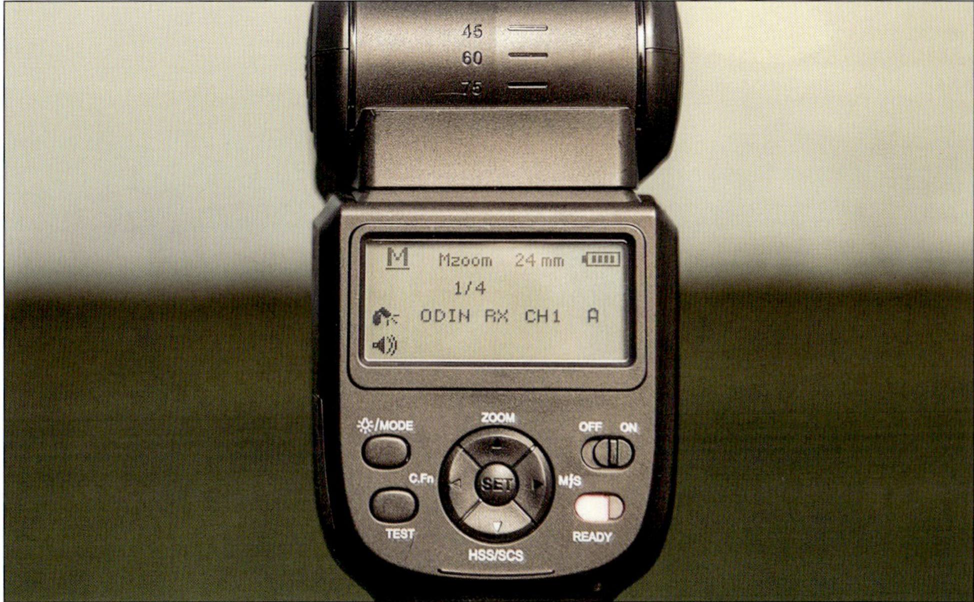

Aktivieren Sie an Ihrem Blitz den manuellen Modus, um die Leistung manuell zu steuern, und legen Sie dann eine Blitzleistung von 1/4 fest. *Hinweis*: Wenn Sie einen Phottix-Blitz verwenden, müssen Sie diesen in den ETTL-Modus versetzen, am Phottix-Sender oben auf Ihrer Kamera jedoch den manuellen Modus einstellen. (Das fand ich am Anfang total verwirrend.) Es sollte eigentlich selbstverständlich sein, aber verwenden Sie in jedem Fall einen Funksender zum Auslösen des Blitzes. (Weitere Informationen zu Sendern finden Sie auf Seite 13.)

Schritt 5: Blitz von der Kamera abnehmen

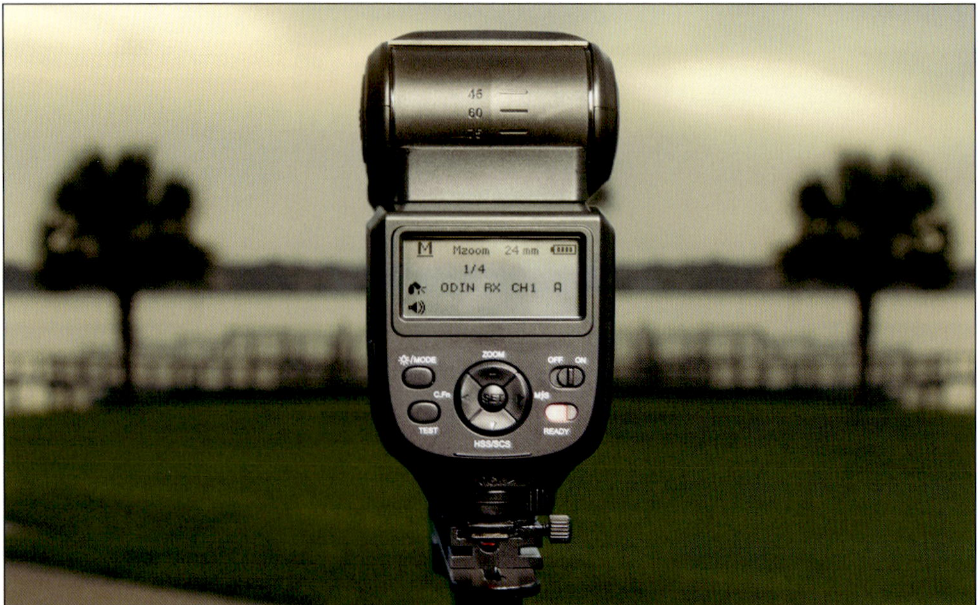

Beim On-Location-Shooting steht leider nicht immer eine ebene Unterlage für das Blitzstativ zur Verfügung, weswegen ich meinen Blitz lieber oben an einem Einbeinstativ oder an einem Teleskoparm montiere (siehe Seite 137). Allerdings sollte dann jemand greifbar sein, der den so montierten Blitz halten kann. Verfügen Sie jedoch nicht über einen Assistenten, dann sollten Sie auf jeden Fall versuchen, irgendwie ein Blitzstativ aufzustellen. Sie können es mit ein paar Sandsäcken beschweren, damit es nicht (samt Blitz) umkippt und kaputt geht, sobald der Wind etwas auffrischt. (Genau das ist mir nämlich passiert.) Also: Erste Wahl ist immer die Montage des Blitzes an einem Einbeinstativ oder an einem Teleskoparm (Boom). (Hierbei brauchen Sie auch keinen Blitzneiger, weil Sie den Teleskoparm wie gewünscht neigen können.)

Schritt 6: Orangefarbene Filterfolie am Blitz anbringen

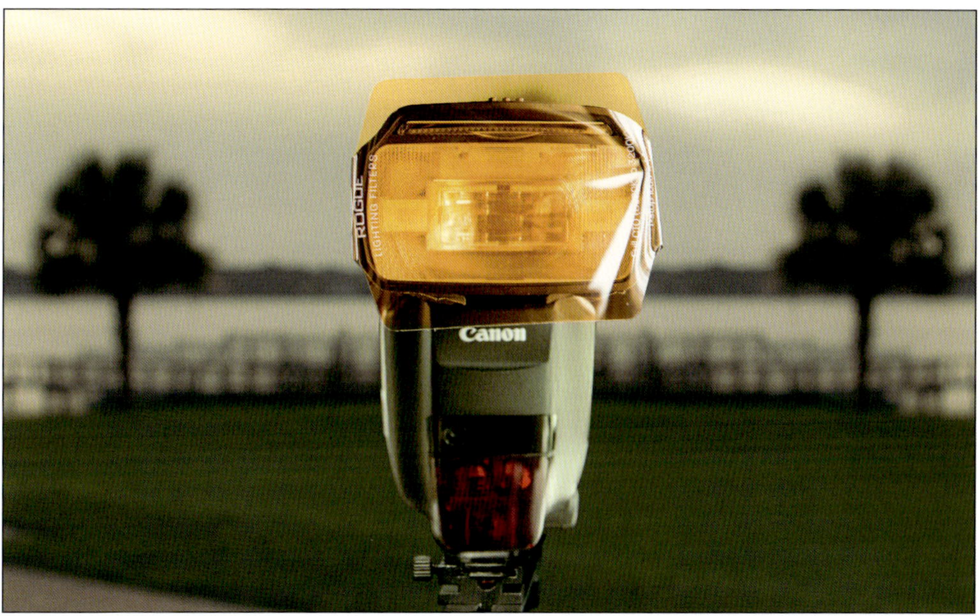

Sie machen Außenaufnahmen, und dabei wird weißes Licht irgendwie komisch aussehen. Das liegt daran, dass wir weißes Licht nur aus Studioaufnahmen kennen, während das Sonnenlicht immer einen etwas orangefarbenen Ton hat. Setzen Sie also eine orangefarbene Filterfolie vor Ihren Blitzkopf, damit das Licht Ihres Blitzes zum Umgebungslicht passt. (Weitere Informationen zu orangefarbenen Filtern finden Sie auf Seite 84.) Wie stark (also »dick«) die Filterfolie sein muss, hängt von der Tageszeit ab, zu der Sie die Aufnahmen machen. Bei Aufnahmen um die Mittagszeit herum oder am Nachmittag brauchen Sie nur sehr wenig davon – nehmen Sie also zu Anfang erst einmal eine 1/4-CTO. Je dunkler es zum Ende des Tages wird (vor allem in der letzten Stunde vor Sonnenuntergang), desto weißer wird das Licht Ihres Blitzes wirken, da das Umgebungslicht dunkler und wärmer wird. Insofern können Sie die Folienstärke dann verdoppeln: Kleben Sie einfach eine weitere 1/4-CTO vor die erste, was technisch gesehen einer 1/2-CTO entspricht. Salopp gesagt ist das doppelt so orangefarben wie vorher. Sollten Sie dagegen einen Bogen 1/2-CTO haben, dann verwenden Sie natürlich diese und nehmen die 1/4-CTO vorher ab. Soll die Farbe Ihres Blitzes bei Sonnenuntergang dann der des sinkenden Sonnenballs entsprechen, brauchen Sie eine noch stärkere CTO, also setzen Sie noch mehr davon auf Ihren Blitz. Denken Sie stets an die Lichtfarbe und beherzigen Sie den alten Spruch: »Je später der Abend, desto dicker die CTO«. So verhindern Sie, dass Ihr Blitz »weiß« aussieht.

Schritt 7: Weiches und schmeichelndes Licht kreieren

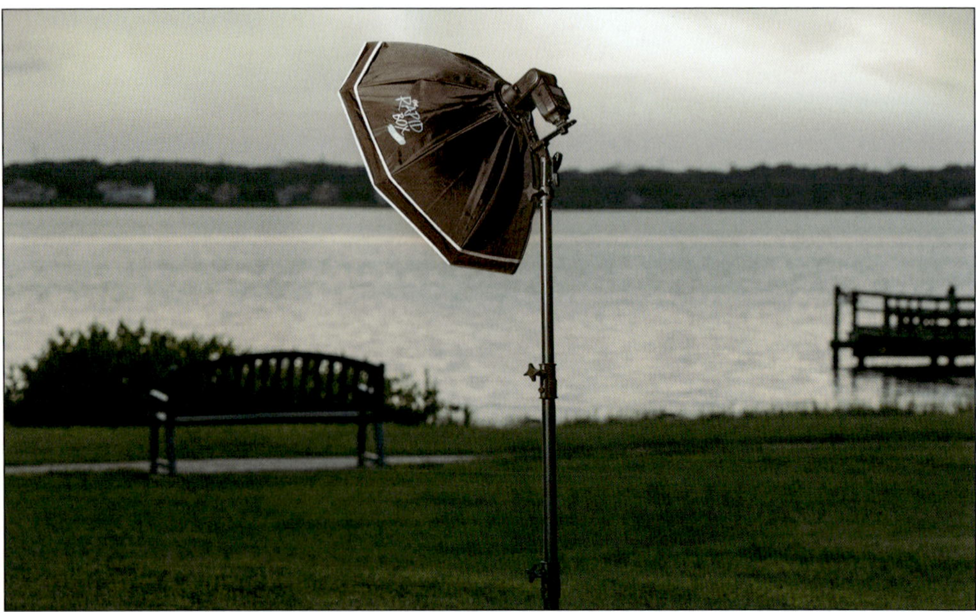

Das ist schnell erledigt. Setzen Sie einfach eine Softbox vor den Blitz. Auch hier wäre meine Standardlösung die Westcott Rapid Box Octa (66 cm), die ich entweder auf ein Blitzstativ setzen oder (wie bereits erwähnt) oben auf einem Einbeinstativ montieren würde, sofern mir damit jemand zur Hand gehen kann (siehe Seite 137). Die ist zum Glück echt leicht, sodass Ihr Assistent sich beim Schleppen des Aufbaus während des Shootings nicht total verausgabt. Natürlich könnten Sie ihm auch einfach einen Universaldiffusor in die Hand drücken, den er vor Ihren Blitz hält – auf Seite 62 finden Sie dazu eine ziemlich kostengünstige Methode. Letztendlich spielt es aber keine so große Rolle, wie Sie das Licht streuen und es somit weich und ansprechend gestalten, sondern *dass* Sie es überhaupt tun.

Schritt 8: Blitz weit oben positionieren und im 45°-Winkel ausrichten

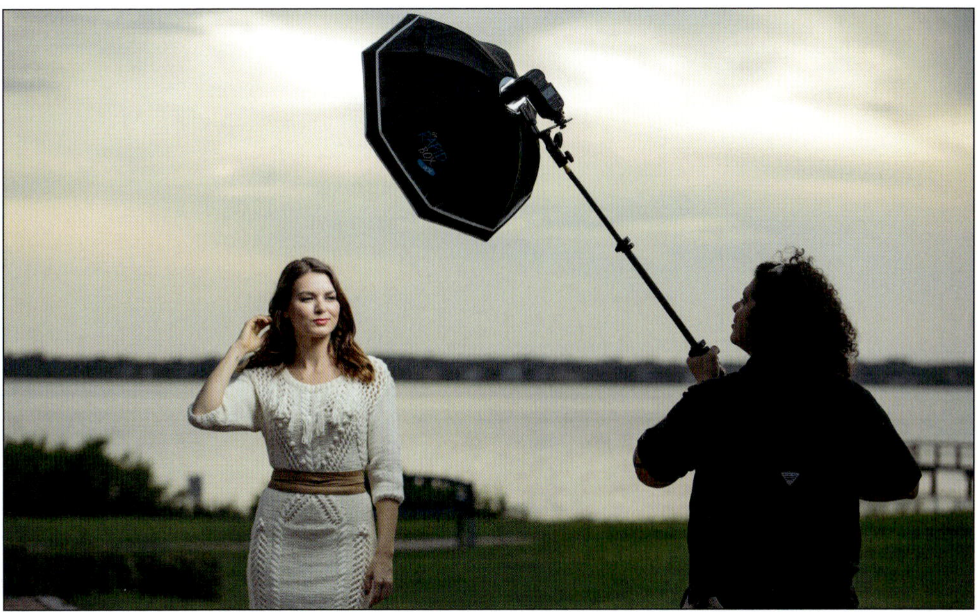

Falls Ihnen ein Freund oder Assistent zur Seite steht, bitten Sie ihn, seitlich in einem 45°-Winkel zu Ihrem Modell Aufstellung zu nehmen. (Im Grunde genommen positionieren Sie ihn genau dort, wo Sie auch ein Blitzstativ hinstellen würden.) Da er Ihren Blitz in der Hand hält, sorgen Sie dafür, dass er nicht zu sehr seitlich zum Modell steht, damit die vom Blitz abgewandte Gesichtshälfte des Modells nicht zu sehr im Schatten liegt (was bereits geschehen kann, wenn der Assistent – und mit ihm der Blitz – 20 oder 30 cm zu weit hinten steht). Schließlich soll auch etwas Licht auf die jenseitige Gesichtshälfte fallen, und Schatten dürfen zwar in dieser Gesichtshälfte erscheinen, sollten sie aber nicht vollständig verdunkeln. Wenn Sie erkennen, dass zu viele Schatten im Gesicht vorhanden sind, dann bitten Sie den Assistenten, sich in Richtung Kamera zu bewegen. Machen Sie dann eine Probeaufnahme.

Schritt 9: Blitz einschalten und Probeaufnahme machen

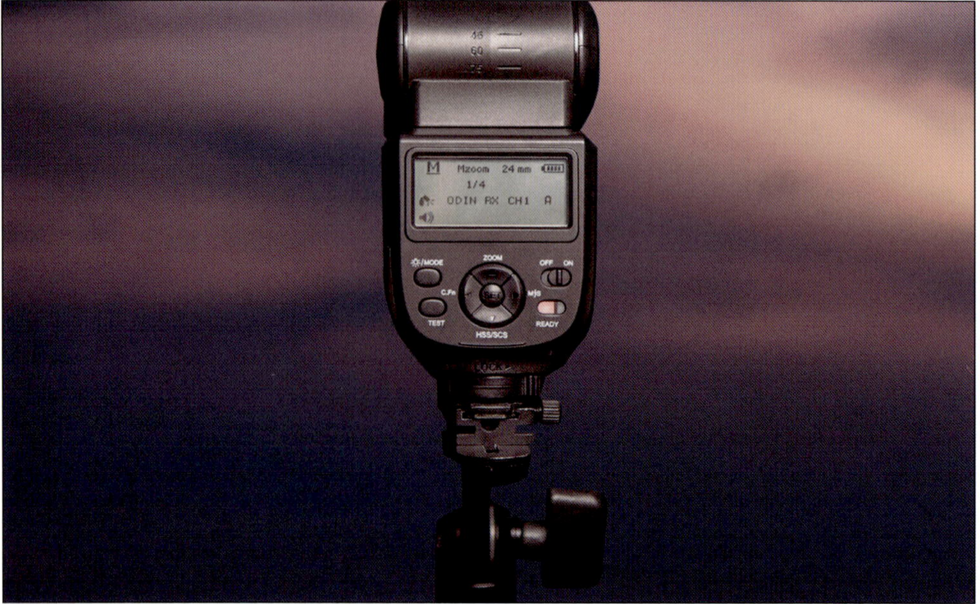

In Schritt 4 haben Sie die Blitzleistung auf 1/4 gesetzt. Jetzt können wir endlich überprüfen, ob diese Einstellung zu hoch, zu niedrig oder genau richtig ist. Die einzige Möglichkeit, dies zu tun, ist das Erstellen einer Probeaufnahme. Also los: Machen Sie eine Probeaufnahme. Auf deren Grundlage bewerten wir nun die eingestellte Blitzleistung (Informationen dazu finden Sie auf Seite 18.) Ist der Blitz zu hell? Dann regeln Sie die Leistung etwas herunter – vielleicht um 1/3 – und machen Sie eine weitere Probeaufnahme. Falls das immer noch nicht reicht, setzen Sie die Leistung um ein weiteres Drittel herunter. Nächste Probeaufnahme, bitte. Möglicherweise müssen Sie bis auf 1/8 heruntergehen, aber das ist vollkommen in Ordnung. Und das war's eigentlich: Entweder machen Sie den Blitz dunkler (damit es nicht zu sehr »nach Blitz« aussieht), oder Sie machen ihn heller, wenn die Aufnahme zu dunkel ist. Machen Sie sich nicht zu viele Gedanken darüber. Korrigieren Sie die Einstellung einfach so lange, bis es passt. (*Hinweis*: Je später am Tag Sie die Aufnahmen machen, desto weniger Blitzleistung werden Sie brauchen, da die Umgebungslichtstärke immer mehr abnimmt, wenn sich der Tag neigt. Dagegen müssen Sie die Stärke Ihres Blitzes gegen Mittag auf 1/2 oder sogar auf Vollleistung hochsetzen, um Ihr Modell ordentlich zu beleuchten.)

Schritt 10: Natürliches Licht ausgewogen nutzen

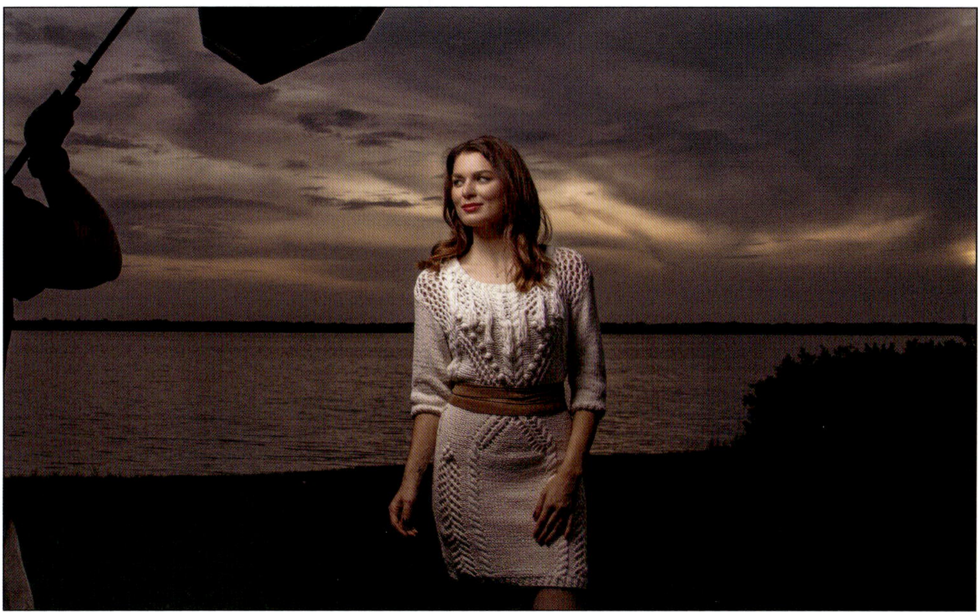

Fehlt eine angemessene Balance zwischen dem Blitzlicht und dem natürlichen Hintergrundlicht (etwa weil der Hintergrund zu dunkel wirkt), dann können Sie den Hintergrund durch Verlängern der Verschlusszeit heller machen. Setzen Sie die aktuelle Einstellung (wahrscheinlich 1/125) auf 1/100 oder womöglich sogar auf 1/80 oder 1/60 – dies jedoch erst, wenn Ihre Blitzleistung bereits in etwa stimmt und die Beleuchtung Ihr Modell toll aussehen lässt. Sie müssen die Verschlusszeit dabei natürlich nur dann verlängern, wenn der Hintergrund tatsächlich zu dunkel wirkt. Sind Sie schließlich mit dem Hintergrund zufrieden, dann machen Sie eine weitere Probeaufnahme und sorgen Sie für einen ausgewogenen Blitz, der nicht zu sehr »nach Blitz aussieht«. (Nicht nach Blitz aussehen bedeutet, dass das Licht riesig groß wirkt – schließlich soll das Modell scheinbar von der Sonne bestrahlt werden.) Die richtige Balance zwischen Hintergrund und Blitz zu finden und alles vollkommen natürlich aussehen zu lassen: Das ist der heilige Gral des Blitzens in der On-Location-Fotografie. Aber wenn Sie sich die Zeit nehmen, um anhand von Probeaufnahmen einzuschätzen, wie Blitz und Hintergrund aussehen, dann haben Sie das ruckzuck umgesetzt. Vergessen Sie nicht, dass Sie im Grunde genommen nur zwei Einstellungen vornehmen müssen: die Blitzleistung und die Verschlusszeit (zur Anpassung des Lichts im Hintergrund). Stellen Sie also Ihren Blitz richtig ein, sorgen Sie ggf. für einen ausgewogenen Hintergrund und machen Sie ein oder zwei Probeaufnahmen. Sobald alles richtig aussieht, hören Sie sofort auf, weiter an den Einstellungen herumzufummeln, und kümmern sich lieber um die Interaktion mit Ihrem Modell. Denn letztendlich gewinnt Ihr Porträt durch tolle Mimik, Emotion oder Pose (oder – hoffentlich – alle drei). Wenn Sie die ganze Zeit damit beschäftigt sind, Ihre Einstellungen zu optimieren, dann machen Sie die Aufnahme im Zweifelsfall kaputt.

Workflow für Hochzeitsfotos
Schritt 1: Blitz vorbereiten

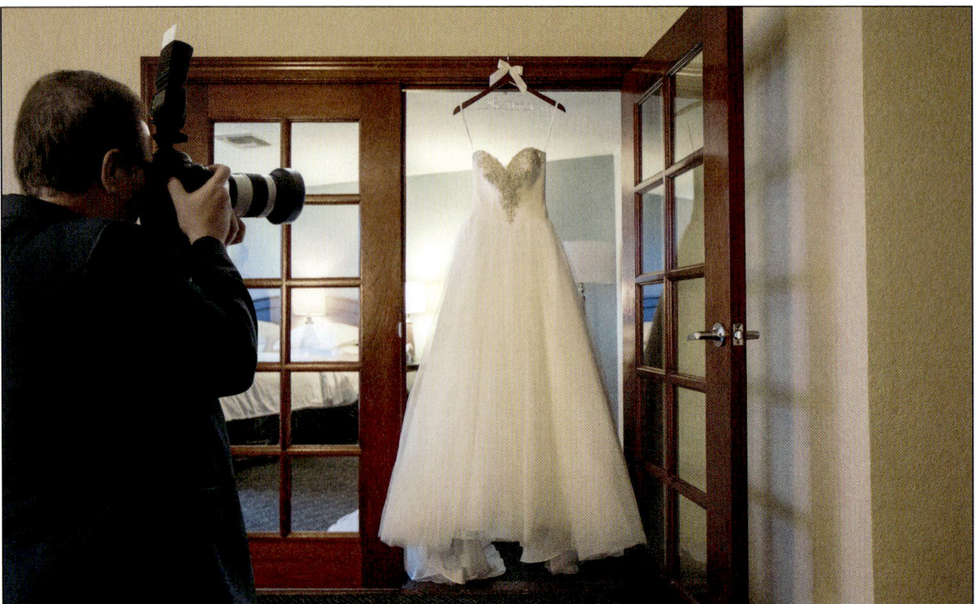

Bei einer Hochzeit verwende ich fünf unterschiedliche Setups, da ich meine Aufnahmen an vier verschiedenen Locations mache:

1. Fotos im Ankleideraum für die Braut (oft ein Hotelzimmer)
2. On-Location-Shooting für die Brautporträts
3. Aufnahmen der eigentlichen Trauung in der Kirche
4. Offizielle Paar- und Gruppenfotos direkt nach der Trauung
5. Hochzeitsfeier

Das sind einfache Aufgaben, und in der Regel komme ich hierbei mit nur einem Blitz aus. Also, keine Bange. Was ich hingegen häufig wechsle, sind die Lichtformer. Beginnen wir also mit den Aufnahmen bei der Vorbereitung der Braut auf das große Ereignis: im Ankleidezimmer, wo Braut und Brautjungfern abhängen. Hier schiebe ich meinen Blitz häufig (nicht erschrecken!) in den Blitzschuh meiner Kamera und richte ihn dann nach oben auf die Decke aus (siehe Seite 77). Auf diese Weise wird das Blitzlicht von der Decke auf das Modell reflektiert. (Der Blitz verbleibt dabei im manuellen Modus, damit ich die Blitzleistung so einstellen kann, dass die fertige Aufnahme nicht zu sehr nach Blitz aussieht.) Ist die Decke zu hoch, dann richte ich den Blitz trotzdem so aus, erhöhe die Leistung des Blitzes aber deutlich, damit zumindest ein Teil des Lichts auf mein Modell fällt, obwohl der Blitz zur Decke gerichtet ist. Lässt sich auf diese Weise nicht genügend Licht erzeugen, dann ziehen Sie die kleine weiße Bouncecard aus dem Blitzkopf heraus, damit das Licht teilweise nach vorn reflektiert wird (siehe Seite 123). Und mit einer MagMod MagSphere vor dem Blitz können Sie tolle Ergebnisse erzielen (siehe Seite 125). Mit der können Sie Licht sehr gut streuen und weicher gestalten, sie schont Ihre Akkus, und Sie verlieren dabei nur etwa einen Blendenwert.

Schritt 2: Die Brautporträts

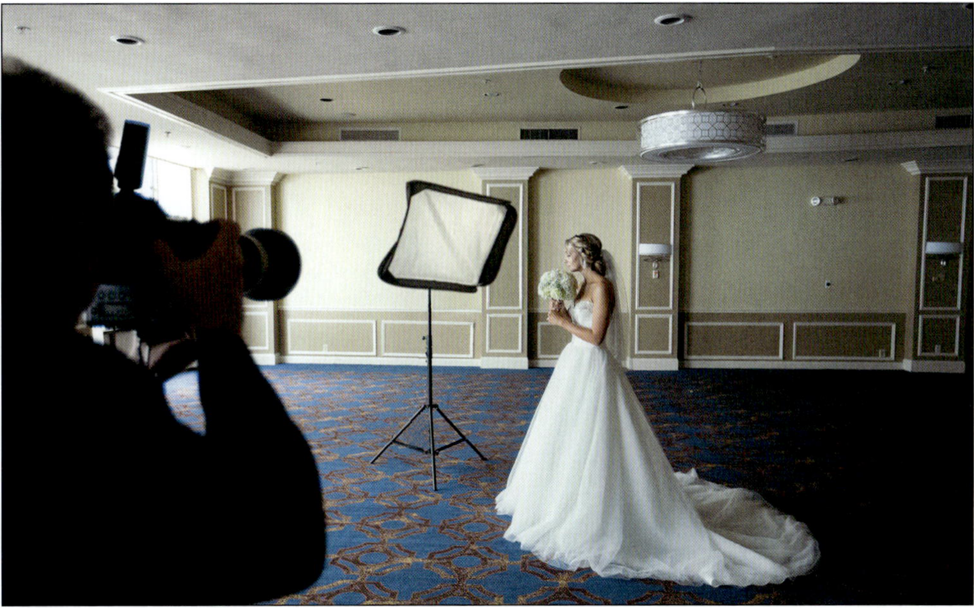

Für das offizielle Brautporträt verwende ich eine Softbox wie etwa die Westcott Rapid Box Octa (66 cm). Diese wird auf ein Einbeinstativ, das jemand festhalten muss, oder auf ein Blitzstativ montiert. Wenn ich die Aufnahmen in einer Kirche, einer Hotellobby usw. mache, verwende ich an der Kamera meine Standardeinstellungen:

Verschlusszeit: 1/125
Blende: f/5.6
ISO: 100
Blitzleistung: 1/4

Danach mache ich eine Probeaufnahme, um festzustellen, ob ich die Blitzleistung herunterregeln muss (in dunklen Kirchen meist der Fall). Soll in der Kirche mehr Umgebungslicht auf Ihre Aufnahme gelangen (um ein Gegengewicht zum Blitzlicht zu bilden), dann verlängere ich die Verschlusszeit, mit der das natürliche Licht gesteuert wird, von 1/125 auf 1/80 und prüfe das Ergebnis. Für die richtige Balance kann es nötig sein, den Wert auf 1/60 oder sogar auf 1/30 zu verlängern. Ist die Kirche hell erleuchtet, müssen Sie umgekehrt vorgehen und die Verschlusszeit auf 1/200 oder womöglich 1/250 verringern (wo bei den meisten Blitzen ohne HSS eh das Ende der Fahnenstange erreicht ist). Um wirklich weiches Licht zu bekommen, stellen Sie die Softbox möglichst nah an der Braut auf – so nah, dass sie so gerade nicht zu sehen ist (siehe Seite 75). Brauchen Sie es noch weicher, dann fächern Sie das Blitzlicht so auf, dass es nicht direkt auf die Braut fällt (siehe Seite 73).

Schritt 3: Die Trauung

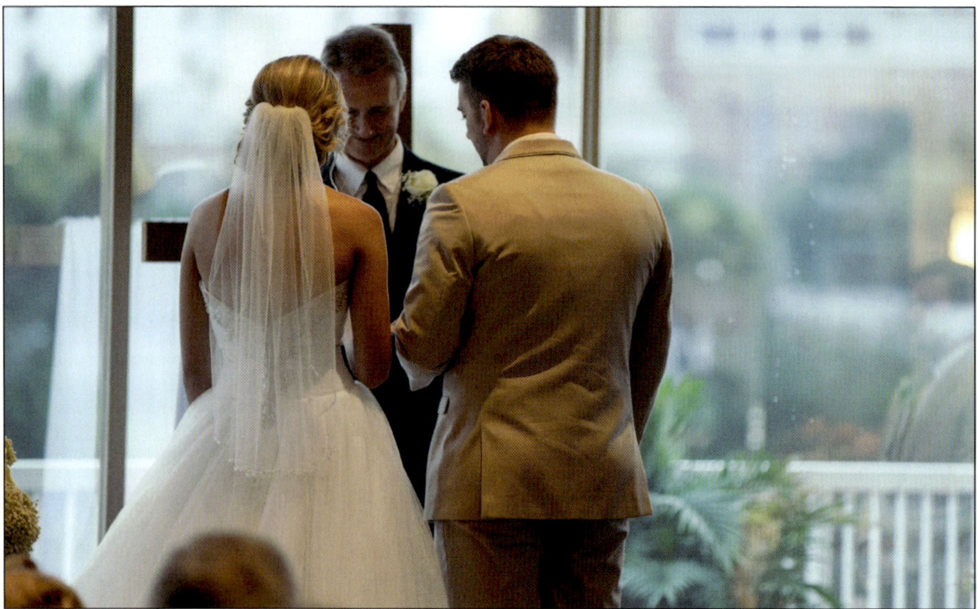

Findet eine Hochzeit nicht gerade im kleinsten Kreise statt, dann haben Sie praktisch keine Chance, an Braut und Bräutigam heranzukommen, sobald sie vor dem Altar stehen. Hinzu kommt: In immer mehr Kirchen ist der Einsatz von Blitzgeräten während der Trauung untersagt, und der Fotograf darf sich dem Altar auch nicht zu sehr nähern. Deswegen versuche ich bei der Trauung, das Umgebungslicht möglichst gut zu nutzen. Hierzu verwende ich ein schnelles Objektiv (mit dem sich Blendenwerte von f/2.8 oder sogar f/1.8 erzielen lassen) und ein Vollformatgehäuse, das hohe ISO-Werte (bis 6400) ohne viel Rauschen unterstützt. Ich spare mir meinen Blitz für den Moment, in dem die Braut die Kirche betritt, und den späteren Auszug des Brautpaares nach der Trauung auf. Dann verwende ich ihn mit aufgesetzter MagSphere, um das Licht weich zu machen und zu streuen, so wie ich es zuvor auch im Ankleidezimmer gemacht habe. Auch hier ist es wichtig, möglichst nah an das Geschehen heranzukommen, sodass das Blitzlicht auch auf das Brautpaar fällt. Gleichzeitig müssen Sie aber darauf achten, dass der Blitz das natürliche Umgebungslicht in der Kirche oder dem Saal, in dem die Trauung stattfindet, nicht überstrahlt. Behalten Sie also Blitzleistung und Verschlusszeit genau im Auge. Stellen Sie fest, dass der Blitz das Umgebungslicht überdeckt, dann verlängern Sie die Verschlusszeit wie oben beschrieben. Gerade, wenn die Trauung unter freiem Himmel stattfindet, ist es schwierig, so nah an das Paar heranzukommen, dass der Blitz Wirkung zeigt. Außerdem wird das Blitzlicht vom Paar und seinen Gästen häufig als störend wahrgenommen. Insofern sollten Sie auch hier mit dem Blitzeinsatz bis zum »Auszug« warten und die MagSphere einsetzen. Zum Glück können Sie den MagSphere-Diffusor buchstäblich in die Hosentasche stecken: Sobald Sie ihn herausnehmen, nimmt er automatisch die notwendige Form an.

Schritt 4: Gruppenfotos

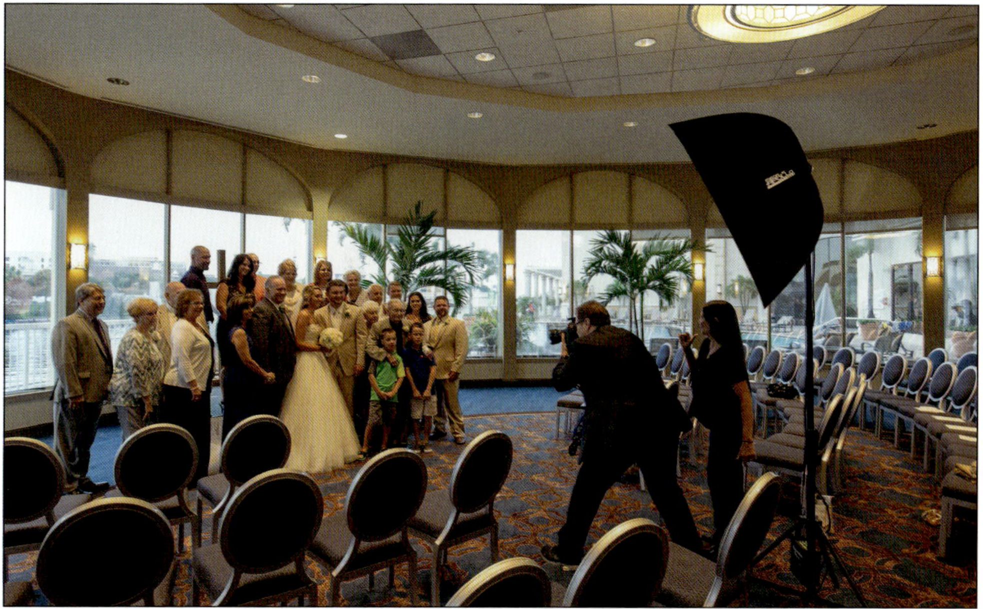

Für die Gruppenfotos verwende ich bei großen Hochzeiten mit wirklich vielen Gästen eine richtig große Softbox wie etwa die Westcott Mega Apollo JS (127 cm). Bei kleineren Trauungen, in denen vielleicht gerade einmal acht oder zehn Personen auf den Gruppenfotos abgebildet werden sollen, reicht auch eine kleinere achteckige Softbox wie die Westcott Apollo Orb (110 cm). Die Softbox montieren Sie auf ein Blitzstativ (Sandsack nicht vergessen!) und versetzen sie zu einer Seite hin. Wählen Sie dabei jedoch nicht den 45°-Winkel, sondern positionieren Sie sie ein bisschen näher zur Kamera und stellen Sie sie möglichst weit von der Gruppe entfernt auf, damit diese auch bei Verwendung nur eines einzigen Blitzes angemessen ausgeleuchtet wird. Indem Sie nämlich die Softbox deutlich entfernt aufstellen – vielleicht mit einem Abstand von drei Metern –, vermeiden Sie einen rapiden Lichtabfall, durch den Personen, die nahe an der Softbox stehen, sehr viel heller erscheinen, während die am weitesten entfernten Personen deutlich – d. h. um ca. zwei Blendenwerte – dunkler wirken (siehe Seite 128). Dafür müssen Sie Ihren Blitz auf Vollleistung stellen, weil Sie eine große Softbox füllen müssen, die zudem weit weg von der Gruppe steht. Der Blendenwert sollte deswegen recht niedrig liegen, etwa bei f/4.5 oder f/4. Sehr viel kleiner würde ich die Blende allerdings nicht einstellen, da ja möglichst alle Mitglieder der Gruppe scharfgestellt sein sollen. (Richten Sie zu diesem Zweck den Fokus auf jemanden in der vorderen Reihe aus, vorzugsweise die Braut.) Ist der Blitz immer noch nicht hell genug, dann müssen Sie den ISO-Wert auf 200 oder möglicherweise sogar auf 400 stellen, wodurch Ihre Blitzleistung noch einmal einen Schub erhält. Verwenden Sie zunächst eine Verschlusszeit von 1/125 und überprüfen Sie, ob Blitz- und Umgebungslicht ein ausgewogenes Verhältnis aufweisen. Ist die Umgebung zu dunkel, dann verlängern Sie die Verschlusszeit auf ca. 1/60 und probieren Sie es noch mal.

Schritt 5: Hochzeitsfeier mit einem Blitz

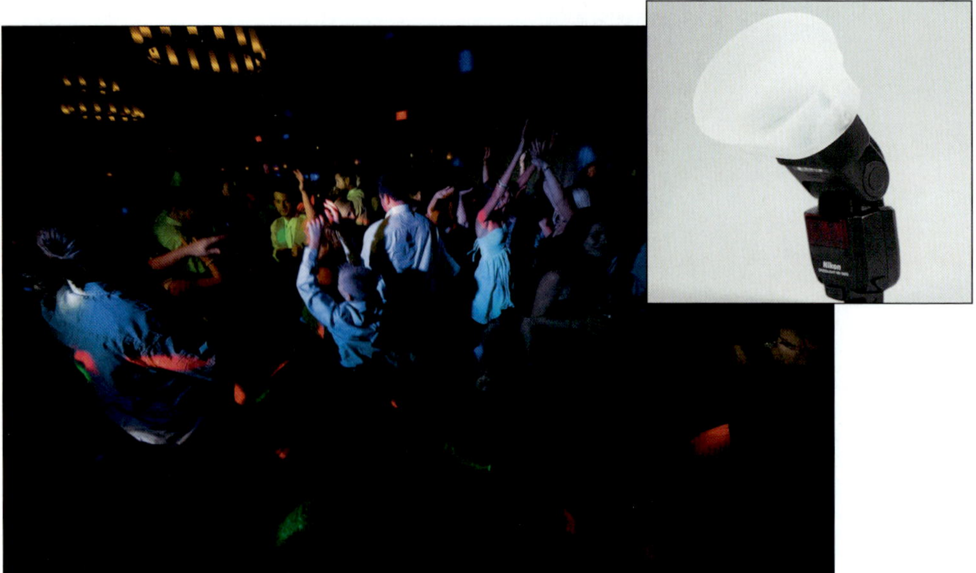

So, jetzt kommen wir zu dem Punkt, wo wir unseren Blitz wieder oben auf der Kamera montieren. Wobei wir ihn natürlich nicht auf unsere Modelle richten, sondern entweder angewinkelt in Richtung Decke (damit er von dieser reflektiert wird) oder – wenn die Decke nicht niedrig genug ist oder die falsche Farbe hat – senkrecht nach oben und mit herausgezogener Bouncecard (siehe Seite 123). Eine weitere – und bessere – Möglichkeit ist auch hier die Verwendung einer MagSphere vor dem Blitz, um das Licht weicher zu machen und zu streuen. Letztendlich funktionieren aber alle drei vorgeschlagenen Szenarios. Für welche Möglichkeit Sie sich auch entscheiden, behalten Sie auf jeden Fall die Blitzleistung im Blick, damit der Blitz nicht zu hell wird und die Hochzeitsgäste überstrahlt. Gleichzeitig müssen Sie Ihr Augenmerk natürlich auch auf das Umgebungslicht richten, damit der Hintergrund nicht zu dunkel wird. Sie wissen ja: Ziel ist ein ausgewogenes Verhältnis zwischen Raum- und Blitzlicht. Wenn die Festtafel aufgehoben ist, geht es auf Hochzeitsfeiern meistens nur noch um Musik und Tanz. Deswegen versuche ich, möglichst viel Raumbeleuchtung – vor allem die bunten Scheinwerfer von DJ oder Band – bei meinen Aufnahmen zu nutzen, um eine farbenfrohe Partyatmosphäre festzuhalten, die nicht zu stark ausgeleuchtet wird. So vermeide ich den Eindruck, dass die Hochzeitsfeier im voll erleuchteten Konferenzraum eines Tagungszentrums stattgefunden hat. Gleiches gilt für Hochzeitspartys unter freiem Himmel, aber dort würde ich mich dann doch für die MagSphere entscheiden, weil keine Decke für indirektes Blitzen vorhanden ist.

Schritt 6: Hochzeitsfeier mit zwei Blitzen

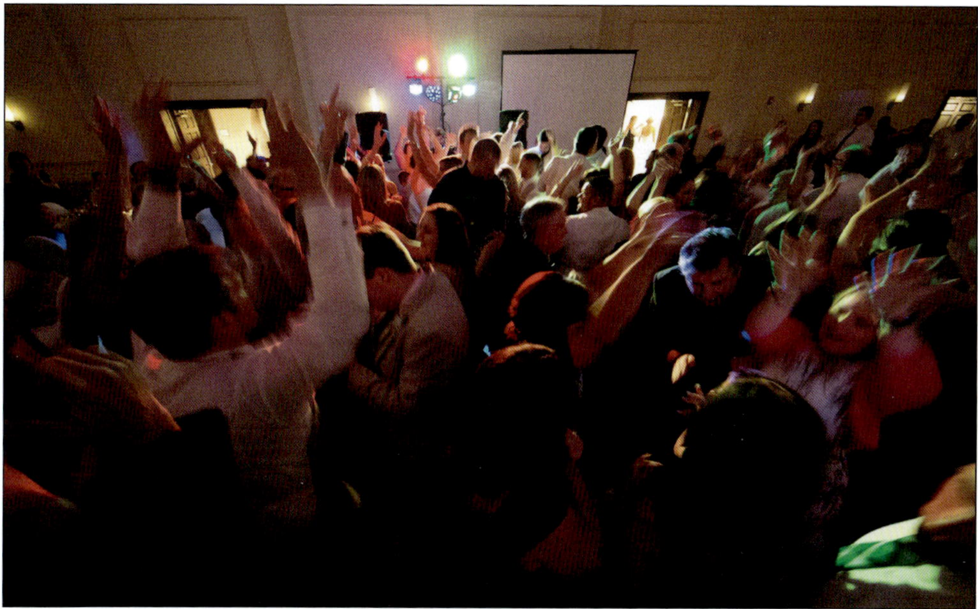

Wenn die Feier in einem Saal stattfindet, können Sie den zweiten und dritten Blitz (sofern vorhanden) zur Hand nehmen, um den gesamten Raum subtil auszuleuchten und den Blitz auf der Kamera zu unterstützen, der entweder auf die Decke gerichtet oder mit einer MagSphere versehen ist. Die Verwendung eines zweiten und ggf. dritten Blitzes für die Raumausleuchtung macht schon eine Menge aus. Sie können einen nackten Blitz auf einem hohen Stativ (zwei bis zweieinhalb Meter) montieren und diesen in einer Ecke des Raums aufstellen, wo er nicht im Weg steht, und dann auf die Decke ausrichten (siehe Seite 126). Stellen Sie die Blitzleistung zunächst auf 1/2, überprüfen Sie das Ergebnis (Raum und/oder DJ-Beleuchtung sollten nicht überstrahlt werden) und korrigieren Sie die Einstellung, falls erforderlich. Wenn Sie jetzt den Blitz auf der Kamera auslösen, löst dieser Raumblitz gleichzeitig aus, und das Licht bestrahlt – von der Decke zurückgeworfen – die Gäste auf subtile Weise. (Das funktioniert besser, als man meinen möchte.) Im Idealfall haben Sie zwei zusätzliche Blitze, die Sie in den entgegengesetzten Ecken des Raums platzieren. So können Sie sich frei bewegen und Aufnahmen machen, ohne dass große Teile des Raums unbeleuchtet wären. Eine weitere Methode, die Sie in Betracht ziehen könnten, besteht darin, einen Blitz mit einer Softbox im Bereich der Tanzfläche zu positionieren (neben der Band oder dem DJ, sodass er nicht im Weg steht). Dieser Blitz ist weit oben montiert und auf die Tanzfläche gerichtet, da ein Großteil der Action bei einer Hochzeitsfeier hier abläuft. Sie können diesen mal als Hauptblitz, mal als Nebenblitz verwenden, denn Sie haben ja immer noch den Blitz auf Ihrer Kamera, den Sie nach Bedarf ein- oder auch ausschalten können, falls der Blitz auf dem Stativ als Hauptlichtquelle ausreicht. Denken Sie lediglich daran, den Blitz so aufzustellen, dass niemand behindert wird und er nicht umfallen kann.

Index

F

G

H

I

J

K

Rezensieren
Sie dieses Buch

Senden
Sie uns Ihre Rezension
unter **www.dpunkt.de/rez**

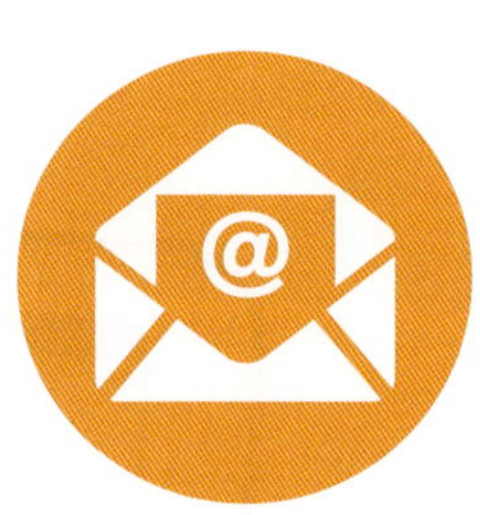

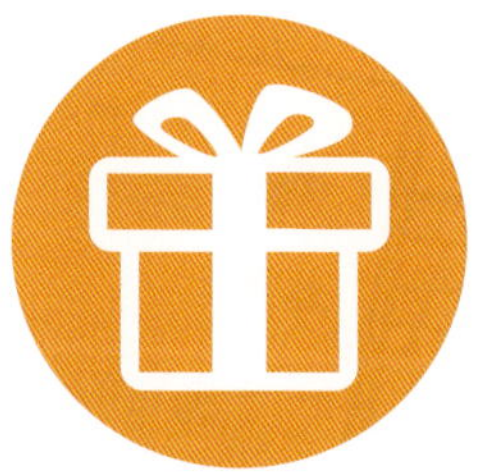

Erhalten
Sie Ihr Wunschbuch aus
unserem Verlagsangebot